愛知県の教員採用試験過去問シリーズ❸

2025年度版

愛知県の国語科

過去問

協同教育研究会 編

協同出版

本書には，愛知県の教員採用試験の過去問題を収録しています。各問題ごとに，以下のように5段階表記で，難易度，頻出度を示しています。

難　易　度

非常に難しい　☆☆☆☆☆
やや難しい　☆☆☆☆
普通の難易度　☆☆☆
やや易しい　☆☆
非常に易しい　☆

頻　出　度

◎　ほとんど出題されない
◎◎　あまり出題されない
◎◎◎　普通の頻出度
◎◎◎◎　よく出題される
◎◎◎◎◎　非常によく出題される

※本書の過去問題における資料，法令文等の取り扱いについて

本書の過去問題で使用されている資料や法令文の表記や基準は，出題された当時の内容に準拠しているため，解答・解説も当時のものを使用しています。ご了承ください。

はじめに～「過去問」シリーズ利用に際して～

教育を取り巻く環境は変化しつつあり、日本の公教育そのものも、教員免許更新制の廃止やＧＩＧＡスクール構想の実現などの改革が進められています。また、現行の学習指導要領では「主体的・対話的で深い学び」を実現するため、指導方法や指導体制の工夫改善により、「個に応じた指導」の充実を図るとともに、コンピュータや情報通信ネットワーク等の情報手段を活用するために必要な環境を整えることが示されています。

一方で、いじめや体罰、不登校、暴力行為など、教育現場の問題もあいかわらず取り沙汰されており、教員に求められるスキルは、今後さらに高いものになっていくことが予想されます。

本書の基本構成としては、出題傾向と対策、過去5年間の出題傾向分析表、過去問題、解答および解説を掲載しています。各自治体や教科によって掲載年数をはじめ、「チェックテスト」や「問題演習」を掲載するなど、内容が異なります。

また原則的には一般受験を対象としております。特別選考等については対応していない場合があります。なお、実際に配布された問題の順番や構成を、編集の都合上、変更している場合があります。あらかじめご了承ください。

最後に、この「過去問」シリーズは、「参考書」シリーズとの併用を前提に編集されております。参考書で要点整理を行い、過去問で実力試しを行う、セットでの活用をおすすめいたします。

みなさまが、この書籍を徹底的に活用し、教員採用試験の合格を勝ち取って、教壇に立っていただければ、それはわたくしたちにとって最上の喜びです。

協同教育研究会

CONTENTS

第１部

愛知県の
国語科
出題傾向分析

愛知県の国語科　傾向と対策

二〇二二年度より、二次試験が廃止され、従来の一次試験のみの実施となった。今後とも、形式や傾向が変化することがありうるので、十分に注意したい。問題は中高共通であり、出題分野は、現代文(評論・小説)、古典(古文・漢文)であり、学習指導要領からの出題はない。解答形式はすべて記号式である。

評論は、若松英輔『14歳の教室　どう読みどう生きるか』からの出題。漢字、語意、文学史、内容把握、理由把握、本文合致などが問われている。難易度は標準程度。

評論では、筆者が主張を論理的に展開しようとしている。読み手の考えや感想を交えずに、まず大事な用語とその言い換えなどに着目しつつ、指示語や接続詞の作用を押さえながら読み進めていくことが大事。主張を展開する上で、異なる考え方や、具体例の提示を見逃さずに本文の論旨を迷いなく捉えていく。

小説は、岡崎ひでたか『鬼が瀬物語　魔の海に炎たつ』からの出題。成語の意味、状況把握、理由把握、心情と人物像の把握などが問われている。難易度は標準程度。

小説は論理ではなく、読者への想像や感情を呼び起こしながら展開するため、誤解するおそれもありうる。しかし問いに対してはあくまでも本文中の記述を根拠にして答えなければならない。場面の中にいる登場人物の言動、場面(時・所)そのものの推移を、記述をもとに追うことが大切である。どのような心情や発言が表れているか、それらの背景となる原因は何であるのかを、想像で埋めるのではなく、本文の記述から判断したい。

古文は、『栄花物語』からの出題。語意、文法的説明、心情・状況把握などが問われている。難易度は標準程度。

古文では、基礎的な知識から、内容解釈(年度によっては、和歌解釈も)まで幅広く問われている。まずは、歴史的仮名遣いを完全に把握し、重要古語の意味、古典文法、敬語の用法などの知識について確実に押さえておくことが、読解の前提となる。本文の読み取りとしては、それら基礎事項および設問と注を手がかりにした上で、場面に登場する人物たちとその関係を捉える。多くは二人、三人と限定されている。これらを押さえることで、状況と心情の理解もできる。また、和歌がある場合は単独で捉えず男女のやり取り(思いの伝達)など、人物関係と状況をふまえて解釈することが大切である。

漢文は『戦国策』からの出題。漢字の読み、書き下し、内容把握などが問われている。難易度は標準程度。

漢文の学習でも、古文の学習と同様に、訓点による書き下し、漢字の読みと意味(現代日本語の漢字と同一ではないが参考になる)、再読文字、使役や受身などの句形などの知識が重要になる。また古代中国語を古文で訓読しているので、そこでの主語と述語(動詞や名詞)、などを捉えることが重要。漢文は一般に対比を用いて論理的に展開するので、内容を把握しやすい面もある。その他、古文と同様に読み慣れているかが大きくものを言う。

全体的な対策としては、各分野の学習を進めると共に、過去問での演習を繰り返すことで、内容・形式の傾向にも慣れておきたい。

過去5年間の出題傾向分析

●：中高共通　■：Ⅰ　▲：Ⅱ

分類	主な出題事項	2020年度	2021年度	2022年度	2023年度	2024年度
現代文	評論・論説	●	■▲	●	●	●
	小説	●	■▲	●	●	●
	随筆					
	韻文（詩・俳句・短歌）					
	近代・文学史			●		
古文	物語		■▲	●	●	●
	説話					
	随筆	▲				
	日記					
	和歌・俳句	■				
	俳論					
	歌論					
	能楽論					
	古典文学史					
漢文	思想・政治	■	■▲	●		●
	漢詩文					
	漢詩					
	歴史				●	
	説話	▲				
	中国古典文学史					
	学習指導要領					
	学習指導法					
	その他	■	■		●	

〈備考欄〉「その他」は，漢字の読み書き，四字熟語，対義語，文学史，慣用句，文法等。

第 2 部

愛知県の
教員採用試験
実施問題

二〇二四年度 実施問題

【中高共通】

【一】次の文章を読んで、以下の問いに答えよ。

よく見たり、よく聴いたりするためには、たくさん勉強しなくてはならない、そう思うかもしれない。でも現実は逆ではないだろうか。よく見て、よく聴くことこそが「学び」なのではないだろうか。小林秀雄は、私たちは日頃行っているよりももっと精妙に「見」、「聴く」ことが可能だというのです。

「精妙」とは、微妙な差異を感じながら、その①タイショウをA「精《くわ》しく」感じようとすることです。小林秀雄の言葉を読んでみましょう。

画家でも音楽家でも同じ事で、彼等は、色を見、音を聴く訓練と努力の結果、普通の人には殆《ほとん》ど信じられないほどの、色の微妙な調子を見分け、細かな音を聴き分けているに違いないのです。優れた絵や音楽は、そういう眼や耳を持った人の、色や音の組合せなのですから、ただぼんやりとしていれば、絵は自ら眼に写って来る、音楽は耳に聴《きこ》えて来るというようなことはあり得ないのです。

こうした能力はたしかに私たちのなかにあります。親友の苦しみを受け止めようとするとき、相手の表情をじつに精妙に感じています。好きなアーティストのコンサートに行くとき、そのアーティストの微細な体調の変化が分かることがあります。

でも、そうしたことがいつもできているかというと、そうとは限らない。小林秀雄は、よく見たりよく聴いたりするときに、いろんなことが邪魔していると考えています。何がよく見たりよく聴いたりすることを邪魔しているのでしょう。

まず、②アットウ的に多いのが「先入観」です。

先入観というのは「観えてくる」のを待たないで、判断してしまうことです。たとえば、皆さんがどのように個性的な存在であるかを、私がゆっくり「観よう」としないで、自分のなかにある中学生のイメージに皆さんを当てはめることも先入観です。先入観とはB「分からない」という状態にいることができない人が、拙速に下す判断だといえそうです。

ここまでで、よく見たりよく聴いたりするのに先入観が邪魔をしていることが分かりました。では、どうしたら先入観から自由になることができるのかを考えなくてはなりません。

今日の授業の最初に「分かる」と「分からない」を感じ分けることが大切だといいました。「分からない」といえなかったときの私は、自分を大きく見せようとしたり、知らないうちに自分と誰かを比べていたといいました。虚栄心と1いたずらな比較は先入観を助長します。

また、先入観は、「待つ」ことができないときにも起こると述べました。あるいは、人の話を鵜呑みにするところにも先入観はじつによく育つのです。

では、小林秀雄は、何が邪魔をしていると考えているのか。次の一文を読んでみましょう。

特になんの目的もなく物の形だとか色合いだとか、その調和の美しさだとか、を見るという事、謂《い》わば、ただ物を見るために物を見る、そういうふうに眼を働かすという事が、どんなに少《すくな》いかにすぐ気が附くでしょう。例えば、時計を見るのは時間を知るためです。だから時計を見ても針だけしか見ない。林檎《りんご》は食べるもので、椅子《いす》は腰掛けるものだ。だから、林檎が、どんなに美しい色合いをしているか、つくづく眺めた事のある人は少い。毎日坐っている椅子が、どんな形をしているか、はっきりと見定めている人など殆どないでしょう。

その人が定めた「目的」が、本質への接近の邪魔をすることがある、というのです。皆さんの前に林檎を一つ置くとします。すると皆さんが林檎は食べるものだと思ってしまう。そこで、実際に林檎を食べてしまったら、人は林檎の赤い美しさを眺めることをやめてしまう、というんです。

でも、皆さんのなかのC内なる画家が目覚めていれば、手に取ってじっと眺めるかもしれません。あるいは机の上に置いて、そこに宇宙を感じ、絵筆を執るかもしれません。

小林秀雄は、椅子も例に出しています。たしかに私たちは日々使っている椅子をじっと眺めることはありません。もし、この椅子をずっと眺め続けることができたら、少しだけゴッホの気持ちが分かるかもしれません。「椅子は座るものだ」という無意識の「目的」が、私たちの経験を狭くすることはたしかにあります。

私が若い頃はしばしば、目的意識を持つようにといわれました。たしかに目的が定まることで努力の方向もはっきりします。しかし、その目的以外のことが見えにくくなることがあります。私は若いとき、寝るのも惜しんで仕事をしていたことがあります。仕事で成果をあげて、より多くの収入を得、よりよい立場を得たいと思っていました。しかし、そのとき、私の大切な人が、とても大きな試練を背負うことになります。私はそのことにもっと前に気が付かなくてはなりませんでした。でも、あまりに仕事に没頭して、周囲が見えなくなっていたのです。

もっとも大切な人が苦しんでいるときにそばにいられないような人生を送ってはいけません。それは生きている意味を自ら手放すことになります。懸命に何かを行うことは素晴らしいことです。しかし、そのときも、目的で自分の心をいっぱいにしないように気を付けなくてはなりません。

絵を見るときも同じです。「見よう」とする意識が「観えてくる」ことを忘れさせてしまうことがあります。そして、ゆっくり分からなくてはならないことを、早く分かったと思い込むこともあるのです。

さて、もうひとつ、小林秀雄は、私たちの直接的な経験を邪魔するのは、「言葉」だといいます。

例えば、諸君が野原を歩いていて一輪の美しい花の咲いているのを見たとする。見ると、それは菫《すみれ》の花だとわかる。何だ、菫の花か、と思った瞬間に、諸君はもう花の形も色も見るのを止めるでしょう。諸君は心の中でお喋《しゃべ》りをしたのです。菫の花という言葉が、諸君の心のうちに這入《はい》って来れば、諸君は、もう眼を閉じるのです。それほど、黙って物を見るという事は難かしいことです。

花を見て、それに名前を付けてしまったら、人はもう花を見るのをやめてしまう。菫の花を見て、私たちが「あ、菫の花だ」と思った途端に、ひとつの大切な経験を自分で手放しているかもしれない、というのです。でも、ある人は「もっと多くの植物の名前を知ったら、山登りをもっと深く味わえる」といいます。それも片方では真実です。でも、いま小林秀雄が私たちにいってくれていることも、とても大事なことです。

たしかに「知る」ことはタイショウとの距離を短くすることがある。しかしD「知らない」から分かるということもあります。この二つのことは矛盾しません。ですから、何事も慣れたころに初心に返らねばならない、という自覚が生まれるのだと思います。

では、先入観や目的、あるいは言葉に惑わされずに「見る」ためには、どうすればよいのか。小林秀雄はまず「黙る」ことだといいます。


菫の花だと解るという事は、花の姿や色の美しい感じを言葉で置き換えて了《しま》うことです。言葉の邪魔の這入らぬ花の美しい感じを、そのまま、持ち続け、花を黙って見続けていれば、花は諸君に、嘗《かつ》て見た事もなかった様な美しさを、それこそ限りなく明かすでしょう。画家は、皆そういう風に花を見ているのです。何年も何年も同じ花を見て描いているのです。そうして出来上った花の絵は、やはり画家が花を見たような見方で見なければ何にもならない。絵は、画家が、黙って見た美しい花の感じを現しているのです。花の名前なぞを現しているのではありません。


ここでの「黙る」が、単に声を発しないことに留まらないことは、皆さんもすでに感じていると思います。声に出さなくても、心のなかが言葉でいっぱいになることもあります。ここでの「黙る」は心身を鎮めるといったほうが精確かもしれません。

「正確」と「精確」は違います。「正確」は正しいことです。「精確」は「精しく」「確かに」、あるいは精妙に認識することです。言葉を「正確」に知る。それは辞書通りの意味を覚えることです。しかし「精確」に知るとは、その言葉が、今、ここで用いられていることの意味を深く味わうということです。

画家は、眼前の菫の花を描きたかったのであって、語りたかったのではない、そう小林秀雄はいいました。画家は色と線と空間で、言葉になり得ない意味のうごめきのようなものを伝えたいと思っている、というのです。画家は、単に私たちの「あたま」に届けようとしているのではありません。「こころ」や、その先にある「いのち」に届けようとしているのです。

（若松英輔「14歳の教室　どう読みどう生きるか」）

(1) 二重傍線部①・②のカタカナ部分と同じ漢字を用いる熟語を一つずつ選び、番号で答えよ。

① タイショウ

1 センタイショウの図形を書く。
2 タイショウリョウホウで苦痛が和らぐ。
3 チョウサタイショウとなる。
4 タイショウテキに振る舞う。
5 労働のタイショウを受け取る。

② アットウ的

1 現金をスイトウする。　2 南極でエットウする。
3 エントウ形の入れ物。　4 カントウを飾る論文。
5 貧血でソットウする。

(2) 波線部1「いたずら」の本文中の意味として最も適当なものを一つ選び、番号で答えよ。

1 無益　2 無難　3 無情　4 無様　5 無精

(3) 小林秀雄の作品の組合せとして正しいものを一つ選び、番号で答えよ。

ア『無常といふ事』　イ『ゴッホの手紙』　ウ『私小説論』　エ『モオツァルト』

オ『考えるヒント』　カ『雪国』　キ『於母影』　ク『おめでたき人』
ケ『山羊の歌』　コ『在りし日の歌』
1 アイウエオ　2 アイエカキ　3 アオキクケ　4 アオキケコ　5 アオクケコ

(4) 傍線部A「『精《くわ》しく』感じようとすること」とあるが、その説明として最も適当なものを一つ選び、番号で答えよ。
1 「なんの変哲もない」と思わず、すぐには解らない謎があるはずだと信じて謎の不思議さを見つけようとすること。
2 「なんの変哲もない」と思わず、有名な芸術家は特別な色や音を組合せて作品を生み出すものだと判断しようとすること。
3 「なんの変哲もない」と思わず、微妙な差異を見分けたり聴き分けたりするために作品の解説を多く読もうとすること。
4 「なんの変哲もない」と思わず、何か深い意味があると考え心に沸き起こる言葉にならないさまを体感しようとすること。
5 「なんの変哲もない」と思わず、見えないものが潜んでいると考えそれが現れるまで漫然と待とうとすること。

(5) 傍線部B「『分からない』という状態にいることができない」とあるが、その理由として最も適当なものを一つ選び、番号で答えよ。
1 元からある見解を当てはめ、正しい答えを得たとしても、分からないことはなくならず次々と出る状況に諦めの気持ちを抱くから。

2　元からある見解を当てはめ、すぐに答えが分かる状態に慣れると、自分で意味を考え続けることに対して耐えられなくなるから。
3　元からある見解を当てはめ、他者の評価によって絵や音楽の良さが分かったと思い込み、自分自身の感覚を重視しはじめるから。
4　元からある見解を当てはめ、似た表現の差異を感じず額面通りに受け取る状態に危機感を覚え、不満を募らせてしまうから。
5　元からある見解を当てはめ、他者に評価される考えを表現すると、相手との対話が実現し沈黙の状態がつまらなくなるから。

(6)　傍線部C「内なる画家」とあるが、その説明として最も適当なものを一つ選び、番号で答えよ。
1　「物」と対話しながら「分からない」ことと戦い続け、何年もその「物」を黙って見続けることのできる粘り強さ
2　「物」と対話しながら神経を研ぎ澄ませ、ただ「物」を見ることだけに集中して美を見つけきらびやかに飾る才能
3　「物」と対話しながら感じとった言うに言われぬものを自分で表現しようとせず、才能ある画家の技術を模倣する能力
4　「物」と対話しながらそのものが訴えかけてくるメッセージを受け止め、可視化し解説することのできる感受性
5　「物」と対話しながらその存在の不思議さや言葉になり得ない何かを感じ、その本質を見極めようとする姿勢

(7) 傍線部D「『知らない』から分かる」とあるが、筆者の主旨に沿った例として適当でないものを一つ選び、番号で答えよ。

1 医療の専門家ではない高校生が、インターネットを駆使し初期段階のすい臓がんの画期的な検査技術を開発するということ。

2 円の面積の公式を知らない小学生が、円を細かい扇形に刻み長方形に並べ替えて解答し公式に至る過程を理解するということ。

3 詩や歌を作らない批評家が、作品の表現を細部にわたって探究し正しく言葉を理解しその善し悪しを評価するということ。

4 蛍の乱舞を見た事のない読者が、優れた描写の文章を味わって読むことで実際通りかそれ以上の鮮やかさで心に刻むということ。

5 鳥の鳴き声の意味が分からない研究者が、その謎に挑戦して仮説を立て何年も実験や観察を繰り返しその内容を解明するということ。

(8) 傍線部E「『こころ』や、その先にある『いのち』に届けようとしている」とあるが、筆者の主旨の説明として最も適当なものを一つ選び、番号で答えよ。

1 「美」を味わった感動の経験を他者にも感じられる形にして伝え、それを受け取る者が心の中で醸成させ未来を輝かせることができるようにしている。

2 受け取る者に知識や経験がなくても作品に真剣に向き合う熱情があれば、作品の「いのち」は消えないと後世の人に伝えようとしている。

3 「美」に出会った胸中の光景を作品として描くことで感じ直し心中にあるものを発見しようとする苦労

を、他者にも理解させようとしている。

4　「美」の記憶と感覚を解説し「美」とは語り得ないものであり「美」にふれ言葉を失った者こそが、真の意味で「美」を知った者だと教えようとしている。

5　普通の人には信じられないほどの微妙な色の差異を描いた傑作で見る人を沈黙させ、真に「美」を知った者として人生の手本を与えようとしている。

（☆☆☆◎◎◎）

【二】次の文章は、岡崎ひでたかの「鬼が瀬物語　魔の海に炎《ほむら》たつ」の一部である。これを読んで、以下の問いに答えよ。

松林の浜から左にまわると岩場になる。満吉《まんきち》は大岩に立って海を見つめた。岩に波が寄せると、岩穴から潮を吹きあげてあたりに霧雨が降った。

無数の星が地上にせまってくるような気がした。ひとつ、ひとつが、いつもより大きくて、空がいやに重い。黒い海に、漁火《いさりび》だけが点々と、波に光をただよわせている。

満吉の腹に、くやしさがたぎっていた。船大工である父によって、船大工の道がとざされるとは、大きな衝撃だった。自分の知らないうちに、養子が決められていたことも悲しかった。親とはそういうものなのか。

――だがよ、おれの「船を造りてえ」って、がんこな根性みてえなやつが、腹の底からつきあげてきやがる。どうしようもねえわがままで、親不孝の根性があばれておるんか。

満吉は、自分の立場がまちがっているのか、自分に問う気になっていた。

――考えてみりゃ、おとうのいうとおり、船大工になるのは無理か。それに、おとうが、「船大工にさせぬ」

となりゃ、どうもがいてもなれっこねえ。あきらめるしかねえか。運命と思うてあきらめるか。おとうだって、本気でおれのこと考えておるだ。

泣くまい、と思うのに、涙がじわりとわいてくる。

——待てよ、村長は「遭難なんぞ忘れちまう進歩した船を考えろ」というた。おれの根性が悪いんじゃねえ。漁師を守る船を造りてえと願うておるのが、何でまちがっておるだ。と、すりゃ、あきらめちゃいけねえ。あきらめるは意気地《いくじ》なしでねえか……。

満吉は、A自分の迷いを整理しようと、潮水で顔を洗った。

ふと、霧のなかから幽霊船のようにあらわれた、あのときの北斗丸《ほくとまる》の影が、幻となって目の前の海によみがえった。あの遭難で死んだ六人の家族が泣いた。サクおばもそうだ。

鬼が瀬の海で犠牲になった漁師は数知れないのだ。

満吉は、岩の上で大の字に立ちあがって、大きく目を見開いた。

と、そのときである。一条の赤い光が、すぐ目の先の海から、すばやく波頭をさいて西へほとばしって消えた。

満吉は、はっと身をかたくした。心臓の鼓動が高まった。

——そうだ、北斗丸を発見した朝、赤い光が走っておったとじいがいった。海の魔神、魔修羅那《マシユラナ》がおれをうかがいに、やってきおったか。

ぞくっと、体に鳥肌がたった。それをはらおうと、満吉は両手をぶるんぶるんとまわした。岩しぶきでゆかたがしっとりしみて、肌にからんだが平気だった。

——北斗丸があらわれたとき、じいは「これが魔修羅那のしわざよ」といった。「鬼が瀬の船大工の仕事はな、この魔修羅那とのたたかいよ」というた。おれは、魔修羅那に敗けぬ船大工になってやる、と心に決めたのではなかったか。

薄らいだ思いがよみがえった。

「魔修羅那め、やっぱりおれは、船大工になってたたかってみせるぞ。逃げちゃおいねえだ」

海で遭難した漁師たちの魂が、波間からすがりついてくる気配が、足の下から、ぞくぞくとあがってくる。

それでも満吉は、B夜の海をにらみすえ立ちつくしていた。

それからも、二度、三度、父に説得されても、満吉は歯を食いしばって、首を左右にふるだけだった。

「おれ、ただ好きで船模型をつくっておったが、いまはちがう。いまの船じゃおいねえ。おれの造りてえ船、自分で考えた船を模型にするだ。そして、その本物を自分の手で造りてえだ」

満吉のひと言、ひと言が、芳太郎《よしたろう》の怒りをさらにかきたてた。

「親のいうことをきかぬばかりか、亀萬《かめまん》で造る船にもケチをつけるだな。わしの造る船のどこを変えてえというのか。わしの船のどこがいかんのか。生意気な口もいいかげんにしやがれ。おい、丈太郎《じょうたろう》はおらんか」

芳太郎は丈太郎を呼ぶと、「満吉のつくった模型を全部持ってこい」と命じた。

丈太郎が持ってきたのは六隻、それが縁側にならんだ。

「こいつらは、もう満吉には縁がねえのだ」

芳太郎は模型の船を、ひとつずつとりあげては、力まかせに庭石にたたきつけた。

C父の顔は、みにくくゆがんだ。

船腹《せんぷく》は割れ、柱は折れてとび散り、船底がくだけたもの、舳先《へさき》がへし折れたもの、船はいずれも、むざんな屍《しかばね》をさらしていく。そのうえ、それらを丈太郎に燃やさせた。

どの船もそうだ。①根をつめて削り、曲がりのある板一枚にも、どんなに苦労したかわからない。満吉には苦心の作だった。

満吉は、それを止めなかった。だまってくやしさに耐えた。

丈太郎はそっといった。

「おれは近いうち伊豆へ行くが、おとうを怒らすなよ」

満吉はこたえなかった。

燃やされた模型の煙が、つーんと鼻にしみる。したたりそうな涙をこらえた。

……泣くと負ける。

歯を食いしばり、腹のなかで怒りを燃やした。

もはや、〈自分の主張のない〉いままでの模型は、D惜しくはなかった。

しかし、父のこのやりように、もう、ゆずれないという意地を強く固めた。

同時に、どうにもならない、破れかぶれな気持ちに落ちていく。

父も兄も家に入った。満吉は二十枚ほどの紙束を持ちだした。それはいままで自分で見聞きして書きとめた船の設計図の写しや、どこにどういう木材を使うか、たいせつにしていた資料である。それを惜しげもなく、模型の残り火にかぶせた。

炎があがり、焼かれる紙のにおいが鼻をつくと、すっぱいものがこみあげてきた。

すると、満吉の腹のなかの、どうにもならないムシがあばれだした。

削ったばかりの杉板をとりに行って、火に投げいれた。

そこへヤエがあらわれた。模型の火の後始末を芳太郎にいわれてきたらしい。

「満吉さあ！　なんちゅうことを、やめてえ！」

ヤエはおどろいて、手桶に水をみたしてきた。

「じゃまするなっ！」

そのけんまくの恐ろしさに、ヤエが手桶をおくと、満吉はそれを足げにした。桶は倒れて、あたりを水がひたした。

「満吉さ、おおこわ、鬼みたいな赤い顔で……」

「鬼でええんじゃい」

満吉のはげしさが、火にあおられて燃えた。くやしさを火にした。

――これがおれのこまった性分だ。

そう思うが、あばれだしたら止まらない。また杉板をかつぎだすや火中に放りなげた。

「やめて、やめてえったら、火事になったらよう……」

ヤエのやわらかい手が満吉の右手をつかんだ。つきはなされても、ヤエは背後から止めようとしがみついた。

火はやさしく音をたてて、あたりを赤く染めた。

その騒ぎを知って、母屋からも職人部屋からも、みんなとび出してきた。

「じゃますっと、ゆるさんぞ」

満吉はヤエの手をふりほどいた。肩で荒い息をしていた。ヤエははなれて目をふせた。

「満吉！　おめえ、気がくるったかっ」

芳太郎が満吉をつきとばした。火を消そうとした職人を、ヤエが手で制した。

「あ、ほら、満吉さ、板を見やって……」

火に目をうつしたヤエが、声を落としていった。

燃えかかった杉板が、丸みをもってきた。満吉はつっ立ってそれを見た。

ふしぎに満吉の心がしずまってきた。満吉は、池からくんだ手桶の水を手もとにおくと、燃えかけの杉板を引きだした。杉板は熱さに耐えられず、もだえるように丸みをもち、しっとりしたにおいと煙をたてながら燃えたところから炭化していく。

満吉は、射るようなまなざしで、板の丸まり方を見つめながら、手のひらでそっと水をかけた。そして板を庭石の上にのせ、はしのほうに体重をかけて、丸みを変えてみた。

「おれも、いろいろやってみたかった。火を使って船板を丸くするやつを……」

丈太郎は、おどろきのまなざしで満吉の顔をじっと見た。

みんな、おごそかな場にでもいるように、だまって見ていた。

火で熱し、熱湯を使って板をやわらかくして、船板に曲面をつける作業を、満吉はやりたくてたまらなかったのに、まだやらせてもらえなかった。

止めようとしていた芳太郎も手を引っこめて、見つめているだけだった。

じいだけが、②目をしばたいて小さくつぶやいた。

「E満吉の、このバカッちょが……」

満吉のひたむきな志は壊せなかった。壊せたのは、形ある船模型にしかすぎない。


（岡崎ひでたか「鬼が瀬物語　魔の海に炎たつ」）

(1)　二重傍線部①・②の本文中の意味として最も適当なものを一つずつ選び、番号で答えよ。

①　根をつめて
　1　こっそりと　　2　その場を離れず　　3　没頭して　　4　少しずつ　　5　一人きりで

②　目をしばたいて
　1　何度もまばたきをして　　2　大きく目を見開いて　　3　伏し目がちになって
　4　固く目をつぶって　　5　正面から見据えて

(2)　傍線部A「自分の迷い」とは、どのようなものか。その説明として最も適当なものを一つ選び、番号で答えよ。
　1　父親の命令に反抗することはできないと理解しつつも、養子に出されることを決められた寂しさが募っていく気持ち
　2　父親の反対で夢を諦めた自分の弱さを認められないものの、遭難しない船を造る自信もないことを情けなく思う気持ち
　3　父親によってとざされた船大工への道を諦めようとする一方で、船を造りたいという衝動を抑えることもできない気持ち
　4　父に自分の将来を決められどこか安心する一方で、船を造りたいと訴える機会を失うことに対して不安に思う気持ち
　5　父親の意見に従わない自分の頑固さを反省しながらも、その性分が船を造りたい思いをかき立てていると開き直る気持ち

(3)　傍線部B「夜の海をにらみすえ立ちつくしていた」とあるが、このときの満吉の心情の説明として最も適当なものを一つ選び、番号で答えよ。

1　魔修羅那に振り回されたこの土地の漁師たちを守るためにも、亀萬に残って遭難しない船を造りあげたいという覚悟を決めている。
2　赤い光によって魔修羅那を思い起こし恐ろしさを感じながらも、海難に負けない船を造ろうという思いで自分を奮い立たせている。
3　鬼が瀬の海で犠牲となった者たちの悲劇に思いをはせ、自分なら彼らを救えたはずだと考えることで船大工となる決意を固めている。
4　遭難の犠牲者たちの霊魂が満吉に救いを求めてくるため、船大工になることから逃れられない自分の運命を忌まわしく思っている。
5　多くの漁師を飲み込んだ鬼が瀬の海に生きる者として、船大工にならなければ一人前とは認めてもらえないと身を引き締めている。

(4)　傍線部C「父の顔は、みにくくゆがんだ」とあるが、このときの父の心情の説明として最も適当なものを一つ選び、番号で答えよ。
1　満吉が自分の思いに背いた行動をとるだけでなく、言動の端々に自分を軽蔑する様子が見えるため、わが子でありながらも疎ましく思っている。
2　船大工になりたいと考えている満吉は愛おしいが、養子に出すと決めたからには夢を諦めさせねばならず、満吉の船模型を壊すことに忍びなさを感じている。
3　日頃から満吉の強情さには手を焼いていたが、自分の仕事にも口出しを始めたため、満吉の大切な船模型を壊すことで怒りを静めようとしている。
4　自分の造る船に誇りをもっていたが、満吉に不十分さを指摘されてしまい怒りや憎しみを抱くとともに、満吉の挑戦への熱意を打ち砕こうとしている。

5　満吉がつくった模型の船は船大工としての自分の技術を遥かに超えるものだと確信し、父親としての威厳が脅かされかねないことに不安を感じている。

(5)　傍線部D「惜しくはなかった」とあるが、この理由として最も適当なものを一つ選び、番号で答えよ。

1　これまでにつくった船模型は見聞きしたものを形にしただけであり、遭難しない船を造るという揺るぎない意志を獲得した今となっては意味のないものにすぎないから。

2　父や兄から見聞きしたものを形にした船模型は亀萬の家を離れることになれば使うことができないので、新たな船模型をつくる必要があると気付いたから。

3　燃やされている船模型を実際に船にすることは難しく実物にしたところで遭難しないとは限らないので、満吉の求めている船とは大きく隔たってることが分かったから。

4　どれだけ船模型を燃やされても今の自分にはこれからもっと良いものをつくり出すことができる技術や情熱があることに気付いたので、もったいないとは思わないから。

5　苦労してつくった船模型であっても亀萬の設計図をなぞっていただけだと気付いて過去の自分を反省し、今後は別の造船所の設計図で船を造っていこうと思っているから。

(6)　傍線部E『満吉の、このバカッちょが……』」とあるが、この言葉からうかがえる満吉の人物像について、最も適当なものを一つ選び、番号で答えよ。

1　とっさの感情で行動し物にあたってしまう粗暴さもあるが、自分で決めたことに対しては計画的に取り組む人物

2　すぐに感情的になり周りと軋轢をうみやすいものの、自分の思いを的確に表現し他人の信頼を得るこ

ともできる人物

3　自己主張が強く他者を見下す不遜な面はあるが、自分の心を信じて一心不乱に突き進むことができる人物

4　周囲の人間の言動を意識し評価を気にすることもあるが、自分の感情には嘘をつけない生真面目で馬鹿正直な人物

5　高ぶる感情を抑えきれない激しやすさはあるものの、理想の実現に向けてはなりふり構わず一途に取り組む人物

(☆☆☆◎◎◎)

【三】次の文章は、「栄花物語」の一部で、花山院に対して不敬を働いた藤原伊周が捕えられようとしている場面である。これを読んで、以下の問いに答えよ。

よろづの人の見思ふらむことも恥づかしういみじう思《おぼ》さるるほどに、世の中にある(注)検非違使《けびゐし》のかぎり、この殿の四方にうち囲みたり。おのおの(注)えもいはぬやうなる者立ち込みたるけしき、道大路の四五町ばかりのほどは行き来もせず。いとけ恐ろしき殿の内のけしきども、いはん方なく騒がしけれど、寝殿の内におはしましある人々多かれど、人おはするけはひもせず、Aあはれに悲しきに、かかるあやしの者ども殿の内にうちめぐりて、ここかしこをぞ見騒ぐめるけはひ、えもいはずゆゆしげなるに、物のはざまより見出して、あるかぎりの人々、胸ふたがり、心地いといみじ。(注)殿、「今は逃れがたきこと①にこそはあめれ。アいかでこの宮のうちを出でて(注)木幡《こはた》に詣りて、B近うも遠うも遣はさむ方にまかるわざをせん」と、思しのたまはするに、この者ども立ち込みたれば、おぼろけの鳥獣《とりけだもの》ならずは出でたまふべき方なし。「夜中なりとも、Cなき御影にも

今一度参りてこそは、今はの別れにも御覧ぜられめ」と言ひつづけのたまはするままに、えもいはず大きに、水精《すいしやう》の玉ばかりの御涙つづきこぼるるは、D見たてまつる人いかがやすからむ。母北の方、宮の御前、御をぢの人々、(注)例の涙にもあらぬ御涙ぞ出で来て、この恐ろしげなる者どもの宮の内に入り乱れたれば、検非違使どもいみじう制すれど、それにもイさはるべきけしきならず。

（「栄花物語」）

（注）検非違使……京中の取締り、訴訟、裁判、刑の執行等を担当する役人。
えもいはぬやうなる者…放免。検非違使の下部として、罪人の逮捕、獄囚の拷問、罪人の移送に当る。罪を犯した者が処刑を免れて使われるため、粗暴な振舞いが多かった。

殿……………伊周のこと。

木幡…………藤原氏の代々の墓所。

例の涙にもあらぬ御涙…血の涙。

(1)　波線部ア・イの意味として最も適当なものを一つずつ選び、番号で答えよ。

ア　いかで
　1　どのような　2　どうやって　3　どうして　4　どちらにせよ　5　どうにかして

イ　さはるべきけしきならず
　1　阻止されるような様子もない
　2　萎縮するような様子もない
　3　納得するような様子もない

4　遠慮するような様子もない
5　安心できるような様子もない

(2)　二重傍線部①「に」の文法的な説明として正しいものを一つ選び、番号で答えよ。
1　格助詞　2　接続助詞　3　断定の助動詞　4　完了の助動詞　5　名詞の一部

(3)　傍線部A「あはれに悲しきに」とあるが、どのような様子を指しているのか。その説明として最も適当なものを一つ選び、番号で答えよ。
1　伊周の処遇がどうなるのか周囲の人々が遠巻きに見ている中で、検非違使が邸内に無遠慮に踏み込んでくる様子
2　検非違使たちに邸宅を囲まれ邸内もざわめいている一方、寝殿の中では一族たちが息をひそめている様子
3　検非違使たちに邸宅を囲まれた恐ろしさに、仕えていた多くの者たちがすっかり逃げ出してしまった様子
4　検非違使や粗暴な者たちが寝殿まで入り込んで騒いでいるので、一族の者が恐怖のあまり声も出せない様子
5　藤原氏に対する人々の非難を恐れて、誰も立ち入れないように検非違使に邸宅を守らせ鳴りをひそめる様子

(4)　傍線部B「近うも遠うも遣はさむ方にまかるわざをせん」の解釈として最も適当なものを一つ選び、番号で答えよ。
1　近国でも遠国でも、遣わされる所へ下向することにしよう。

2　近国でも遠国でも、人を遣わしてなんとか仏事をさせよう。
3　近国でも遠国でも、遣わされる所へいらっしゃるだろう。
4　近国でも遠国でも、人を遣わして行かせることにしよう。
5　近国でも遠国でも、どこへ配流されても必ず参上しよう。

(5)　傍線部C「なき御影にも今一度参りてこそは、今はの別れにも御覧ぜられめ」の解釈として最も適当なものを一つ選び、番号で答えよ。

1　藤原氏代々の墓所に今一度参詣したら、最後に先祖にお会いできるだろうか。
2　花山院の御所に今一度伺ったとしても、最後にお会いすることはできないだろう。
3　いなくなった者たちが今一度参上したら、これが最後と姿を見せてやろう。
4　亡き父殿の御霊に今一度お参りして、最後のお別れとしてお目にかかろう。
5　信用を失った花山院に今一度お仕えして、最後にご挨拶を申し上げたい。

(6)　傍線部D「見たてまつる人いかがやすからむ」の解釈として最も適当なものを一つ選び、番号で答えよ。

1　伊周の涙を御覧になる人はその気持ちを容易には表現できない。
2　伊周の涙を見申し上げる人はどうして心穏やかでいられようか。
3　伊周の涙を見た人はなんとかして心を落ち着けようとするだろう。
4　伊周の涙を拝見する人はどうして無視することができただろうか。
5　伊周の涙を見てしまった人はどれほど切ない思いになっただろう。

(☆☆☆◎◎◎)

【四】次の文章を読んで、以下の問いに答えよ。（一部本文の表記を改め、訓点を省いたところがある。）

魏将ニ二与ニレ秦ト攻メントレ韓ヲ。朱（注）己謂ツテ二魏（注）王ニ一曰ハク、「秦ハ与と二戎《じう》（注）翟《てき》一同ジウシレ俗ヲ、有リ二虎狼之心一。貪《たん》（注）戻《れい》ニシテ好ンデレ利ヲ而無クレ信、不レ識ラ二礼義徳行一ヲ。ア苟有レバレ利焉、不レ顧ミ二親戚兄弟一ヲモ。若キ二禽獣一ノイ耳。此レ天下之所ニ同ジク知ル一也。非ザルレ所ニ二施シレ厚ヲ積ムレ徳ヲ也。故（注）ニ太后ハ母也。而レドモ以テレ憂ヲ死セリ。穣（注）侯ハ舅《きう》（注）也。A功莫大焉。而レドモウ竟逐ヘリレ之ヲ。両弟無シレ罪。而レドモ再ビ奪ヘリ二之ガ国一ヲ。此レ其ノ於ケルスラ二親戚兄弟一ニ、若シレ此ノ。B而ルヲ又況ンヤ於テヲヤ二仇讐之敵国一ニ也。今大王与ニレ秦ト伐ツテレ韓ヲ而益《ますます》近ツカントスレ秦ニ。C臣甚ダ惑フレ之ニ。而ルニ王弗ルハレ識ラ也、則チ不明ナリ矣。群臣知ツテレ之ヲ、而モ莫キハ二以テレ此ヲ諫ムル一、則チ不忠ナリト矣。」

（「戦国策」）

（注）朱己……人名。

魏王……戦国時代の魏の君主。
戎翟……西戎と北狄。異民族。
貪戻……貪欲・暴悪。
故太后母也……宣太后は秦の君主昭襄王の母であることをさしている。
穰侯……人名。
舅……叔父。

(1) 波線部ア～ウの読みとして正しい組合せを一つ選び、番号で答えよ。

1　ア　かりにも　イ　のみ　ウ　つひに
2　ア　いやしくも　イ　のみ　ウ　なほ
3　ア　いやしくも　イ　のみ　ウ　つひに
4　ア　いやしくも　イ　なり　ウ　つひに
5　ア　かりにも　イ　なり　ウ　なほ

(2) 傍線部A「功莫大焉」の書き下し文として最も適当なものを一つ選び、番号で答えよ。

1　功莫きを焉よりも大となす　2　焉よりも大なる功は莫し
3　焉んぞ功莫きを大とするか　4　功焉よりも大なるは莫し
5　焉んぞ功莫きを大とせんや

(3) 傍線部B「而又況於仇讐之敵国也」の解釈として最も適当なものを一つ選び、番号で答えよ。

1　だからこそ仇である敵国に対して、厳しく罰するのは当然のことだろう。

2　ましてや仇とも言える敵国に対しては、なおさら残忍な仕返しをしたほうが良いだろう。
3　ましてや仇とも言える敵国に対しては、もっと温情をかけたほうが良いだろう。
4　だからこそ仇である敵国に対して、遠慮なく振る舞うことができるだろう。
5　ましてや仇とも言える敵国に対しては、なおさら非道な仕打ちをするだろう。

(4)　傍線部C「臣甚惑之」について、朱己が魏王に言おうとしたこととして最も適当なものを一つ選び、番号で答えよ。

1　王に識見がなく、注意してくれる臣下もいないのだから、強国である秦と手を組んで国力を補強したほうが良い。
2　王に才知があり、さらに諫言できる忠臣が身近にいれば、暴虐な国家である秦と手を結ぶはずがない。
3　王が知見を広め、家臣に忠誠を誓わせることができるなら、非道な秦と手を結んでも問題はないだろう。
4　王が秦の内情を知らなくても、賢臣の意見を採用してさえいれば、残忍な秦と手を結ぶはずがない。
5　王が自身の洞察力不足を反省し、群臣の頼りなさを憂慮するのであれば、秦の力を借りるべきである。

（☆☆☆◎◎◎）

解答・解説

【中高共通】

【一】 (1) ① 3　② 5　(2) 1　(3) 1　(4) 4　(5) 2　(6) 5　(7) 3　(8) 1

〈解説〉(1) ① 問題は「対象」であり、1は「線対称」、2は「対症療法」、3は「調査対象」、4は「対照的」、5は「対償」である。 ② 問題は「圧倒的」であり、1は「出納」、2は「越冬」、3は「円筒」、4は「巻頭」、5は「卒倒」である。 (2) 「いたずら」は「動作などが無益であること」といった意味がある。 (3) カ『雪国』は川端康成、キ『於母影』は森鷗外ら、ク『おめでたき人』は武者小路実篤、ケ『山羊の歌』とコ『在りし日の歌』は中原中也の作品である。 (4) 傍線部Aの主語は「『精妙』とは」であり、「『精しく』感じようとすること」については、傍線部Dを含む段落の後の段落に「先入観や目的、あるいは言葉に惑わされずに」対象を見ることだと述べている。そのためには「黙る」（「声を発しないにことに留まら」ず、「声に出さなくても、心のなかが言葉でいっぱいに」なる）必要があると記している。さらに「『精確』は『精しく確かに』、あるいは精妙に認識すること」であり、「『精確』に知ることは、その言葉が、今、ここで用いられていることの意味を深く味わうということ」とある。これらを踏まえて検討すること。 (5) 「分からない」という状態にいることができない人が先入観を持つ、つまり先入観が発生する理由を考える。傍線部Bを有する段落の最初に「先入観というのは『観えてくる』のを待たないで、判断してしまうこと」とあり、その一例として、それぞれの生徒がどのように個性的な存在であるかをゆっくり「観よう」とせず、自分の中にある中学生のイメージを当てはめることをあげている。つまり、「分からない」から、無理に「分かる」状態にするのが先入観であることがわかる。これを踏まえて考えるとよい。 (6) 前段落の「その人が定めた『目的』が、本質への接近の邪魔をすることがある」を踏まえて考えるとよい。ここでは林檎は食べ物だが、色合いや形など目的外の特徴にも目を向けることについて述べている。(7) 傍線部D「『知らない』から分かる」とは、知識や経験などがなかったが、分かるようになることを指す。「詩や歌を作らない」は「知識や経験などがなかった」には該当しない。(8) 本文は「よく見たり、よく聴いたりするためには、たくさん勉強しなくてはならない」という既成概念に対して「よく見て、よく聴くことが『学び』」だと述べることから始まり、小林秀雄の引用文を所々に織り込み、身近な話題も取り混ぜながら、美しさに感動する経験や、これからの生き方などを教師が生徒に語るように綴られている。読み手は新しい考え方や価値観を学びながら、光ある将来や生き方などについて考えを深められるようになっている。

【二】(1) ① 3 ② 1 (2) 3 (3) 2 (4) 4 (5) 1 (6) 5

〈解説〉(1) ①「根をつ(詰)める」は一つのことに集中し、没頭すること。②「目をしばた(瞬)く」は目を何度も開けたり閉じたりすること。(2) 前にある満吉の葛藤をまとめればよい。肢5と迷うかもしれないが、「自分の頑固さ」「開き直る」という語が葛藤の内容と合致しないため、不適と判断する。(3) 傍線部Bの前にある「海の魔神、魔修羅那がおれをうかがいに…体に鳥肌が立った」や「『魔修羅那め、やっぱりおれは…逃げちゃおいねえだ』」から考える。ここで「それでも」が使われている意味も考えること。(4) 前にある父親の言葉「『親の言うことをきかぬばかりか、亀萬で造る船にもケチをつけるだな…生意気な口もいいかげんにしやがれ』」、そして満吉は養子に出され、船大工への道を閉ざされようとしていることを踏まえて考えるとよい。(5) 後文で「もう、ゆずれないという意地を強く固めた」と船大工への意思を固めたことを手がかりとする。一方で、模型や資料は満吉にとってどういった存在なのかを考えるとよい。(6) 満吉の葛藤や発言を中心に文全体から考えるとよい。傍線部Ｅのじいの発言は満吉の言動こそ問題はあるが、根本にある意志まで否定するものではないことを踏まえること。

【三】(1)　ア　5　イ　1　(2)　3　(3)　2　(4)　1　(5)　4　(6)　2

〈解説〉(1)　ア「いかで」には疑問、反語、願望の意味があるが、意志の助動詞「ん(む)」があることから願望と判断できる。　イ「さはるべきけしきならず」の「さはる」は「妨げられる」の意味である。　(2)　ここでの「に」は「こと」という体言に接続していることから、断定の助動詞と判断できる。　(3)「あはれに悲しきに」に関する説明は、直前にある「いとけ恐ろしき殿の内のけしきども…人おはするけはひもせず」を中心に考えるとよい。　(4)　傍線部Ｂにある「まかる」は「(命令を受けて)都を離れて地方へ行く」という意味であることを踏まえて考えるとよい。　(5)「なき(御)影」は死者の霊、「今は(今際)の別れ」は「最後の別れ」、「御覧ず」は「御覧になる」という意味である。　(6)「たてまつる」は補助動詞で謙譲の意味がある。「いかが」は疑問で「どのように…か」を表し、「やすから(安し)」は「心安らか」という意味がある。

【四】(1)　3　(2)　4　(3)　5　(4)　2

〈解説〉(1)　アの「苟」は「もしも」という意味。イの「耳」は限定・断定を表す。ウの「竟」は「ついに、とうとう」といった意味がある。　(2)　ポイントは「莫…焉」で「これより…なるはなし」と読む。訓点は「功莫㆑大㆑焉」とつける。　(3)　ここでの「況んや」は、その前の「此其於親戚兄弟若此」とセットで抑揚の形「Ａすら…。しかるをいわんやＢにおいてをや」の表現となり、「Ａでさえ…である。ましてＢはなおさら…だ。」という意味になる。「親戚兄弟でさえ、この通りである。ましてや仇の敵国に対してはなおさらだ」となる。　(4)「臣甚惑之」で朱己が魏王に言おうとしたことは、傍線部Ｃの前後にある。秦についての認識がないのであれば、それは王の不明。群臣がそれを知りながら王を諫めないのであれば、それは臣が不忠であるとしている。

二〇二三年度　実施問題

【中高共通】

【一】次の文章を読んで、以下の問いに答えよ。

社会とは何か、という問いを立てると、もちろんいろんな風に答えることができる。これまでの理論では、「社会」とはまず大きな「家」であると見なされた。お父さん＝王様と、子どもたち＝人民という関係です。この理論は、1王権の社会の比喩としてはかなりぴったりなので、長い間使われてきた。近代になると少しバリエーションが出てきます。社会とは、大雑把に言って、有機体である、精密機械である、生命的システムである、という具合に大きな理論は進んでいます。

最近の有力な理論の一つに、社会は、支配の装置(システム)だ、という考えがあります。この考えの特徴は、社会を「見えない権力」の網の目だ、と考える点にある。昔は「権力」の構造は単純だったが、いまはどんどん複雑になって見えないものになっている、というわけです。これはなかなか面白いし、実感としてもいける(ミシェル・フーコーという思想家がその本家ですが、日本では、これを模倣した社会理論が山のように出てきた)。

しかし、哲学的にいうと、この考えは「物語」に近い。権力って何だというと、あれも権力、これも権力と何とでも言えてしまうところがある。親と子供、先生と生徒、社長と社員、政府と人民、男性と女性、大人と子供、白人と黒人、人間と動物、人間と自然、これらのすべてを、権力の関係だと考えることは、たしかにできます。

　でも、哲学的には、社会関係や人間関係のすべてを「権力」の関係と考えるのは、Aとても狭すぎて使えない。すべては権力の関係だという考えでゆくと、結局、権力の本質とは何かがよく分からなくなるし、ルール関係ということも見えなくなる。

　むしろ「ルール」というキーワード(原理)から始めると、社会的な「権力」の関係の本質が何であるか、とてもよく分かります。それだけでなく、人間どうしの愛の関係も、倫理の関係も、権力関係としてではなく、ルール関係として見ると、とても深く理解できます。

　ところで、社会というものは、「ゲーム」や「ルール」の概念で考えることはできない、社会はゲームとはまったく違うものだから、という意見もありえます。ちょっとそれを考えてみましょう。

　いま、逆に、ふつうのゲームと社会との違いを考えて見ます。するとすぐにつぎのことが分かる。まず、ふつうのゲームでは、一方に自分の生活の場所があり、それを一時的に脇において、各人がテーブルのまわりに集まり、一定のルールにしたがってゲームをはじめる。だからフェアネス(公平さ、公正性)の確保がはっきりしているし、また、ゲームが嫌になったら〝降りる〟ことができる。

　でも実の社会はそうではない。なによりわれわれは、社会というゲームに生まれたときから投げ入れられていて、気に入らないので自分は降りる、ということができない。つまり、ゲームを降りる自由、あるいは出入りの自由がはじめから存在しない。これがまず第一の大きな違いです。

　また現実社会では、はじめから条件に大きな差があり、とうてい対等とは言えない。ある人は、お金持ちに生まれ、才能をもち、美人に生まれつく。そうでない人との差は歴然としている。だから、こんなゲームは不当だと感じている人が多く出てくる。その人たちにとっては、この社会がフェアなゲームと言えないと考えるのは自然なことです。

ついでに、社会＝ルールゲーム論へのもう一つの①イギは、社会というものは、じっさいには、どこまでも実力のゲームであって、立てられているルールはいわば見せかけのものにすぎない。結局は、実力をもつものがルールの権限をうまく握り、社会を自分の思うように運んでゆくのだ、というものです。

B これらの考えは、じっさいの社会はゲームとは違うという点ではその通りです。しかし、根本は、いまの社会がフェアなゲームであるわけがないよ、という感度が、社会とゲームは同じにできないという側面を強調させているので、論理的にはしっかり追いつめた考えとは言えません。なぜでしょうか。

さっき社会を見えない権力の網の目として見る考え方について言いました。一見、こちらのほうが、ずっと現実社会の不平等や矛盾をよく表現しているように思えるかも知れない。しかし、哲学の観点からは、この説は、現実社会の不平等や矛盾を強調しようとするあまり、社会の動き方の本質を、②ホウカツ的には捉えられない考え方になっているのです。

これまで、社会は、理論的には、家庭となぞらえられたり、機械や有機体や(複雑な脳組織)になぞらえられたりしてきました(王国論、近代哲学の国家論、現代社会学の理論等々)。

わたしが、これらの理論を採らないで社会をゲームやルールの概念で捉えるのは、なにより人間の欲望の本質がゲーム的であること、だから人間関係の基本的な本質がまたゲーム的であること、からきています。

人間の欲望は動物の欲望とはちがって、本質的にルールゲーム的です。たとえば、母親と子供の基礎関係はルールです。つまり「これはダメ！」(危ない)という禁止が出発点です。子供の関係的な欲望は、親に「可愛がられたい」ですが、これは親とのルールを守ることで勝ちとられます。つまり C 人間の関係的欲望(承認の欲望)は、本質的にルール関係によって支えられているのです。

人間関係の本質を、自分たちでそのルール関係を少しずつ編み変えてゆくゲームだと考えると、社会関係も、この考えを原理としておくのが有効です。「およそ人間どうしの関係は権力関係である」、という考えは、人間関係を固定した力関係として捉えるので、人間と社会の相互の関係を示す上で、とてもせまいものになります。

まず、権力とは何でしょうか。どんな社会もルールを作らないと安定しませんが、一般的には、このルールを作る権限が権力と呼ばれます。だから、誰が決定的な権力をもち、どんなルールを作るかが、政治(というゲーム)の最大の関心事です。

昔は、誰が権力をもつかを実力(武力)の戦いによって決めていた。「戦いだけが、秩序を決めることができる」、です。しかし、近代の市民国家では、誰が権力をもつかは、実力(武力)ではなく、ルールゲームで決めます。たとえば、大統領は大きな権力をもちますが、誰が大統領になるかは、選挙で決まる。そして[D]大統領選挙は複雑にからみあったルールゲームの束です。

昔の権力決定は、きわめて明快、強い将軍どうしが最後の決戦をして、「第一人者」(覇者)が決まります。しかしいまでは、実力(武力)の戦いは排除され、選挙では、裏工作や金の力や[2]いろんな要素がからみあって動きます。

いちばん表側には、市民(有権者)の投票がある。そして[ア]その裏には、いろんな力関係がせめぎあっており、それは暗黙のルールゲームになっている。力関係を動かすには、この暗黙のゲームの中で、多数工作を行なったり、またそのルールを自分の有利なほうへ動かしたりする必要がある。つまりたくさんのプレーヤーが自分の利益や目的をもってせめぎあい、その中でルールとゲームが少しずつ変化しながら進んでいく。

[イ]ときどきズルや裏切りなどもあるけれど、しかし、最低限、実力(武力)による戦いはルールによって制御されています。

こうして、現在の「権力」は、いわば暗黙の、ウつねに揺れ動くルールゲームのネットワークの力学として決まってくる。つまり政治のルールゲームの中心をなすのは、権力をつかむ(ルール決定権限を誰がにぎるか)という目標だということです。

ここからエさらに、社会の総体をさまざまな暗黙のルールゲームの網の目だと考えることができます。しかしここで大事なのは、「権力」を、このようにルールとゲームの概念でその本質を考えることができるけれど、社会のさまざまなルールゲームの諸関係を、すべて「権力」の概念に還元することはできない、ということです。

オたとえば、親と子供の関係を考えて見ましょう。親と子供は、親が一方的にルールを与えるという点で、一つの権力関係だという側面をもっている。しかし、親子関係を権力関係として説明すると、そのもっとも大事な本質は見えなくなります。権力関係は、親子関係の本質ではなくて、その一面にすぎないからです。

ではほかにどんな関係があるのか。「利害の関係」も少しある。でももっと大事なのは、情愛や親和性という関係であり、さらに本質的なのは、親子関係は、どんな人間にとってもその「倫理性」の基礎になるという点です。

人間は誰でも、必ず、はじめに親子関係の中で、「よし悪し」「善悪」「美醜」という人間的な価値ルールを形成してゆきます。しかしそれは、単なる社会ルールとしての「よし悪し」だけではなく、自分の内的なルールとしての「よし悪し」、つまり倫理性の基礎を形成してゆきます。それは、親子関係の中ではルールが単なる権力としてではなく、情愛関係としてやりとりされるからです。そこに親のルールと社会のルールの与えられ方の違いがあります。

(竹田青嗣「中学生からの哲学『超』入門」)

(1) 二重傍線部①・②のカタカナ部分と同じ漢字を用いる熟語を一つずつ選び、番号で答えよ。

① イギ

1 モギ試験を受ける。
2 ブツギをかもす。
3 キョギの申告をする。
4 行動にケンギがかかる。
5 サギの犯罪を防ぐ。

② ホウカツ的

1 資金がコカツする。
2 エンカツに事を運ぶ。
3 カイカツな子供。
4 代金をブンカツする。
5 ガイカツして記す。

(2) 波線部1で説明されている「比喩」の種類を一つ選び、番号で答えよ。

1 諷喩
2 擬人法
3 隠喩
4 換喩
5 直喩

(3) 波線部２と同じ品詞を波線部ア～オの中から一つ選び、番号で答えよ。

1 ア
2 イ
3 ウ
4 エ
5 オ

(4) 傍線部Ａ「とても狭すぎて使えない」とあるが、その理由の説明として最も適当なものを一つ選び、番号で答えよ。

1 社会関係や人間関係をルールとゲームの関係として捉えると、社会的な権力の関係の本質が理解できず、偏った見方になるから。
2 社会関係や人間関係を「権力」の関係と言うことは可能だが、今は権力が網の目のように複雑化し、様々な力関係があるから。
3 社会関係や人間関係を「権力」の関係と捉えると、昔の王権社会の構造だけに焦点があたり、近代社会の構造を把握できないから。
4 社会関係や人間関係を固定した力関係の一面のみで捉えると、権力の本質が理解できず、様々な関係性も説明できないから。
5 社会関係や人間関係をすべて「権力」の関係で捉えると、社会の支配的関係を十分に表現できず、むしろ隠してしまうから。

(5) 傍線部Ｂ「これらの考え」とは、どのような考えか。その説明として適当でないものを一つ選び、番号で答えよ。

1　社会＝ルールゲーム論で捉えると、気に入らなかった時降りる自由がないという点でふつうのゲームとは違ってしまう、という考え。

2　社会＝ルールゲーム論で捉えると、実力者が自分に都合よくルールを作るという現実が公平性と矛盾してしまう、という考え。

3　社会＝ルールゲーム論で捉えると、最初からある条件の差で社会というゲームを不当だと感じる人が多数出てしまう、という考え。

4　社会＝ルールゲーム論で捉えると、生まれつきの格差により本来対等の立場で行うゲームの前提が崩れてしまう、という考え。

5　社会＝ルールゲーム論で捉えると、社会というゲームの主導権をもてるという幻想を抱き現実と混同させてしまう、という考え。

(6)　傍線部C「人間の関係的欲望(承認の欲望)は、本質的にルール関係によって支えられている」とあるが、その説明として最も適当なものを一つ選び、番号で答えよ。

1　自己の欲望を他者に受け入れてもらうスキルは、自分なりのルールをつくることが基本となるということ。

2　人間関係の「快─不快」の秩序は、権力のある者が「よし悪し」のルールを教え従わせることが基礎であるということ。

3　他者に認められたいという思いは、先天的なものではなく親子の情愛の中で形成されたルール関係が土台になっているということ。

4　自分の思いを優先させたいという欲求は、ルールを自由に操って育ってきたということが土壌となっているということ。
5　他者より優位に立ちたいという欲望は、一方が他方を上位者として承認するルールゲームで成り立つということ。

(7)　傍線部D「大統領選挙は複雑にからみあったルールゲームの束」とあるが、その説明として最も適当なものを一つ選び、番号で答えよ。
1　大統領選挙では、目に見えるルールゲームだけでなく、見えないところでもたくさんのルールゲームが実施されているということ。
2　大統領選挙では、多くのプレーヤーが自分の利益や目的のために、新しいルールやゲームを無秩序に作り出しているということ。
3　大統領選挙では、最終目標にたどり着くまでに、たくさんのルールゲームを制御しながら進んでいるということ。
4　大統領選挙では、ルールを自分に有利な方に動かすズルが制度化され、清濁併せ持つという性質になっているということ。
5　大統領選挙では、戦いを避けるために、たくさんの人が納得するルールゲームを試していく必要があるということ。

(8)　本文の構成の説明として最も適当なものを一つ選び、番号で答えよ。
1　問いを投げかけ、読者が考えそうな予想を挙げ、それを否定する形で世間が安易に信じていることを覆そうとしている。

2　問いの解明にあたって、持論と異なる内容を挙げて問題点を段階的に消去し、論理的な説明で新たな見方に導いている。

3　一問一答の形にしたり、一般的な説に例え話を入れ込んだりして、持論への賛同を得るための工夫をしている。

4　疑問提示で読者の興味を引き、同じ内容について別の説明を繰り返し、ドラマティックな展開で理解を得ようとしている。

5　持論を疑問形で投げかけ、予想される反論を話題転換の形式で挿入し、その問題点を指摘して反論への違和感を封じこめている。

（☆☆☆◎◎◎）

【二】次の文章は、宮下奈都の「まだまだ、」の一部である。これを読んで、以下の問いに答えよ。

教室が終わりに近づいて、生徒の作品を鑑賞しあう時間になると、私は前のほうへ移動し、朝倉くんの席に近づいて彼の花を覗いた。

美しかった。私はその花に釘付けになった。私だけではない。Aみんな朝倉くんの花を遠巻きにして息をひそめていた。思うように活けられない、と私がいつも思っている、その「思うように」をはるかに超えた花だった。私が思うことなんか、たかが知れている、と思った。

教室の帰りに朝倉くんを追った。花材と華道具を籠《かご》に積んで自転車に跨《またが》ろうとしているところに駆けていき、後ろから声をかけた。

「待って」

朝倉くんが振り返る。

「朝倉くんの花、すごくよかった」

はにかんだような目が、まぶしい。こんな表情もできるひとだったんだ。

「いや、まだまだだよ」

日に焼けた顔でそういって片手を挙げると、朝倉くんは自転車で走っていってしまった。

陽射しの中を自転車で走る。今年は春の勢いがいい。汗ばむような陽気だ。大きな川のカーブする外側の小さな町の、役場や公民館や商店街のある一角から自転車で十五分。古くからの住宅地に、ぽつんぽつんと店が混じる。そこに、うちがある。通りに面して骨董品店。その奥が住居になっている。

家に入ると、急いで瞬きをしなくちゃならないくらい薄暗い。窓が高くて小さいせいだ。ぼんやりした光に、漆喰《しっくい》の壁と黒光りする廊下が白黒写真みたいに浮かびあがる。裸足《はだし》で上がると廊下は磨き込まれてひんやりしている。

「あら、帰ってたの」

台所で母が振り返る。

「やだ、また裸足」

肩をすくめて通り過ぎると、奥の部屋から出てきた祖母に呼びとめられた。

「今日の花、さっそく活けてごらんよ」

「待って、あとでね」

そそくさと自分の部屋に逃げる。

「あとで、はないよ、あとになったらチャンスはもうないんだよ」

祖母の声が追いかけてくる。何をいわれても同じだ。今はぜんぜん活けたくない。朝倉くんのあんな花を見ちゃった後に、自分で活ける気にはなれない。

二階の部屋は庭を挟んで土手に面している。部屋の窓を開けて、外を見る。庭に雛芥子《ひなげし》が咲いている。その向こうに土手の緑が続く。土手の上は桜並木で、向こう側は川原だ。広場や散歩道があって、大きな川がゆるやかに流れる。

私は土手に上って川を眺めるのが好きだ。いつだったか、川を見ていてこちらを振り返ったら、屋根の瓦が光っていて、その下の古ぼけた壁や、窓や、庇《ひさし》や、縁側なんかが、すごくちゃちに見えた。こんなちっぽけな家の中で家族が暮らしているんだと思うと不意におかしくなった。ひとりで笑った。笑った後で胸の真ん中がしくしくした。ワレワレハ、と胸を張る。ちまちま生きてるんだなあ、ワレワレハ。ちまちまがなんだか愛しくて、せつなくて、でもとてつもなく偉大なことに感じられた。あのときの感情をそっくりそのまま取っておければよかった。胸を張っていいんだ、と思えたことが今はとても遠く感じられる。

幼い頃、よく姉妹三人でこの土手にすわってお弁当を食べた。そのときの、姉たちの蝶々《ちょうちょ》みたいにひらひら飛びまわる笑い声と、おひさまの光と、川の流れる音とが、今でもこの土手のどこかに残っている感じがする。紗英《さえ》、紗英、と呼んでいた。紗英はお豆さんだからね、と笑う姉たちの声。

晴れた日の午後には土手の白詰草《しろつめくさ》を編んで冠をこしらえた。花の冠をお互いの頭に載せあってうっとりする姉たちを覚えている。やがて姉たちは私の頭にも冠を重ねてくれた。お姫さまみたいだよ、紗英、可愛いね。冠はやわらかな土と若草の匂いがした。可愛いね、と姉たちに微笑まれると、夢見心地になった。自分はお姫さまなのだと信じて疑いもしなかったあの頃を思うと、つい口許がほころぶ。いずれ現実に直面するときは来る。幼いひとときき、自分を可愛いと思い込むことができて私はしあわせだった。

昔たしかにあったものは、消えてなくならない、だろうか。上の姉は遠くの大学へ通うために家を出てしまい、下の姉ももう土手にすわってお弁当を広げたりはしない。私だけが土手を見ている。それでも、そのあたりにまだあの頃の光や風がさざめいている気がする。

「紗英はお豆さんだからね」

窓から外に向かっていってみる。お豆さんというのは、お豆みたいに小さい子、という意味らしい。小さくて、面倒を見てあげなきゃいけない子。それは単に三姉妹の一番下だからということだけでなく、いつまでも下の立場に喜んでいる子だったということだろう。姉たちがふたりでなんでも引き受けてくれて、私はのほほんと楽しかった。まだまだお豆さんでいられる、と意識していたわけではないけれど、少なくとも、B「まだまだ」を厳しい意味で使ったことはなかった。朝倉くんの花を見るまでは、たぶん一度も。

活け花教室で次に朝倉くんと会ったときに私は訊いた。

「まだまだ、って、どうしてわかるの」

え、と朝倉くんが顔を上げる。

「こないだ、まだまだだっていったよね。どうしてそう思うの。どうしてわかるの。どうしたらまだまだじゃなくなるの」

まだまだ届かない、思うように活けられない。朝倉くんは自分の花をそう評した。

「ちょっと、紗英」

千尋《ちひろ》が私の左肘《ひじ》をつついて止めようとしている。千尋は親切だから私が突っ走り気味になると上手に制御してくれる。この活け花教室を紹介してくれたのも千尋だった。

「わかるときはわかるんじゃないかな」

真面目な声で朝倉くんはいった。それからちょっと笑った。

「謙遜だとは考えなかったんだね」

「え、謙遜だったの？」

私が驚くと、冗談だよ、という。

「花を活けてると気持ちがいいだろ。思ったとおりに活けられると、気持ちのよさが持続する。そのやり方をここに習いに来てるんだ。みんなもそうなんじゃないの」

「なるほど」

私は感心して何度もうなずいた。

「気持ちのよさが持続する。なるほどね」

朝倉くんは、やめて、恥ずかしいから、といった。

「なるほど。気持ちのよさを持続するために」

うなずきながらもう一度私がいうと、朝倉くんはしっしっと追い払う真似をした。

思った通りに活ける、と朝倉くんはいったけれど、私の「思った通り」じゃだめなんだと思う。私なんかの思ったところを超えてあるのが花だ。そう朝倉くんの花が教えてくれている。

じゃあ、なるべくなんにも考えないようにして活けてみよう。

その考えは、しかし間違いだったらしい。

「津川《つがわ》さん、真面目におやりなさい」

先生は巡回してきて私の花を見るなりそういった。

「しょうがないわねえ」

いつもなら、注意されることはあっても先生の目はあたたかい。しょうがないわねえ、と笑っている。でも今日は違った。基本形を逸脱しためちゃくちゃな花がよほど腹に据えかねたらしく、剣山から私の花をぐさぐさ抜いた。

「どういうつもりなの」

声は怒りを抑えている。周囲の目がこちらに集まっている。

「いつもの津川さんじゃないわね。遊び半分で活けるのは、花を裏切ったことになるの」

すみません、と私は謝った。遊び半分なんかじゃなく、真剣に考えたらこうなったんだけど、普段は穏やかな先生の①剣幕をみたらやっぱりそれはいえなかった。先生は花を全部抜くと大きくため息をついて、ふいと立ち去ってしまった。

千尋と目が合う。どんまい、と目だけで笑ってくれる。もう一度水切りをしなおして、少し茎の短くなってしまった花を見る。またいつもみたいに、習った型の通り順番に差していくんだろうか。型通りなら誰が活けても同じじゃないか。私はこっそり辺りを見まわす。みんな、おとなしく従っているのはなぜなんだろう。

——そんなふうに思うなんて不遜《ふそん》だし傲慢《ごうまん》だ。だけど急に、C目の前の花が色褪《いろあ》せて見える。もしかしたら活け花はどうしても私がやらなきゃならないことじゃないのかもしれない。

このまま塾に行くという千尋と別れて帰ろうとしたら、市民センターの出口のところに朝倉くんがいた。自然にふたり並んで歩き出す。

「どうして私を待ってたの、とか訊かないか普通」

朝倉くんがいうので初めて気がついた。

「そっか、朝倉くん、あたしのこと待っててくれたんだ」

「……いいよなあ、さえこは」

さえこ。懐かしい呼び名だ。久しぶりに聞いた。さえこ、さえこ、と中学のクラスメイトは呼んだ。ほんとうの名前は紗英なのに、そこになぜか子をつけて、紗英子、それが私の愛称だった。紗英、と呼び捨てにするほど親しくない同級生たちにとって、子をつけるだけでフェイクになる。紗英子なら呼べる。そういうことらしい。彼らは私を呼びたかったのだ。さえこ、さえこ、と気軽に愛称で呼べて、さえこはいいよなあ、なんていえる存在が欲しかったんだと思う。事実、私は一日に何度も名前を呼ばれ、さえこ、さえこ、と手招きされる。さえこはいいね、さえこはいいよなあ。何がいいのかよくわからないけれど、みんなにそういわれるのがこそばゆくて、うふふ、と笑う。そうすると彼らはいよいよもって、いいよなあ、と繰り返す。

「さっきの、先生に注意されてた花、見たよ。びっくりした。あれ、遊んでたんじゃないよな、確信犯だよな」

うーん、と私は言葉を濁す。

「自分でもどうしたいんだかわからなくなっちゃった」

「それもわかった、あの花見たら」

朝倉くんはそういって笑う。

「やりたいことは何となく伝わってきた。面白いと思ったよ。でも、何百年もかけて磨かれてきた技に立ち向かおうと思ったら、足場が必要だろ。いきなり自己流じゃ太刀打《たちう》ちできない」

市民センターを出ると陽射しが強い。自転車置き場まで並んで歩く。

「あの先生は、正当に磨かれてきた技を継いできたひとだと俺は思ってる。頭は少々固いけど、習う価値はあると思うよ。だけどさえこがどう思うかは、さえこ次第だ」

「あたしはべつに」

「べつに、やめようとは思ってない？」

「うん」

嘘をついた。やめてもいいかな、とちょっと思っていた。②曲がりなりにも活けた花を、有無をいわせず全部抜かれたらやっぱりめげる。

でも、朝倉くんが笑顔になった。

「そうか、よかった。せっかくなんだから、やめるなよ」

「ありがとう」

手を振って別れ、すぐに朝倉くんは反対方向へ走り出す。私は桜並木のほうへ自転車をゆっくり漕《こ》ぎ出しながら、朝倉くんの「せっかくなんだから」を考える。せっかく始めたんだから、やめるなよ。せっかく面白くなってきたんだから、やめるなよ。せっかく会えるんだから、やめるなよ。うん、これかな。D私はいちばん自分に都合のいいフレーズを選んで口の中で繰り返す。せっかく会えるんだから、やめるなよ。うふふ、と笑みがこぼれる。


（宮下奈都「まだまだ、」）

(1)　二重傍線部①・②の本文中の意味として最も適当なものを一つずつ選び、番号で答えよ。
①　剣幕
1　剣山を空にする様子

2　遊び半分でなく真剣な様子
3　怒って興奮している様子
4　裏切られて悲しんでいる様子
5　もう一度挑戦する様子

② 曲がりなりにも
1　茎の曲線を生かしながらも
2　古い技に立ち向かいながらも
3　自己流でありながらも
4　自分では真剣に考えながらも
5　不完全でありながらも

(2)　傍線部A「みんな朝倉くんの花を遠巻きにして息をひそめていた」とあるが、このときの「みんな」の状況の説明として最も適当なものを一つ選び、番号で答えよ。
1　朝倉くんの活けた花に近寄って見ると、彼が恥ずかしがるのではないかと心配する状況。
2　朝倉くんの活けた花の美しさに圧倒され、動くことができず心を奪われている状況。
3　朝倉くんの活けた花の美しさを褒めると、彼が嫌がるのではないかと不安に思う状況。
4　朝倉くんの活けた花を誰もが鑑賞できるように、作品から距離を置こうとする状況。
5　朝倉くんの活けた花の感想を伝え合う二人に、みんなの注目が集まっている状況。

(3)　傍線部B「『まだまだ』を厳しい意味で使ったことはなかった」とは、どういうことか。その説明として最も適当なものを一つ選び、番号で答えよ。

1　朝倉くんの活け花に対する妥協のなさを感じる一方で、紗英自身は周りの状況に身をゆだね、当たり前のように末っ子の立場に甘えてきたということ。
2　朝倉くんの活け花を極めようとする向上心を感じる一方で、紗英自身は朝倉くんの活けた美しい花と同じように、容易に自分も活けることができると楽観していたということ。
3　朝倉くんの周りの人に配慮する誠実な生き方を感じる一方で、紗英自身は小さい家で家族一緒に生きることなど、それほどすばらしいことだと思えなかったということ。
4　朝倉くんの活け花に打ち込む真剣さを感じる一方で、紗英自身は祖母に花を活けるように言われても、活ける気にならなかったら活けなくてもよいと思っていたということ。
5　朝倉くんの自分に対する自信や誇りを感じる一方で、紗英自身は自分のことをお姫さまだと信じながらも、満ち足りないものを感じていたということ。

(4)　傍線部C「目の前の花が色褪せて見える」とあるが、このときの紗英の心情の説明として最も適当なものを一つ選び、番号で答えよ。

1　新しい花の活け方を創造しようとしたが先生にとがめられ、今後この教室を続けていく自信を失い萎《い》縮している。
2　自分が真剣に活けた作品を先生に否定され、型通りに活けるだけの活け花やみんなに疑問を感じている。
3　無心になって花を活けたが先生に怒られ、そんな自分をみんなが無視しているため落胆している。
4　思ったところを超えた作品を活けようとしたが、かえって花を台無しにしてしまい反省している。
5　一回茎を切って作品を仕上げていた花だったので、生気と鮮やかさが失われたと残念に思っている。

(5) 傍線部D「うふふ、と笑みがこぼれる」とあるが、このときの紗英の心情の説明として最も適当なものを一つ選び、番号で答えよ。
1 朝倉くんが叱られた自分のことを心配して待ってくれていたので、うれしく思っている。
2 朝倉くんが活け花教室において唯一の自分の味方になってくれるとわかり、心強く思っている。
3 朝倉くんが特別に自分に花の活け方を教えてくれると知って、素直に喜んでいる。
4 朝倉くんが自分のことを理解してくれたと思い、今後の新たな展開を期待している。
5 朝倉くんが私の活けた花を面白いと言ってくれたことで、自分の技が認められたと思っている。

(6) この文章からわかる「朝倉くん」の人物像について、最も適当なものを一つ選び、番号で答えよ。
1 自分の活けた花によって他の人の心を和ませたい、と常に考える思いやりのある人物。
2 自分の納得のいく活け花を追求しながらも、先生や紗英の気持ちやそのよさもくみ取ることのできる幅の広い人物。
3 先生の教えに忠実に従い、紗英にもそのよさを伝えようとする伝統を重んじる人物。
4 自分の活けた花を褒められると決まりが悪くなり、一人になることを好む恥ずかしがりやな人物。
5 美しい花を活けることでみんなから一目置かれる、他の人が近寄りがたい雰囲気をもつ孤高の人物。

(☆☆☆◎◎◎)

【三】 次の文章は、「夜の寝覚」の一部である。病に伏せる乳母を見舞った中納言は、隣の家から聞こえてくる琴の音に耳をとめる。その家にいた姫君を垣間見てその美しさに目を奪われた中納言は、心を抑えきれず姫君の部屋に忍び込む。以下はそれに続く場面である。これを読んで、以下の問いに答えよ。

人気《ひとけ》におどろきて①見返りたるほどに、やがて紛れて、姫君を奥のかたに②引き入れたてまつる。人心地おぼえず、むくつけく恐ろしきに、ものもおぼえず。奥のかたより、(注)和琴《わごん》の人の声にや、「御殿籠《とのごも》れ。御格子も、更けぬらむ、A人々まゐりたまへや」と言ひて、③ゐざり入るに、かかれば、言はむかたなく、思ひまどふなども(注)世のつねなりや。

(注)くだくだしければとどめつ。(注)かたみに聞きかはして心かはしたらむにてだに、ゆくりなからむあさましさの、おろかならむやは。まいてB心のうちどもはいかがありけむ。脱ぎやられたる直衣、指貫の手あたり、にほひは、Cえもいはずあてなる気色しるけれど、心の慰むべきかたなく、「(注)殿の、いとうしろやすき者におぼして、放ち渡したてまつりたまへるに、かかることの聞こえてもあらば、我が心とせぬことにてはあれど、いみじくもあるべきかな。Dこの御身も、今はいたづらになりたまひぬるにこそあめれ」と思ひつづくるに、あたらしう、口惜しく、涙におもほれまどひながらも、思ひやりいと静かなる人にて、「言ふかひなきことを言ひののしりて、あまねく人の知らむはいみじかるべし。後の隠れなくとも、この際《きは》はなほ忍びてやみなむ」と思ふ心にて、御几帳どもをさし違へて、「御前《おまへ》に恥ぢきこえたまふ人々は、暑きに、さし退《の》きてを」と、さりげなく言ひなして、胸は騒ぎながら、Eつゆもまどろまず。

（『夜の寝覚』）

(注)　和琴の人……………対の君。姫君の後見でいとこ。この前の場面で和琴を弾いていた。
世のつねなりや…………～という言葉では言い尽くせない。
くだくだしければとどめつ……くどいのでこれ以上書かない。
かたみに聞きかはして……互いに手紙をとり交わして。
殿……………………………姫君の父である太政大臣。

(1) 二重傍線部①～③の主語の組合せとして正しいものを一つ選び、番号で答えよ。

1 ① 中納言 ② 中納言 ③ 対の君
2 ① 姫君 ② 対の君 ③ 中納言
3 ① 対の君 ② 中納言 ③ 中納言
4 ① 中納言 ② 対の君 ③ 姫君
5 ① 姫君 ② 中納言 ③ 対の君

(2) 波線部「なむ」の文法的な説明として正しいものを一つ選び、番号で答えよ。

1 ナ行四段活用動詞の活用語尾＋意志の助動詞
2 ナ行変格活用動詞の活用語尾＋意志の助動詞
3 強意の助動詞＋意志の助動詞
4 強意の係助詞
5 願望の終助詞

(3) 傍線部A「人々まゐりたまへや」の意味として最も適当なものを一つ選び、番号で答えよ。

1 みなさん下ろし申し上げなさいよ
2 みなさんいらっしゃるでしょうか
3 みなさん参上なさるようですよ
4 みなさんお休みになりませんか
5 みなさん帰参なさいませ

(4) 傍線部B「心のうちどもはいかがありけむ」とあるが、語り手は心中をどのように推し量ったのか。最も適当なものを一つ選び、番号で答えよ。

1　宵のうちに訪れた男君への憤りは言いようもなかっただろう。
2　見知らぬ男君に侵入された驚きは言いようもなかっただろう。
3　男君を受け入れられない苦しみは言いようもなかっただろう。
4　男君の思わぬ訪問を受けた喜びは言いようもなかっただろう。
5　愛する男君に裏切られた悲しみは言いようもなかっただろう。

(5)　傍線部C「えもいはずあてなる気色しるけれど」の解釈として最も適当なものを一つ選び、番号で答えよ。

1　たとえようもない独特な匂いには覚えがあるが
2　言われても誰の衣装かわからない状態だが
3　言葉にできないほど不気味ではあるが
4　隠すこともできないほど乱れた様子だが
5　言いようもなく高貴なさまが明らかだが

(6)　傍線部D「この御身も、今はいたづらになりたまひぬるにこそあめれ」の解釈として最も適当なものを一つ選び、番号で答えよ。

1　自分もこの先どのようになるかわからなくなってしまうだろう
2　姫君もこのまま病気がちにおなりになるのではないだろうか
3　中納言も今となっては下手にお隠しにならないのがよいだろう
4　姫君も今は取り返しのつかないことになってしまわれたようだ
5　中納言も今までの順調な人生をむだにしてしまわれたようだ

(7)　傍線部Ｅ「つゆもまどろまず」の解釈として最も適当なものを一つ選び、番号で答えよ。

1　姫君を自分に預けた太政大臣の信頼を損ねる結果となり、思わず涙で枕を濡らした。
2　自分の心遣いが予想外の事態となったことを悔やみ、すこしも熟睡できないでいる。
3　予想外の事態に動揺しながらも心を落ち着けて対応したが、全く寝られないでいる。
4　この状態を人々に今知られるわけにはいかないので、決して寝させないようにした。
5　暑さを口実にして女房達を姫君の前から下がらせようと、少しも油断せずにいた。

(☆☆☆◎◎◎)

【四】次の文章を読んで、以下の問いに答えよ。(一部本文の表記を改め、訓点を省いたところがある。)

(注)燕王曰ク、「若不ル二忠信ナラ一耳。A豈有以忠信而得罪者乎。」(注)蘇秦曰ク、「不レ然ラ。臣聞ク、(注)客有リ下遠ク為リテレ吏ト而其ノ妻私スル(注)二於人一ニ者上。其ノ夫将ニレ来ラント。其ノ私スル者憂フレ之ヲ。妻曰ク、『勿カレレ憂フル、吾已ニ作リテ二薬酒ヲ一待ツトレ之ヲ矣。』居ルコト三日、其ノ夫果タシテ至ル。B妻使妾挙薬酒進之。妾欲スレバレ言ハント二酒之有ルヲレ薬、則チ恐レ三其ノ逐ハンコトヲ(注)二主母ヲ一也、欲スレバレ勿カラントレ言フ乎、則チ恐ル三其ノ殺サンコトヲ(注)二主父ヲ一也。ア於是乎詳《いつは》リ倒レテ而棄ツレ酒ヲ。主父大イニ怒リ、笞ツコトレ之ヲ五十。故ニ妾一タビ倒レテ而覆シレ酒ヲ、上ハ

存《シ》二主父《ヲ》一、下《ハ》存《セリ》二主母《ヲ》一。イ然而不《リキ》レ免《レ》二於笞《タルルヲ》一。ウ悪在《ル》二乎忠信之無《キコト》レ罪也。C夫臣之過、不幸而類《ス》レ是乎。」燕王曰《ク》、「先生復《タ》就《ケト》二故《もとノ》官《ニ》一。」益厚《ク》遇《ス》レ之《ヲ》。

（『史記』）

（注）燕王……戦国時代の燕の君主。
蘇秦……人名。
客……ある人。
私於人……密通する。
主母……女主人。
主父……男主人。

(1)　波線部ア〜ウのここでの読みの組合せとして正しいものを一つ選び、番号で答えよ。

1　ア　ここにおいて　イ　しかりて　ウ　いづくんぞ
2　ア　これをもつて　イ　しかりて　ウ　いづくんぞ
3　ア　ここにおいて　イ　しかりて　ウ　いづくにか
4　ア　これをもつて　イ　しかれども　ウ　いづくにか
5　ア　ここにおいて　イ　しかれども　ウ　いづくにか

(2) 傍線部A「豈有以忠信而得罪者乎」の書き下し文として最も適当なものを一つ選び、番号で答えよ。
1 豈に以て忠信にして罪者を得ること有らんやと
2 豈に以て忠信有りて罪者を得るかと
3 豈に忠信を以て罪を得る者有らんやと
4 豈に忠信を以てするも罪者を得ること有らずやと
5 豈に忠を以て信じ罪を得る者有るかと

(3) 傍線部B「妻使妾挙薬酒進之」の解釈として最も適当なものを一つ選び、番号で答えよ。
1 妻は妾に毒酒を一滴も残さず飲むようにすすめた。
2 妻は妾を使い毒酒を取り上げて夫に飲ませなかった。
3 妻は妾の作った毒酒を密通相手に飲ませようとした。
4 妻は妾に毒酒を持たせ夫が飲むようにすすめさせた。
5 妻は妾に毒酒を飲ませて密通相手を安心させた。

(4) 傍線部C「夫臣之過、不幸而類是乎」とは、どういうことか。その説明として最も適当なものを一つ選び、番号で答えよ。
1 蘇秦が過失から官職を解かれたことは、妾がうっかり毒酒を投げ捨てて鞭を打たれてしまった不運と似ているということ。
2 蘇秦が忠信にもかかわらず非難されている過ちは、妾が主人を救ったにもかかわらず罰を受けたことと同様のことだということ。
3 自分を殺そうとした妻と妾とを夫がむちで打った不幸は、蘇秦が燕王から官を解かれて復職できないことと似ているということ。

4　夫が忠信から妻の不義を看過できず罰を与えたことは、燕王が忠信から蘇秦を解職したことと同じであったということ。

5　夫が立派な臣下であったのに妾の忠信を見抜けなかったことは、燕王が蘇秦を忠信だと認めないことと同じ過ちだということ。

（☆☆☆◎◎）

解答・解説

【中高共通】

【一】(1)　①　2　②　5　(2)　3　(3)　1　(4)　4　(5)　5　(6)　3　(7)　1　(8)　2

〈解説〉(1)　①は「異議」、類義語としては、異論、反論など。「意義」と誤解しそうだが、ここは文脈から「社会＝ルールゲーム論」に対する異論ということ。1「模擬」、2「物議」、3「虚偽」、4「嫌疑」、5「詐欺」。②は「包括」。他に統括、総括、一括などの熟語がある。1「(枯)渇」、2「(円)滑」、3「(快)活」、4「(分)割」、「(概)括」。　(2)　ここでは「社会」を「大きな『家』」と見なし、「お父さん＝王様と、子どもたち＝人民という関係」として捉えることを、「王様の社会の比喩」としている。つまり「社会」を厳密に概念で定義せずに、お父さんが王様で子どもが人民であるような大きな「家」というイメージで喩えているので、隠喩と言える。「諷喩」は、たとえを示すだけで別の意味を暗示すること。「擬人法」は人間以外の生き物をあたかも人間の行動や心情であるかのように表現する技法。「換喩」はある対象を示すときにそれと関連の深い語で言い換えること。「彼はハト派だ」という文を例に挙げる。この文は、彼は平和の象徴とされるハトのように、平和を重んじる人だという意味である。「直喩」は「走者はカモシカのように美しく駆けた」など、～のように、～のような、の形で共通する要素を持つもので直接喩える表現。(3) 「いろんな」は連体詞で、体言の前に置かれ連体修飾語となる。自立語だが活用はしない。イ「ときどき」、ウ「つねに」は副詞、エ「さらに」は「その上～」と同じで接続詞(さらに大きい、など連用修飾語となるときは副詞)。オ「たとえば」は接続詞。(4) 傍線部Aを含む段落の冒頭に逆接の「でも」とあるので、その前を見てみると、「親と子ども、先生と生徒～人間と自然、これらのすべてを、権力の関係だと考えることは、たしかにできます」とあり、この文脈に対して「でも」の後で「社会関係や人間関係のすべてを『権力』の関係」と考えるのは、「狭すぎて使えない」と述べ、さらに「権力の本質とは何かがよく分からなくなる」と異議を唱えている。以上を押さえて選択肢を見ると、1「偏った見方になるから」、2「今は権力が～複雑化し、様々な力関係がある」、3「近代社会の構造を把握できないから」、5「社会の支配的関係を十分に表現できず、むしろ隠してしまうから」は関連する記述がなく論旨から外れている。(5) 傍線部Bの「これらの考え」とは「社会=ルールゲーム論」に対する異論のことで、その内容は傍線部Bの前の五つの段落で説明されている。5の「社会というゲームの主導権をもてるという幻想を抱き現実と混同させてしまう」という内容に相当するものは本文にないとわかる。(6) 傍線部Cの前に「つまり」とあり、ここで要点をまとめていることがわかる。その前の「母親と子供の基礎関係」では母親の「これはダメ!」という「禁止」のルールがあり、子供は「親とのルール」を守れば愛情を得られる、という内容を傍線部Cのように端的に表現している。以上を踏まえて選択肢を見ると、1「自分なりのルールをつくることが基本」、2「快―不快」の秩序、「よし悪し」のルール、4「ルールを自由に操って育ってきた」は文脈に関係がない。5「優位」「上位者」などの語彙はここでの文脈に関係がない。

(7)「大統領選挙」については、二つ後の段落で「市民(有権者)の投票」「その裏には、いろんな力関係」がありそれは「暗黙のルールゲーム」になっている、また「たくさんのプレーヤーが~せめぎあい」、しかし「最低限、実力(武力)による戦いはルールによって制御」されているなどとある。以上を押さえて選択肢を見ると、2「新しいルールやゲームを無秩序に作り出している」、3「最終目標にたどり着くまで」「たくさんのルールゲームを制御しながら進んでいる」、4「大統領選挙では、~ズルが制度化され」、5「戦いを避けるために、たくさんの人が納得するルールゲームを試していく」などが文脈から外れている。

(8) 全体を見ると、「社会とは何か、という問いを立てる」に際して、「これまでの理論」、「最近の有力な理論の一つ」を挙げて説明したうえで、それらを批判している。そのうえで「ルール」「ゲーム」という用語を挙げて、「ルール関係として見ると、深く理解できます」と述べている。またこの「ルール」「ゲーム」という捉え方に対する異論を取り上げ、それが「論理的にはしっかり追いつめた考えとは言えません」と批判し、さらに「社会をゲームやルールの概念で捉える」ことの有利な点を説明している。さらに「人間関係の基本的な本質がゲーム的であること」という深い次元にまで展開して親と子供の関係も含めた根拠を論じている。以上を押さえると、1「読者が考えそうな予想を挙げ」、3「一問一答の形にしたり」、4「疑問提示で読者の興味を引き」は本文に根拠がなく、論旨から外れている。冒頭の「社会とは何か」は直接読者に提示してはいない。この問いについての自説を展開する上で、さまざまな「理論」を丁寧に紹介、説明している。「ドラマティックな展開」も根拠がない。5「持論」について「予想される反論」を「話題転換の形式」で挿入し「反論への違和感を封じこめている」は根拠が文脈にない。

【二】(1) ① 3 ② 5 (2) 2 (3) 1 (4) 2 (5) 4 (6) 2

〈解説〉(1) ①「剣幕」は、「怒った顔つきやふるまい」「はげしい態度」という意味。②「曲がりなりにも」は「どうにかこうにか」という意味。(2)「美しかった。私はその花に釘付けになった。私だけではない。」に続いて傍線部Aがある。「息をひそめていた」のは美しさに圧倒されて近づくことも声も出なかったからである。1「花に近寄って～彼が恥ずかしがるのではないかと心配する」、3「褒めると、彼が嫌がるのではないか」は「彼」に対する心情として文脈から外れている。4「誰もが鑑賞できるように」、5「花の感想を伝え合う二人に、みんなの注目が集まっている」は本文に該当する表現がない。(3)「まだまだ」は、ここでは「十分ではない」という意味である。この語にはかぎかっこが付けられており、現在の紗英があえてこの言葉を取り上げていることに着目する。本文の流れを見ると、目を奪われるような美しい花を活けた「朝倉くん」によかったと感じたことを伝えると、彼は「まだまだ(自分の力は十分ではない)」と言ったというエピソードの後で、かつて姉たちと遊びながら自分はいつも「三姉妹の一番下」だという扱いを喜んでいたことを想起して、自分は「まだまだ(幼い、未熟だ)」という内省の気分が生じたことが読み取れる。以上を押さえて、2「紗英自身は～楽観していた」、3「朝倉くんの～誠実な生き方」「紗英自身は小さい家で家族一緒に生きることなど、それほどすばらしいことだと思えなかった」、4「紗英自身は～活ける気にならなかったら活けなくてもよいと想っていた」、5「朝倉くんの自分に対する自信や誇り」「紗英自身は自分のことをお姫様だと信じ」などは文脈に根拠がない。(4)「朝倉くん」に「思ったとおり」に活ければ気持ちがいいと言われた紗英は自分にその力はないと思い、そこで「なるべくなんにも考えないようにして活けてみよう」とした結果、先生に厳しく叱られたのである。それで「またいつもみたいに、習った型の通り順番にさしていくんだろうか」と思い「みんな、おとなしく従っているのはなぜなんだろう」という疑問が生じてきた中で、傍線部Cの表現がある。1「新しい花の括け方を創造しようとした」「今後この教室を続けていく自信を失い萎縮している」、3「そんな自分をみんなが無視しているため落胆している」、5「一回茎を切っ」たため「生気と鮮やかさが失われたと残念に思っている」は、文脈から外れている。4で迷う可能性があるが、紗英が「反省している」かどうかは文脈上触れられていない。先生の言う通り型に従って活けることや教えのとおりに活けているみんなに疑問が生じ、あらためて花を見ると「色褪せて」感じられたのである。(5) ここは活け花教室の帰り道、待っていてくれた朝倉くんと紗英の会話の場面である。朝倉くんは紗英が先生から叱られたことをふまえて、紗英の先生の教えと型を無視したような活け花のよくない点と、同時に紗栄がそうしたいと思った気持ちを理解した上で、紗英に「せっかくなんだから、やめるなよ」と声をかける。紗英はその励ましを嬉しく思い、朝倉くんの言葉から「一番自分に都合のいいフレーズを選んで口の中で繰り返す。せっかく(朝倉くんと)会えるんだから、やめるなよ。」と、内心の思いを表した後に傍線部Dが来る。朝倉くんに認めてもらったこと、今後も活け花を続けて、朝倉くんとも会える、という希望を持って「笑み」がこぼれたのである。認められたこと、希望があること二つを踏まえているのは4だけである。(6) ここまでの紗英の行動と心情、朝倉くんの態度と紗英に対する気遣いを踏まえて選択肢を見る。1、3、4は、朝倉くんのまっすぐ自立した態度と行動に触れていない。また3の「先生の教えに忠実に従い」は、本文で「(先生は)頭は少々固いけど」と客観的に見ている点がくい違う。4は、朝倉くんの心理や感情だけに言及しているが、その根拠は本文から外れている。5の「他の人が近寄りがたい雰囲気をもつ孤高の人物」は、合致している一面はあるが、朝倉くんが帰り道でわざわざ紗英を待ち、その日の出来事に関連して紗英に対する気づかいを見せ、爽やかにエールを送っている点とくい違う。

【三】 (1) 5 (2) 3 (3) 1 (4) 2 (5) 5 (6) 4 (7) 3

〈解説〉(1) 問題文の前に示された設問文や、後の(注)から、登場する人物を把握しておく。中納言が琴の音に耳をとめ、その家にいた美しい姫君に目を奪われ忍び込んだという場面である。 ① そこで「人気におどろき」「見返りたる」のは、忍び込んだ中納言の気配に驚いた姫君である。 ② 「姫君を奥のかたに」「引き入れたてまつる」のは中納言である。姫君は「人心地おぼえず」恐ろしいと思っている。 ③ 奥の方から「和琴の人」(姫君の後見「対の君」)の声だろうか、「『～人々まゐりたまへや』」と言って、「ゐざり入る」という動作があるので、③は対の君が主語だとわかる。「ゐざり(ゐざる)」は立たないで座ったまま進むことを言う。 (2) 波線部の前から見ると、「やみ」・「な」・「む」となる。は「やみ」は四段活用動詞連用形で係助詞、終助詞はこない(終助詞「なむ」(希望、あつらえの意味)は動詞の未然形に接続する)。「む」は推量・意志の助動詞で活用語の未然形に付く。未然形の「な」は完了・強意の助動詞「ぬ」の未然形。「なむ」で「～しよう」という意志の意味。 (3) 対の君が人々(姫君に仕える者たち)に「御格子も～まゐりたまへや」と言ったのである。「まゐる」は謙譲語。御格子を～して差し上げるの意。敬意の対象は話者の対の君から姫君に対してである。「御格子」は寝所を隠すために夜は下げ、起床時に上げるもの。「夜も遅いのだから、みなさん御格子を下ろし申し上げなさいませよ」という意味になる。 (4) 傍線部Bは地の文で語り手が登場人物、ここは不意打ちされた姫君の心情を「いかがありけむ」(どうであったろうか)と推し量っている。中納言がかいまみた姫君の美しさにたえられずに忍び込んだときの、姫君の側の心情を推量すればよい。傍線部前に「ゆくりなからむあさましさ」とあり、不意打ちでおもいがけず動転するほどと言っている。そこから、1「憤り」、4「喜び」は文脈から外れる。また3「男君を受け入れられない」、5「男君に裏切られた」は文中に該当する事項がない。 (5) 傍線部Cは地の文で、語り手から中納言の様子を描写している。「えもいはず」は、え～打消で

「〜できない」。「言いようもなく」と訳す。「あてなる」は「上品な、高貴な」の意の形容動詞。「気色」は様子の意。「しるけれ」は形容詞「しるし(著し)」の已然形で「際立っている、著しい」の意。「(不意打ちにはおどろくばかりだが、その香りは)言いようもなく上品な様子が際立っている」という意味になる。1「覚えがある」、3「不気味」、4「乱れた様子」は場面状況から外れる。2の「誰の衣装かわからない」ことに不審に思う説明は本文にない。(6) この発言は対の君の言葉だと押さえる。文脈をたどると、今、高貴な方らしい人(中納言)が姫君のもとに忍んできて驚き慌てる中で、姫君の父太政大臣様が自分のことを「うしろやすき(心配がない)者」とお思いなさってお任せ申し上げなさってくれているのに、「かかること(こんな驚くべきこと)が耳に入ることでもあれば、「我が心とせぬことにてはあれど(自分からわざとしたことではないけれども)大事になりそうだと考え乱れた後の傍線部Dである。「この御身」は「御」と尊敬の意味の語がついているので、自分ではなく姫君の身、「いたづら」は「つまらない、むだだ、甲斐がない」などの意。場面状況での意味をとらえなければならない。「この御身」を姫君ととっていない選択肢は排除する。2の「病気がちにおなりになる」は本文の範囲では根拠がない。ここは姫君が大事件に巻き込まれそうだと心配しているのである。(7) 驚き呆れる状況の中だが、対の君は「思ひやりいと静かなる人」なので落ち着いて対応して「まだ隠れてしまおう」と人々を退出させたが、「つゆも」(まったく)眠れないのである。1は、「涙で枕を濡らし」は文脈の記述から外れる。2は、自分のせいで予想外の事態となったのではない。4は、傍線部の誤訳である。人々は退出させている。5は、対の君が「油断」していないとしても、「胸は騒ぎ」眠れないという状況と心情としてはくい違っている。

【四】(1) 5 (2) 3 (3) 4 (4) 2

〈解説〉(1) ア 「於是」は「ここにおいて」と読む。「於」は起点を示す前置詞的な用法。～において、～より、などと読む。 イ 「笞」は「むち」のこと。良いことをしたのに、笞の刑を受けることを免れなかったという文脈で、「然」は「しかるに、しかれども」と逆接で読む。1～3の「しかりて」は順接なので排除する。ウ 「悪」は「安」と同じで、「いずくにか～」と場所を問う疑問の意味と、「いずくんぞ～んや」(どうして～があろうか、いやない)と反語の意味になる二つの場合がある。 (2) 「豈(あに)～んや」で「どうして～だろうか、いやない」の反語の意味となる。ここでの動詞は「有」で「どうして～があるだろうか、いやない」の意。「以忠信」で「忠信を以て、忠信がありながら」の意味。4の「以てするも」とは読まない。「而」はそしての意味だが訓読しない。「得罪者」で罪を得る者と読む。この「者」が「有」らんや、となるので、「者」から「有」に返る。 (3) 「使」は「(人＝妾)をして、(動詞＝挙・進)せしむ」の形で読んで、他人に動作をさせる、使役の再読文字。使役は、他に「令・教・遣・俾」も読み方、意味ともに重要。この文では「妻」が「妾」に～「挙」「進」という動作をさせた、ということ。何をさせたのかは、「薬酒」を「挙」げて、「之(これ＝薬酒)」を飲むように「進」めさせたのである。進める相手は夫。訓読すると「妻妾をして薬酒を挙げこれ(＝薬酒)を(夫に)進ぜしむ」となる。 (4) 傍線部Cは、「臣(＝私)の過ちは、不幸にして「是に類す」(これに似ている)」である。「夫(それ)」は語調を整える字で訳さない。「是(これ)」とは、女主人が自分を使って男主人を殺そうとしていることを知った妾は、わざと酒を「棄」てて男主人を助けたにも関わらず、それを知らない男主人に笞うたれたという経緯と類似している、ということ。本文は、燕王が「若(なんじ)、忠信ならざるのみ(おまえが、誠実でないだけだ)」というのに対して、蘇秦は、妾は誠実だから男主人を助けたのだが、笞の刑に処せられた逸話で反論したという文脈である。傍線部Cの後の燕王の発言は、蘇秦が笞の刑に処せられた妾のことに「類」している(似ている)な、と蘇秦に対する誤解を解いて、蘇秦を官吏に復帰させたと話を結んでいる。1「妾がうっかり毒酒を投げ捨て」たのではない。3「妻と妾とを夫がむちで売った不幸」は文脈にない。4「夫が忠信から妻の不義を看過できす罰を与え」たは文脈の取り違え。5「夫が立派な臣下であった」は本文に記述がない。

二〇二二年度 実施問題

【中高共通】

【一】次の文章を読んで、以下の問いに答えよ。

この国の人々ははるかな昔から自分のことを「わ」と呼んできた。ただ、それを書き記す文字がなかった。中国から漢字が伝わる以前のことである。これは今でも「われ」「わたくし」「わたし」という形で残っている。日本がやがて中国の王朝と交渉するようになったとき、日本の使節団は自分たちのことを「わ」と呼んだのだろう。中国側の①カンリョウたちはこれをおもしろがって「わ」に倭という漢字を当てて、この国を倭国、この国の人を倭人と呼ぶようになった。倭という字は人に委ねると書く。身を低くして相手に従うという意味である。中国文明を築いた漢民族は黄河の流れる世界の中心に住む自分たちこそ、もっとも優れた民族であるという誇りをもっていた。そこで周辺の国々をみな蔑《さげす》んでその国名に侮蔑的な漢字を当てた。倭国も倭人もそうした蔑称である。

ところが、あるとき、この国の誰かが倭国の倭を和と改めた。Aこの人物が天才的であったのは和は倭と同じ音でありながら、倭とはまったく違う誇り高い意味の漢字だからである。和の左側の禾は軍門に立てる標識、右の口は誓いの文書を入れる箱をさしている。つまり、和は敵対するもの同士が和議を結ぶという意味になる。

Bこの人物が天才的であったもうひとつの理由は、和という字はこの国の文化の特徴をたった一字で表わしているからである。というのは、この国の生活と文化の根底には互いに対立するもの、相容れないものを和解させ、調和させる力が働いているのだが、この字はその力を暗示しているからである。

和という言葉は本来、この互いに対立するものを調和させるという意味だった。そして、明治時代に国をあげて近代化という名の西洋化にとりかかるまで、長い間、この意味で使われてきた。和という字を「やわらぐ」「なごむ」「あえる」とも読むのはそのためである。「やわらぐ」とは互いの敵対心が解消すること。「なごむ」とは対立するもの同士が仲良くなること。「あえる」とは白和え、胡麻和えのように料理ア でよく使う言葉だが、異なるものを混ぜ合わせてなじませること。

この国の歌を昔から和歌というのは、もともとは中国の漢詩に対して、和の国の歌、和の歌、自分たちの歌という意味だった。しかし、和歌の和は自分という古い意味を響かせながらも、そこには対立するものを和ませるというもっと大きな別の意味をもっていた。九〇〇年代の初めに編纂《へんさん》された『古今和歌集』の序に、編纂の中心にいた紀貫之は次のように書いてる。

やまとうたは、人の心を種として、万の言の葉とぞなれりける。世の中にある人、ことわざ繁きものなれば、心に思ふことを、見るもの聞くものにつけて、言ひ出せるなり。花に鳴く鶯、水に住む蛙の声を聞けば、生きとし生けるもの、いづれか歌をよまざりける。力をも入れずして天地を動かし、目に見えぬ鬼神をもあはれと思はせ、男女の中をも和らげ、猛き武士の心をも慰むるは歌なり。

「男女の中をも和らげ」というところに和の字が見えるが、それだけが和なのではない。「力をも入れずして天地を動かし、目に見えぬ鬼神をもあはれと思はせ、男女の中をも和らげ、猛き武士の心をも慰むる」というくだり全体が和歌の和の働きイである。和とは天地、鬼神、男女、武士のように互いに異質なもの、対立するもの、荒々しいものを「力をも入れずして……動かし、……あはれと思はせ、……和らげ、……慰むる」、こうした働きをいうのである。これが本来の和の姿だった。

　明治時代になって、西洋化が進むと江戸時代以前の日本の文化とその産物をさして和と呼ぶようになった。着物を和服といい、畳の間を和室というのがそれである。この新しい意味の和は進んだ西洋に対して遅れた日本という卑下の意味を含んウでいた。

　歴史を振り返ると、はるか昔、中国の人々が貢物を捧げにきた日本人をからかいと侮蔑をこめて倭と呼んだ。それをある天才が一度は和という誇り高い言葉に書き替えたにもかかわらず、その千年後、皮肉なことに今度は日本人みずから自分たちの築いてきた文化を和と呼んで卑下しはじめたことになる。この新しい意味の和は近代化が進むにつれて徐々に幅を利かせ、今や本来の和は忘れられようとしている。

　身のまわりを見わたせば、近代になってから私たちが和と呼んできたものはみな生活の隅っこに押しこめられてしまっている。現代の日本人はふだん洋服を着て、洋風の食事をし、洋風の家に住んでいる。ふつうの人にとって和服は特別のときに引っ張り出して着るだけである。和食といえば、すぐ鮨や天ぷらを思い浮かべるが、鮨にしても天ぷらにしても、多くの人にとって、むしろ、ときどき食べにゆくものにすぎない。和室はどうかといえば、一戸建てにしろマンションにしろ一室エでも畳の間があればいいほうである。こうして片隅に押しこめられ、ふつうの日本人の生活からかけ離れてしまったものが和であるなら、私たち日本人はずいぶんあわれな人々であるといわなければならない。

　ところが、この国には太古の昔から異質なものや対立するものを調和させるという、いわばダイナミックな運動体としての和があった。この本来の和からすれば、このような現代の生活の片隅に追いやられてしまっている和服や和食や和室などはほんとうの和とはいえない。たしかにそれは本来の和が生み出した産物にはちがいないが、不幸なことにC近代以降、固定され、偶像とあがめられた和の化石であり、残骸にすぎないということになる。

では、異質なもの、対立するものを調和させるという本来の和は現代において消滅してしまったか。決してそんなことはない。それは今も私たちの生活や文化の中に脈々と生きつづけているのだが、私たちは和の残骸を懐かしがってばかりいるものだから、本来の和が目の前にあるのに気づかないだけなのだ。

近代化された西洋風のマンションの中に一室だけ残された畳の間。ふつうその畳の間だけを和の空間と呼ぶのだが、本来の和はそれとは別のものである。むしろ西洋化された住宅の中に畳の間が何の違和感もなく存在していること、これこそ本来の和の姿である。同じようにパーティで洋服の中に和服の人が立ち交じっていようと何の不思議もない。逆に結婚披露宴で和服の中に洋服の人がいても違和感はない。あるいは、西洋風の料理の中に日本料理が一皿あっても何の問題もない。白人の中に日本人がいても、あるいは逆に有色人の中に白人がいても少しも目障り　オ　ではない。

畳の間や和服や和食そのものが和なのではなく、こうした異質のもののなごやかな共存こそが、この国で古くから和と呼ばれてきたものなのである。少し見方を変えるだけで、この国の生活や文化の中で今も活発に働く本来の和が次々にみえてくる。

『陰翳礼讃』の中で谷崎は西洋文明がもたらした電気やガラスやタイルが和風の住宅にはそぐわないと嘆いた。全体とのうつりが悪く、木に竹を接いだようだというのである。もし、和風の住宅というものを江戸時代以前に完成した日本住宅というふうに固定したものとして考えるなら、たしかにそうかもしれない。しかし、そのような和は、そもそも異質なもの同士を調和させるという和の力が生み出したものであり、それは近代という西洋化の時代の中で固定され、偶像とされた和の残骸にすぎない。

もし、本来の和というものの上に立って、もう一度眺め直していれば、谷崎は電気やガラスやタイルが和風住宅にそぐわないと嘆く必要はなかっただろう。むしろ、それら西洋文明の産物は和風の住宅にとって歓迎すべき異質のもの、やがて調和するはずの相容れないものとして谷崎の前に現われたにちがいない。木と竹だからだめなのではなく、D木と竹だからこそおもしろいのだ。

こうみてくると、『陰翳礼讃』に書かれている谷崎の悩みや嘆きは、実は谷崎が生きたあの時代特有の悩みや嘆きであったことがわかる。『陰翳礼讃』が書かれたのは昭和八年(一九三三年)のことだが、日本の近代化がはじまった明治維新から七十年近くが過ぎたこの時代、人々はすでに近代化された日本に暮らしていた。そうした環境の中で江戸時代以前の日本とその産物は失われた和として郷愁の対象になりはじめていた。『陰翳礼讃』はまさにそのような時代に書かれ、谷崎という一人の作家を通してEその時代がとりつかれていた過去の日本への郷愁を色濃く反映させることになってしまったのではなかったか。

これに対して、異質のものを調和させるという本来の和は太古の昔から現代にまで地下水脈のように途絶えることなく働きつづけている。

京都御所の南東にある仙洞御所《せんとうごしょ》は後水尾《ごみずのお》上皇のために建てられた御所である。江戸時代初め、その庭園を造った小堀遠州《こぼりえんしゅう》は遠州流茶道の始祖として名高いが、それだけにとどまらず、建築や造園にかけても当代随一の人だった。徳川家康から三代の将軍に仕えて、いくつかの城や御所の造営を取り仕切った。

遠州は仙洞御所の庭園の真ん中に縦九十メートル、幅四十メートルにも及ぶ南北に細長い池を造った。その池に瓢簞の形の小島を浮かべ、池の東西と北の岸からこの瓢簞島に橋を架けた。おもしろいのはこの池の形である。ほんの一部をのぞいて岸はすべて石段に使うような切石で直線的に仕切ってあった。自然の水際に似せたのは東南と北西のすみだけだった。

池といえば自然の砂浜や荒磯を模して造るという当時の造園の常識からすると、大胆な設計である。それは従来の日本の庭園というよりはヨーロッパの宮殿や貴族の館にある幾何学的な形の庭園を思わせる。当時は大航海時代の最中であり、大量の西洋の文物が船で日本に運ばれてきていた。遠州は書物や図面で見た直線で仕切られた西洋の池を御所の庭に造ろうとしたのではなかったか。そこにみごとな枝ぶりの日本の松を植え、自然石を組み、瓢簞島を浮かべて、西洋と日本という二つの異質のものを調和させようと企てたのではなかったろうか。

曲線と直線、自然と人工、宮廷と武家、日本とヨーロッパ。『陰翳礼讃』風にいえば、木と竹のような異質のさまざまなものが、このとき、京の都の真ん中にある御所の庭で出会い、みごとに調和した。これこそが活気ある本来の和(PAX JAPONIKA)の姿だった。惜しいことに、この庭園はその後、幾度かの火事や②カイシュウによって大幅に手が入り、今はその姿をとどめていない。池のところどころに残る切石の護岸と当時の図面からその姿を想像するしかない。

(長谷川櫂「和の思想」)

(1)　二重傍線部①・②のカタカナ部分と同じ漢字を用いる熟語を一つずつ選び、番号で答えよ。

①　カンリョウ

1　カンリ会社に連絡をする。
2　カンゲイ会を催す。

3 カンコウ物を世の中に出す。
4 体内の消化キカンを検査する。
5 運命をカンジュする。

② カイシュウ

1 シュウカクに富む。
2 文法のエンシュウ問題。
3 シュウショク語を多用した文。
4 タイシュウの支持を得る。
5 シュウチの事実を徹底する。

(2) 波線部ア～オの「で」の中で接続助詞を一つ選び、番号で答えよ。

1 ア
2 イ
3 ウ
4 エ
5 オ

(3) 次の谷崎潤一郎の作品の組合せのうち、正しいものを一つ選び、番号で答えよ。

1 『春琴抄』・『細雪』・『明暗』・『河童』・『雁』
2 『春琴抄』・『刺青』・『河童』・『雁』・『和解』
3 『春琴抄』・『細雪』・『刺青』・『鍵』・『吉野葛』

4 『細雪』・『鍵』・『吉野葛』・『明暗』・『和解』
5 『刺青』・『鍵』・『河童』・『雁』・『和解』

(4) 傍線部A及びBで「この人物が天才的であった」と述べているが、その理由の説明として最も適当なものを一つ選び、番号で答えよ。

1 倭を和とすることで、江戸以前の失われた日本の美を、特別なものとして指し示す日本の誇り高さを表現したから。
2 倭を和とすることで、相容れないものを和解させ調和させる力があることを日本人に自覚させ、優れた民族だと思わせたから。
3 倭を和とすることで、相手に委ねて従うという意味を取り除き、強い国だと思わせ、優位に交渉できるようにしたから。
4 倭を和とすることで、侮蔑的な意味を取り除き、日本が異質のものを調和させる力をもつことを表現したから。
5 倭を和とすることで、敵対国と交渉時に和議を結びやすくしたり、江戸以前の和風のものに対する評価を上げたりしたから。

(5) 傍線部C「近代以降、固定され、偶像とあがめられた和の化石であり、残骸にすぎない」とは、どのようなことか。その説明として最も適当なものを一つ選び、番号で答えよ。

1 近代以降、江戸以前の産物を生み出した「和」の力を顧みずに、その産物のみに注目して「和」とみなした、ということ。
2 近代以降、昔を懐かしむようになり、和服、和室、和食などの優れた文化があるという幻想を抱かせてしまった、ということ。

3　近代以降、「和」が日本独自のものだという固定観念によって、現存する江戸以前の産物が希少価値の高いものになった、ということ。

4　近代以降、江戸以前の産物はふつうの日本人の生活からかけ離れたものとされ、使い続ける人々は時代遅れとされた、ということ。

5　近代以降、和食とは鮨や天ぷらというように、矮小化《わいしょうか》した「和」の観念を人々が共有するようになってしまった、ということ。

(6)　傍線部D「木と竹だからこそおもしろい」とあるが、筆者の主旨に沿った例として適当でないものを一つ選び、番号で答えよ。

1　結婚披露宴で和服の中に洋服の人がいることで、互いの着こなしの個性が表れ、引き立て合って場を華やかにする、ということ。

2　西洋化された住宅の中に畳の間があることで、これまでの畳のイメージを刷新し、新たな魅力を引き出す可能性がある、ということ。

3　和風住宅にガラスを使うことで、直射日光や人の視線を遮る必要が生まれ、和風住宅と障子の組合せが強化される、ということ。

4　西洋風の料理の中に日本料理が一皿あることで、意外な組合せに新鮮さを感じ、食事を楽しむことができる、ということ。

5　自然の水際を模造する江戸時代の池造りに、ヨーロッパの幾何学的要素を取り入れることで、みごとな庭園ができる、ということ。

(7) 傍線部E「その時代がとりつかれていた過去の日本への郷愁を色濃く反映させることになってしまったのではなかったか」とあるが、筆者はなぜそのように考えたのか。最も適当なものを一つ選び、番号で答えよ。

1 西洋の模倣に反発した人々が、消えつつあった江戸の産物を貴重な和として後世に残そうとしたことに違和感を感じたから。

2 近代化による生活に満足する一方で、屈辱を感じていた人々が江戸以前の生活に戻ろうとした社会的な運動があると知ったから。

3 近代化で自信を失った日本人が、江戸以前の文化や産物は日本の誇りの象徴だという考えに染まっていったのを実際に見たから。

4 明治の始めに人々は西洋文化に比べ日本文化を卑下したが、その七十年後に江戸以前を懐古する流行が生まれたと分析したから。

5 本来の和がもつ意味に目を向けず、江戸以前の完成した産物を和風のものとして捉えた当時の風潮に賛同したから。

(8) 本文の内容と合致するものとして最も適当なものを一つ選び、番号で答えよ。

1 「本来の和」とは、江戸以前まで互いに対立するものを調和させる力であるとされていたが、近代以降は文化の遅れという新しい意味に変化した。

2 「本来の和」とは、異質なものや対立するものを調和させる働きのことで、日本文化の創造力の源としてのダイナミックな運動体のことを指している。

3 「本来の和」とは、異質のさまざまなものを調和させる人々の活気ある営みのことで、現代においてはそのような営みを行う人々自体のことも含む。
4 「本来の和」とは、現代の日本人の生活からかけ離れている和風なものを指し、人々の郷愁を誘うと共に憧れの対象として人生の節目に活用されている。
5 「本来の和」とは、時間をかけて異質なものを共存させることによってみごとな完成品を作り上げ、人々が抱く違和感を払拭させる才能そのものを暗示する。

（☆☆☆◎◎◎）

【二】次の文章は、三浦しをんの「政と源」の一部である。七十三歳の有田国政は、銀行を定年退職した後、妻・清子に家を出て行かれ、現在一人暮らしをしている。これを読んで、以下の問いに答えよ。

その晩、国政は『土壇場で困らない！　結婚式・披露宴のマナー』という本を熟読しつつ、夕飯にうどんを作って食べた。俺が結婚するみたいだなと、おかしかった。

清子への葉書も、欠かすことなく書いた。

「寒い日がつづくが、みんな元気か。今日、(注)源二郎と(注)荒川で永遠について話した。『あのとき、ああすれば』と、いろいろと悔いはあるが、そのほとんどが取り返しのつかないことばかりだ。残された時間のほうが少ないのだから、きみも好きに生きればいいと腹の底から納得した。別々に暮らしていても、きみや娘たちが幸せであるようにと、いつも願っている。それだけは本当だ。思えば、俺が本気で幸せを願う相手は、きわめて少ない。①索漠とした人生だったことを露呈するようで恥ずかしいが、しかし、幸せを願う数少ない相手の一人がきみであることは、俺の幸せだ。風邪を引くな」

翌々日の午後、国政が総菜を買って帰ると、無人のはずの家にひとの気配がある。玄関のたたきには、外出したときと同様、隅に健康サンダルが一足置いてあるだけだ。

すわ、空き巣かと、国政は玄関に置いてある杖を手に取った。年寄りくさいので、ふだんは杖など使用しないようにしている。全体的に埃《ほこり》をかぶっていたが、ほかに武器になりそうなものがないのでしかたがない。

杖を手に、おそるおそる居間を覗く。台所に清子が立っていた。シンクに向かって、洗い物をしている。

「うわわわわ」

と国政は動転した。

「あら、おかえりなさい」

持参したらしいエプロンで手をぬぐいながら、清子は振り返った。笑顔でもないし怒ってもいない、いつもどおりの表情だ。まるで、家を出ていった事実などなく、国政とずっと生活をともにしていたと言わんばかりだ。

近づいてきた清子を頭のてっぺんから足のさきまで眺め、

「なんだ、幽霊かと思った」

と国政は杖を下ろした。

「なに言ってるんです。それはこっちのセリフですよ」

「というと?」

清子に目でうながされ、国政は食卓の椅子に座った。杖はひとまず、食卓に立てかけておく。

「変な葉書を送ってくるから、死ぬつもりなのかと思いました」

清子は手慣れた動作で湯飲みを戸棚から出し、二人ぶんの茶をいれた。

俺の率直な心情をつづったのに、変とはひどい。あれよりももっと変な葉書――絵やら迷路やらクロスワードパズルやら――を送ったと思うのだが、それらについては無視なのか。

それでも国政は、茶を飲みながらAやにさがるのを抑えきれなかった。

「心配してくれたのか」

「しません」

清子は②にべもない態度だ。「死なれちゃあ迷惑なので、ちょっと様子を見にきただけです」

なんという言いぐさだ。情というものがない。国政はむくれたのだが、つづく清子の言葉には快哉を叫んだ。

「それに、黒留袖《くろとめそで》に皺《しわ》が寄ったりカビが生えたりしていないか、確認しておかないと」

「仲人をしてくれるか！」

「しょうがないでしょう」

清子は湯飲みに視線を落とし、ため息をついた。「毎日葉書が来るから、(注)蕗代《ふきよ》も輝禎《あきよし》さんも興味津々なんですよ」

「ありがとう、ありがとう。引き受けてくれるとなったら、葉書はもう送らないようにする」

「若いお二人のために、引き受けるんです。まったくあなたときたら、自分では尻ぬぐいできないくせに、すぐにいい顔をするんだから」

清子の小言も、今日ばかりは心地いい。

清子は二階に上がり、簞笥《たんす》から黒留袖と帯を出した。国政はうれしくて、清子についてまわった。清子はてきぱきと動いた。衣紋《えもん》掛《か》けに黒留袖を掛け、窓を開けて川からの風を当てる。黒留袖の裾には、青と銀で波の意匠があしらわれている。

清子は畳に座って帯を広げ、ほつれなどがないかチェックした。つづいて、小物をそろえたり、肌着や長襦《ながじゅ》絆《ばん》を準備したりした。

「あなたはなにを着るんですか」

「考えていなかったな。昼の式だと言っていた気がするから、モーニングだろうか」

清子は国政の黒いモーニングを簞笥から取りだし、窓辺に吊した。シャツもネクタイもポケットチーフも靴下までも、すべて見繕ってくれた。いつも幼児なみに、妻におんぶに抱っこだった自分を、国政は改めて思い知らされた。

「あとは、靴をちゃんと磨くようにね」

と、清子は言った。「モーニングも、当日までここに干しておいたら、色があせちゃいますから。日が暮れるまえに簞笥に戻すこと」

「なんだ、泊まっていかないのか」

「帰りますよ」

その一言で、清子がもうこの家を「家」と認識していないのだとわかり、国政はさびしい気持ちになった。

夕方近くまで、清子は家のなかを掃除した。国政は掃除機に対して発情した犬みたいに、清子のあとをついてまわった。

「なんなんですか、もう」

清子は文句を言った。「座ってればいいのに、うるさったいわね」

そう言いつつ笑いをこらえるような表情だったので、国政はうれしくなって、なおいっそう掃除機に付き従った。

掃除を終えると、清子は黒留袖を衣紋掛けからはずし、丁寧に畳んで畳紙《たとうがみ》で包んだ。着物一式を、大きな段ボール箱に詰める。

「最近、自分で着付けをするのが骨なの。着付けの予約はこちらで入れておくから、式の前日までに届くように、会場へ送ってください」

「わかった」

国政はカレンダーに、「着物発送」と書きこんだ。清子が自分で着付けするとなったら、万が一にも遅刻しないよう、前夜からこの家に泊まる必要があるだろう。それを避けたいがために、「骨だ」などと年寄りぶったことを言うのではないかと、国政は邪推した。

清子も手帳に、式場の住所と入り時間を控えた。

「あら、仏滅」

「値段が安いんだそうだ」

「そうなの。まあ、好きあっていれば、仏滅だろうと大安だろうと、気にすることないわよね」

たしかに、俺たちは大安に式を挙げたのに、このざまだものな。国政はひがみっぽく考えた。

清子は下駄箱から靴を取りだして履いた。玄関を掃き清める際にしまったのだそうだ。なるほど、それで俺が帰宅したとき、「気配はすれども靴はなし」だったんだな、と国政は合点がいった。そんなことでも考えていないと、不覚にも泣きだしてしまいそうだった。帰らないでほしいと言いたかったが、プライドに邪魔をされ、無言で杖を傘立てに差す。

「なんて顔してるんです」

清子は振り返って国政を見、Bはじめて明確な笑みを浮かべた。

「べつに、いつもの顔だろう」

国政の髪の乱れを、清子が手をのべて直してくれた。

「私もね、願うのはいつもいつも、家族の幸せばかり」

そのなかに俺は入っているのか。入っているとしても、俺と一緒には暮らせないんだな。

C さまざまな思いがよぎり、国政は黙って清子を見ていた。年齢相応に皺が刻まれた顔。見合いのときのふっくらした頬は、いまや当然しぼんでいたが、透きとおるような肌の色も、国政が心惹かれた小さな手も、なにも変わらないように思えた。いや、目に知性の深みが増したぶん、よりいっそう輝いて感じられる。妻はこんなにうつくしい女だったろうかと、後悔とも誇りともつかぬ気持ちが国政の胸に生じた。

「でも、お正月にも言ったとおり、これからはもう少し自分のことだけを考えていこうと思うの」

「きっと、できないよ」

国政は穏やかに言った。嫌味ではない。清子のように愛情深いひとは、自分のことだけを考えるなど、できないだろうと思った。

「そうかもしれませんね」

清子は少女みたいに清潔な笑みを見せた。「じゃあ、お式で。持ってきた煮物が冷蔵庫に入っているから、あたためて食べて」

「ああ。ありがとう。気をつけて」

路地を歩み去っていく清子の背中を、国政は門の外へ出て見送った。


（三浦しをん「政と源」）

(注)　源二郎……………国政の幼なじみで、つまみ簪《かんざし》職人。弟子が結婚するにあたり、国政と清子に仲人を頼んでいる。

荒川…………東京都墨田区を流れる川。
蕗代・輝禎さん…清子が同居している、国政の娘とその夫。

(1) 二重傍線部①・②の本文中の意味として最も適当なものを一つずつ選び、番号で答えよ。
① 索漠とした
1 平穏な
2 迷いが多い
3 もの寂しい
4 憂いがない
5 悲しみに満ちた
② にべもない
1 落ち着きがない
2 そっけない
3 面白味のない
4 可愛げがない
5 普段と変わらない
(2) 傍線部A「やにさがるのを抑えきれなかった」とあるが、この時の国政の心情や様子の説明として最も適当なものを一つ選び、番号で答えよ。
1 清子がどんな目的で自分を訪ねてきたのかわからず、いぶかしく思い、眉をひそめる様子。

2　清子が自分が送った絵や迷路の葉書を無視していることにいらだち、顔が赤くなる様子。
3　清子のことを空き巣だと勘違いして身構えた自分のことを恥ずかしく思い、苦笑いをする様子。
4　清子が自分のことを気にかけ、様子を見に家を訪れたことがうれしくて、頬が緩む様子。
5　清子の入れた茶のおいしさに気づいて、清子に対するわだかまりがとけた様子。

(3)　傍線部B「はじめて明確な笑みを浮かべた」とあるが、その時の清子の心情の説明として最も適当なものを一つ選び、番号で答えよ。
1　絵やら迷路やらが書かれた葉書を毎日送ってくることについて苦言を呈しに来たが、国政がもう送らないと約束をしたので、目的を果たしてほっとしている。
2　国政が勝手に仲人をすると決めたことに対して直接小言を言うことができ、家の掃除も終えたので、もうこの家に未練はなくなりすっきりしている。
3　結婚式の仲人を引き受けることを伝えるために家を訪れたが、黒留袖とモーニングの準備を整え、式場の住所と入り時間を手帳に控えたことでひと安心している。
4　家の掃除を一通り済ませ帰ろうとした時、今にも泣き出しそうな顔をしている国政を見て、自分が今でも必要とされていることを感じ誇らしく思っている。
5　久しぶりに会った国政が喜びや悲しみの感情を素直に表現しているのを見て愛おしさを感じ、別々に暮らしてはいるが、国政の幸せを願っている。

(4)　傍線部C「さまざまな思い」とあるが、この時の国政の心情の説明として適当でないものを一つ選び、番号で答えよ。
1　自分と清子が仲人をする結婚式の日が仏滅なので、清子が快く仲人を務めてくれるだろうかという不安。

2　昔と変わらずてきぱきと家事をする姿を見て、家に清子がいることを実感できた喜び。

3　家から出て行くような事態になるまで清子の気持ちに全く気がつかなかったことへの自責の念。

4　清子にとっての自分は、家族ではあるが一緒には暮らせない存在だということを思い知らされた寂しさ。

5　自分の好きなように生きることにした清子のことを理解し、応援しようとする思い。

(5)　この文章からわかる清子の人物像について、最も適当なものを一つ選び、番号で答えよ。

1　人付き合いがあっさりしていて、自分の気持ちを相手にはっきりと伝える、さばさばとした人物。

2　やむを得ず一人で暮らすことになった夫のことを常に気にかけ世話を焼く、優しい人物。

3　自分のことは二の次にして家族や周りの人を大切にし、気を配ることができる、温かみのある人物。

4　突然煮物を持って夫の家を訪問し掃除をする、人を驚かせるのが好きな、活発な人物。

5　熱心に夫のネクタイやポケットチーフを選ぶ、少女のような心をもち続けている、純真な人物。

(6)　この文章の特徴を説明したものとして、最も適当なものを一つ選び、番号で答えよ。

1　比喩表現や象徴的な描写を多用して登場人物の心情を表し、清子との関係を修復しようとする国政の苦悩を描いている。

2　国政の心の中のつぶやきを回想場面を交えながら書くことで、国政の後悔が深まっていく様子を描いている。

3　黒留袖を簞笥から出して風を当てた後に畳紙に包んだり、仏滅や大安を気にしたりと、伝統的な暮らしの良さを描いている。

4　全文を通してテンポのよい会話が散りばめられ、長年連れ添った夫婦の気が置けない関係を生き生きと描いている。

5　短い文を用いることで臨場感のあふれる文章となっており、国政の清子に対する愛情が徐々に変化していく様子を描いている。

(☆☆☆◎◎◎)

【三】次の文章は、「落窪物語」の一部である。中納言忠頼の娘である女君は、継母である北の方に冷遇され、不幸な生活をしていた。その後、女君は中将の君(道頼)に懸想され、救い出されて妻となり、子を身籠った。次はそれに続く場面である。これを読んで、以下の問いに答えよ。

(中将の君は)かくて、たとしへなく思ひかしづき<u>きこえたまふ</u>(ア)。

(注)君の御心は今はと見たまひてければ、中将の君に聞こえたまふ。「今は、いかで、(注)殿に知られたてまつらむ。老いたまへれば、夜中、暁のことも知らぬを、見たてまつらでや、やみなむと心細くなむ」、中将殿も、「A<u>さは思すべけれども</u>、B<u>なほしばし念じて、な知られたてまつりたまひそ</u>。知られて後は、いとほしくて、イ<u>え北の方懲ぜじ</u>。今少し懲ぜむと思ふ心あり。また、まろも今少し(注)人々しくなりて。中納言はよにとみに死にたまはじ」とのみ言ひわたりたまふに、つつみてのみ過《すぐ》したまふに、はかなくて年かへりて、正月十三日、いとたひらかに男子《をのこご》生みたまへれば、いとうれしと思して、「C<u>若き人の限りして、うしろめたし</u>」とて、(注)男君の御乳母迎へたまひて、「(注)上などのしたまひけむやうに、よろづつかうまつれ」とて預けたてまつりたまふ。(注)御湯殿《ゆどの》などしゐたり。女君のうちとけたまへるを見て、D<u>むべなりけり、君のあだわざをしたまはぬ</u>はと

思ふ。

（「落窪物語」）

(注) 君の御心は今は……「君」とは、中将の君のこと。「今は」の下に「変はりたまはじ」が省略されている。
殿……女君の父の中納言忠頼。
人々しくなりて……人並みの地位になって。
男君の御乳母……中将の君の乳母。
上……中将の君の母。
御湯殿……御産湯《うぶゆ》の儀式のこと。

(1) 波線部ア「きこえたまふ」の説明として適当なものを一つ選び、番号で答えよ。
1 謙譲の補助動詞「きこゆ」と動詞「たまふ」
2 謙譲の補助動詞「きこゆ」と尊敬の補助動詞「たまふ」
3 動詞「聞こゆ」と謙譲の補助動詞「たまふ」
4 動詞「聞こえる」と尊敬の補助動詞「たまふ」
5 動詞「聞こえる」と謙譲の補助動詞「たまふ」

(2) 波線部イ「え北の方懲ぜじ」の意味として最も適当なものを一つ選び、番号で答えよ。
1 北の方はもう女君を懲らしめないようだ。
2 北の方を懲らしめることができないだろう。

3　北の方を懲らしめないことがあろうか。
4　北の方を懲らしめるようなことはするまい。
5　北の方が懲らしめられることはないだろう。

(3)　傍線部Ａ「さ」の内容として最も適当なものを一つ選び、番号で答えよ。
1　中納言が北の方との結婚を解消したからうれしいということ。
2　中納言と北の方を許すことができないということ。
3　中納言が亡くなってしまう前に知らせたいということ。
4　中納言が時間もわからなくなっているから気の毒だということ。
5　中納言に会えないことが病気になるほど辛いということ。

(4)　傍線部Ｂ「なほしばし念じて、な知られたてまつりたまひそ」の解釈として最も適当なものを一つ選び、番号で答えよ。
1　さらにもう少し長い間努力してから、お知らせ申し上げなさい。
2　さらにしばらく祈願して、知られ申し上げないようにしましょう。
3　やはり長い間念仏を唱えているので、お知らせ申し上げましょう。
4　やはりしばらく我慢して、知られ申し上げなさってはいけません。
5　さらにしばらく辛抱して、知られなさらなければなりません。

(5)　傍線部Ｃ「若き人の限りして、うしろめたし」の解釈として最も適当なものを一つ選び、番号で答えよ。
1　私は若い人と付き合ってきたので心苦しい。
2　女君はまだ若い人であるのでとても心配だ。

3 ここにいるのは若い女房ばかりで頼りない。
4 私は若い人のふりをしてきたので気が引ける。
5 男の子は生まれたばかりなので気がかりだ。

(6) 傍線部D「むべなりけり、君のあだわざをしたまはぬは」の解釈として最も適当なものを一つ選び、番号で答えよ。

1 中将の君が浮気をなさったのは、女君が油断しきっているから仕方のないことだなあ。
2 女君が男の子の世話をなさらないのは、彼女にとって初めてのお産だと思えば当然のことだなあ。
3 女君が無駄なことをなさらないのは、彼女の几帳面な性格からしても納得できることだなあ。
4 中将の君が女君に冗談をおっしゃったのは、女君が気さくな性格であるから理解できることだなあ。
5 中将の君が他の女性に心を移しなさらないのは、女君が魅力的であるからもっともなことだなあ。

(7) 本文の内容と合致するものとして最も適当なものを一つ選び、番号で答えよ。

1 中将の君は出世をしたいと望み、義父となった中納言の力添えに期待した。
2 女君が中将の君に遠慮して過ごしているうちに、中納言は亡くなってしまった。
3 中納言は娘である女君が男の子を出産したと聞き、とてもうれしいと思った。
4 中将の君は自分の乳母を呼び寄せて、女君の産後の世話などをさせた。
5 女君は中将の君の心が自分から男の子へと移ってしまうのを、寂しく感じた。

(☆☆☆◎◎◎)

【四】次の文章を読んで、以下の問いに答えよ。（一部本文の表記を改め、訓点を省いたところがある。）

(注)伝《ニ》曰《ク》、「賞《ノ》疑《ハシキハ》従《フ》レ与《フルニ》。ア所二‐以広《ムル》レ恩《ヲ》也。罰《ノ》疑《ハシキハ》従《フ》レ去《ルニ》。所二‐以慎《ム》レ刑《ヲ》也《ト》。」当《リテ》二(注)堯《げう》之時一、(注)皐《かう》陶《えう》為《ル》レ士《ト》。A将殺人。皐陶曰《フコト》レ殺《サント》レ之《ヲ》三《タビ》、堯曰《フコト》レ宥《ゆる》《メヨト》レ之《ヲ》三《タビナリキ》。故《ニ》天下畏《レ》二皐陶《ノ》執《ル》レ法《ヲ》之堅《キヲ》一、而《シテ》楽《シメリ》二堯《ノ》用《フル》レ刑《ヲ》之寛《ナルヲ》一。(注)四岳曰《ク》、「(注)鯀《こん》可《シト》レ用《フ》。」堯曰《ク》、「不可《ナリ》。鯀方《はう》《シ》レ命《ヲ》圮《やぶ》《ルト》レ族《ヲ》。」イ既《ニシテ》而曰《ク》、「試《ミント》レ之《ヲ》。」何《ゾ》堯之不《シテ》レ聴《カ》二皐陶之殺《サントスルヲ》レ人《ヲ》、而従《ヘル》二四岳之用《ヒントスルニ》レ鯀《ヲ》也。ウ然《ラバ》則《チ》聖人之意、蓋《シ》亦可《シ》レ見《ル》矣。(注)書《ニ》曰《ク》、「罪《ノ》疑《ハシキハ》惟《レ》軽《クセヨ》。功《ノ》疑《ハシキハ》惟《レ》重《クセヨ》。B与三其殺二不辜一、寧失二不経一。」C嗚呼尽レ之矣。

（「続文章軌範」）

（注）伝……古い書物。
堯・皐陶・鯀……人名。
士……裁判官。

四岳……………四人の臣下。
方命圮族……命令を放置し、善人に害を与える。
書……………書経。

(1) 波線部ア～ウのここでの意味として正しい組合せを一つ選び、番号で答えよ。
1 ア 手段 イ やがて ウ それならば
2 ア 理由 イ もはや ウ そうではあるが
3 ア 過程 イ やがて ウ そうではあるが
4 ア 目的 イ もはや ウ そうではあるが
5 ア 結果 イ やがて ウ それならば

(2) 傍線部A「将殺人」の読み方として最も適当なものを一つ選び、番号で答えよ。
1 まさにひとをころせり。
2 まさにひとをころすべし。
3 まさにひとをころす。
4 まさにひとをころさんとす。
5 まさにひとをころすなり。

(3) 傍線部B「与其殺不辜、寧失不経」の解釈として最も適当なものを一つ選び、番号で答えよ。
1 無実の者を殺すことは、法の運用が妥当ではないと言われることになってしまう。
2 無実の者が殺されることは、法の運用が妥当ではないと言われるに違いない。

3　無実の者を殺すよりは、法の運用が妥当ではないと言われる方がよい。
4　無実の者に死を与えたとしても、法の運用が妥当であると言われるはずだ。
5　無実の者の死刑に賛同することは、法の運用が妥当であるということと同じである。

(4)　傍線部C「嗚呼尽之矣」は、「刑賞のあり方は、この言葉に十分尽くしてある」という意味である。作者の考える適切な刑賞のあり方についての説明として最も適当なものを一つ選び、番号で答えよ。

1　罪を犯したかどうか疑わしい時は、迷わず刑を執行し、功績があるかどうか疑わしい時は、慎重に恩賞を与えるべきだ。
2　罪を犯した者がいた場合には、必ず減刑すべきであり、功績を挙げた者がいた場合には、その功績以上に賞を与えるべきだ。
3　罪を犯したかどうか疑わしい者には、減刑を願い出させ、恩賞を与えるかどうか迷う者には、功績を申し出させるべきだ。
4　刑罰を与えるかどうか疑わしい時も、恩賞を与えるかどうか疑わしい時も、三度審議し直してから慎重に刑賞を与えるべきだ。
5　罪を犯したかどうか疑わしい時は、減刑すべきであり、賞するかどうか疑わしい時は、つとめて賞を与えるべきだ。

(☆☆☆◎◎◎)

解答・解説

【中高共通】

【一】(1) ① 4 ② 3 (2) 3 (3) 3 (4) 4 (5) 1 (6) 3 (7) 4 (8) 2

〈解説〉(1) ①は「官僚」。1管理、2歓迎、3刊行、4器官、5甘受。②は「改修」。1収穫、2演習、3修飾、4大衆、5周知。(2) ウは、動詞「含む」の連用形「含ん」に、接続助詞「て」が連濁により濁音化して「で」となり付いたもの。(3) 『明暗』は夏目漱石、『河童』は芥川龍之介、『雁』は森鷗外、『和解』は志賀直哉の作品である。(4) 傍線部A・Bを含む各段落で説明されている、それぞれの理由をまとめた選択肢を選べばよい。(5) 傍線部Cの直前、及び前の段落にあるとおり、筆者は、和の産物のみが残り、和が日本人の生活からかけ離れてしまったことを問題視している。(6) 傍線部Dは、異質のもの・相容れないものが調和することの例として挙げられている。(7) 傍線部Eが意味するところは、直前で詳述されている。(8) 「本来の和」については、第五段落冒頭の「和という言葉は本来、この互いに対立するものを調和させるという意味だった。」、第七段落の半ばの「和とは～互いに異質なもの、対立するもの、荒々しいものを『力をも入れずして～和らげ、……慰むる』～これが本来の和の姿だった。」とある。また、第十一段落冒頭に「この国には太古の昔から異質なものや対立するものを調和させるという、いわばダイナミックな運動体としての和があった。この本来の和～」などと述べている。「本来の和」の現代における様相については、第十二段落で、「本来の和は現代において消滅してしまったか。決してそんなことはない。～本来の和が目の前にあるのに気づかないだけなのだ」と述べている。選択肢1・3のように言ってしまうのは誤りである。

【二】(1)　①　3　②　2　(2)　4　(3)　5　(4)　1　(5)　3　(6)　4

〈解説〉(1)　①の索漠(さくばく)は、心を満たすものがなく、もの寂しく感じるさま。②の「にべもない」の「にべ」とは、にべにかわのこと。粘着力の強いことから、他人に親密感を与えることをいう。(2)「やにさがる」とは、得意気になって、にやにやすることをいう。直後で「心配してくれたのか」と言っているように、国政は清子が自分を気にかけてくれたことがうれしいのである。(3)　傍線部Bは直前の国政の態度に対する清子の反応である。国政の清子に帰ってほしくない気持ちを、清子は読み取っている。(4)　傍線部Cは、清子の「願うのはいつもいつも、家族の幸せばかり」という台詞に触発されたものである。清子とのこれまでの家族関係に関する思いであるといえよう。(5)　本文の末尾近くにある通り、国政は清子のことを、愛情深く、自分のことだけを考えるなどできないだろうと分析している。(6)　1の「清子との関係を修復しようとする国政の苦悩」、5の「国政の清子に対する愛情が徐々に変化していく様子」などは読み取れない。

【三】(1)　2　(2)　2　(3)　3　(4)　4　(5)　3　(6)　5　(7)　4

〈解説〉(1)　波線部アは動詞「思ひかしづく」に続く箇所なので、「きこゆ」も「たまふ」も補助動詞である。敬語を二つ重ねて、動作対象の女君と、動作主体の中将の君の双方への敬意を表している。(2)「懲ぜ」は「懲ず」(他動詞・サ行変格活用)の未然形。「え」は副詞、「じ」は打消推量の助動詞。「え～じ」で「とても～できないだろう」という意になる。(3)　古文でも現代語と同じく、指示語の対象は直前などから探せばよい。「さ」は、Aの前の女君の発言を受けており、女君の、年老いた実の父親(中納言)を心配する気持ちである。(4)「な…そ」の形で禁止を表す。実の父親(中納言)へ知らせたいという女君の気持ちは、北の方を懲らしめるという中将の君の考えによって止められたのである。(5)　傍線部Cは、出産の直後の発言であり、直後にある通り、中将の君の乳母を迎える理由にもなっている。「うしろめたし」は、「うしろやすし」の対義語であり、不安な思いを表す。(6)「むべ」は肯定の意を表す。「あだわざ」とは、浮ついたこと、とくに色事のことで、浮気を指す。浮気なさまを表す言葉として「あだなり」(形容動詞)がある。(7) 4の内容は、(5)でも確認した本文後半の内容と合致する。

【四】(1) 1 (2) 4 (3) 3 (4) 5

〈解説〉(1) アの「所以」は、理由、方法という二つの意味を表す。イの「既」は、「すでニシテ」と読む場合、ある事が終わって間もないことを表す。(2)「将」は再読文字。「まさに～(セ)ントす」と読み、「今にも～しようとする」という意味を表す。(3) 傍線部Bの前は、「罪の疑はしきは惟(こ)れ軽くせよ。功の疑はしきは惟れ重くせよ」(罪の疑わしい者を処分する時は、軽い方の刑に従って処罰せよ。功行などの際に、その功績が明らかでない時は、恩賞は重くせよ)とある。その意図を説明しているのが傍線部Bの「与其殺不辜、寧失不経」である。「不辜」は罪のないことの意。「不経」は常道に背くことの意。「与(よリ)」、「寧(むしロ)」という、比較を表す漢字に注意する。(4) 直前にある書経からの引用を読み取ればよい。本文は、具体的なエピソードが述べられた後、末尾で主張がまとめられる構成となっている。

二〇二一年度　実施問題

【教科専門Ⅰ】

【一】次の文章を読んで、後の問いに答えよ。

　A私たちは「未来」を喪失させなければいけないのではないか。いまの私のなかには、こんな気持ちがある。

　それはこういうことである。近代以前の人々にとって、未来とは、おおむね死後のことだった。未来をどう生きるかは、死後どうなるか、死後をどう生きるかというイメージとともにあったと考えればよい。キリスト教徒にあっては、死後神に召されるかどうかが切実な未来であり、日本の伝統的な考え方では、死後の霊のあり方こそが、もっとも大事な未来として設定されていた。

　それに対して、近代の発想は、未来を死後にではなく、現実の延長線上に置く。この変化を、B人間を死後から解放したと表現してもよいし、人間から死後を喪失させたと言ってもよい。はっきりしていることは、この変化によって、人間に大きな精神革命が発生したということである。

　だが、この精神革命は、完全なかたちでおこなわれたわけではなかった。なぜなら、次のような面では、人間たちは、近代以前の精神の習慣を受け継いでいたからである。それは、死後と同じように、現実の延長線上にある未来もまた、素晴らしいものであって欲しいし、努力をすれば、この素晴らしい未来がつかめるはずだという前提的な意識である。天国であれ、極楽浄土であれ、死後の世界の可能性として開けているものは、絶対的で永遠的な素晴らしき世界である。そして、それを未来でつかむために、近代以前の人々は、現実の世界を生きた。それと同じように、未来が現実の延長線上のことになっても、人々は、未来に、獲得可能な素晴らしき世界がありうるし、努力すればそれを獲得することができるはずだという、前提的な確信をいだいた。この点では、近代以前の精神は、近代以降も受け継がれた。

近代思想は、考え方の違いはあっても、未来は素晴らしきものである可能性をもっているし、それは実現可能なものだという共通の精神を内蔵させながら、展開することになったのである。

この思想的態度を、もっとも純粋なかたちで展開したのは、社会主義思想であった。（中略）

社会主義思想は、未来に絶対的で永遠な自由な社会を設定し、努力すればそれは可能だと提案したのである。現実の延長線上の未来に、この素晴らしき社会が、可能性として開かれている、と。

このような未来観は、社会主義思想だけのものではなかった。科学の発展に未来をみる者たちは、将来はあらゆる問題を科学が解決していくだろうと考えた。たとえば、一九六〇年頃の日本で、どんなことが語られていたのかを思い起こしてみよう。数年後には、医学の発展は、ガンの治療法を確立するだろうと語られていた。それればかりか、いま頃は、人間は病気で悩むことはなくなっているはずであった。二十世紀中には、核融合発電がひろがり、海中に「①ムジンゾウ」にある重水素や三重水素を使って、人類はエネルギー問題から永遠に解放されているはずであった。単純な労働はすべて機械にまかせ、人間は楽しみながら創造的な仕事だけをしていればよいだろうとも語られていた。

こんなことを次々に思い出していったらきりがない。要するに科学の発展の先に描かれていたものも、永遠の素晴らしい未来だったということを確認しておけば、ここでは十分である。

市民社会が成熟し、人々が自由で自立した個人になり、素晴らしき未来が生まれていくだろうと考えた人々もいる。民主主義の発展に、同様の可能性をみた人々もいる。近代思想は、こうして、素晴らしき未来が可能性として開けているという物語を競った。

私が、喪失させなければいけないと述べた未来とは、このような未来である。つまり、問わなければいけないのは、素晴らしき未来を提示し、その実現にむけて努力していくのが人間の使命であり、歴史のなかの人間の生き方だと考える精神の習慣が、はたして信頼に足るものかどうか、である。

もっとも、C現実には、近代思想が示した素晴らしき未来は、どのような視点のものであれ、実現することはなかった。そして、その度に、この思想の担い手たちは語った。それは、自分たちの提示したものが、まだ十分に達成されていないからだ、と。未来は、依然として、可能性を開いているのだ、と。

だが、本当にそうだったのだろうか。近代的な市民社会の形成が、孤立した不安な個人をつくりだしていったのではなかったか。人間的な自由の確立が、エゴイスティックな個人をつくりだし、自然の自由を奪っていったのではなかったか。近代的正義の発生が、正義の名を借りた戦争を生みだしつづけたのではなかったか。それらはすべて、まだ成熟していないからではなく、それが実現した結果、生まれたものだったのではなかったか。

こういう視点を、ひろく人々に意識させたもののひとつに、環境問題があった。現代文明の発展は間違いなく環境を悪化させる。たとえ環境に②フカを与えない技術や、環境を回復する技術が開発されつづけたとしても、それは環境の悪化速度を遅らせることができるだけであって、私たちは未来の環境を楽観視することはできないだろう。それればかりか、将来の水不足、森林不足、食料不足などは、すでに予測可能なところまできている。

とともに、環境問題が提起したものは、われわれは誰もが、環境悪化の被害者であり、加害者でもあるということだった。私たちの日常それ自体が、環境悪化の一因になっている。

この問題は、素晴らしき未来がありうるという発想に、疑いをいだかせる役割をはたした。そればかりか、D私たちの社会は、たえず新しい矛盾を生みだしつづけているのではないか、ということも教えたのである。ちょうど医学の発達が、新しい耐性ウィルスを生みだしたり、新しい病気をひろめるように、個人の社会の確立が、個人の喪失感を深めていくように、である。

近代の思想は、将来は矛盾なき社会が、そこまで言わなかったとしても矛盾が少ない社会が訪れると語ることによって、人間から矛盾とともに生きる覚悟を奪ったのである。だが、大事なものは、矛盾と折り合いをつけながら生きる覚悟だったのではなかったか。

いつでも矛盾はあるものさと、傍観者的な立場に立とうとは思わない。なぜなら、矛盾と折り合いをつけながら生きる覚悟をしたとき、どのようにしても折り合いがつけられない矛盾もまたみえてくるからである。私は帝国主義的な戦争と折り合いをつける気はない。自然という仲間を圧迫する行為と、折り合いをつける気はない。人間たちの誇りを無視するあらゆるものと、折り合いをつける気はない。

なぜなら、それらは、私にとっては、折り合いをつける気がないものという以前に、折り合いがつけられないものだからである。とすると、こういった問題とは、対決するしかない。矛盾と対決する覚悟をするしかないのである。

だが、そのことによって、すべての矛盾が解決するわけではない。むしろ私は、矛盾と折り合いをつけながら生きていこうとするとき、私たちが手にすることであろう平和のほうを信頼する。矛盾とともに生きる覚悟をしたときに訪れるであろう「自由」のほうを信頼する。

課題は、折り合いをつけながら生きることが可能なこと、そうするしか方法がないことと、折り合いのつけられないこと、対決するしかないこととを、私たちが見定めることだ。そして、折り合いをつけながら生きる領域では、折り合いをつける方法が私たち自身の手に所有されているかどうかだけが、重要なのだ。
素晴らしき未来を提示し、そこにむかって人々を誘導する方法を、私たちは捨てなければいけないのではなかろうか。その意味で、私は、未来を喪失させようと思う。

（内山節『「里」という思想』）

(1) 二重傍線部①・②のカタカナ部分と同じ漢字を用いる熟語を一つずつ選び、番号で答えよ。

① ムジンゾウ
1 ジンソクに処理する。
2 ジンゾウの検査をする。
3 ジンダイな害を被る。
4 会社の発展にジンリョクする。
5 犯罪者のキョウジンにたおれる。

② フカ
1 カダンに富む。
2 カクウの人物。
3 責任テンカする。
4 機械のカドウ時間。
5 商品をシュッカする。

(2) 傍線部A「私たちは『未来』を喪失させなければいけない」とは、どのようなことか。その説明として最も適当なものを一つ選び、番号で答えよ。

1 人々は科学の発展に素晴らしい未来をみていたが、現実には環境悪化を招いてしまったことを反省するべきだ、ということ。

2 人間を未来の死から解放することによって死後を喪失させて、人間に大きな精神革命を発生させるべきだ、ということ。

3 誰にとっても素晴らしい未来とは現実には実現不可能なものだから、未来ではなく現実を見つめるべきだ、ということ。

4 未来とは死後のことであったが、本来の未来とは生きている現実の延長線上にあるのだと理解するべきだ、ということ。

5 素晴らしい未来の実現にむけて努力していくことこそが人間の使命だという考え方を変えるべきだ、ということ。

(3) 傍線部B「人間を死後から解放した」とは、どのようなことか。その説明として最も適当なものを一つ選び、番号で答えよ。

1 死後の世界は絶対的な世界であるが、現実の世界はそれ以上に素晴らしいものである、ということ。

2 素晴らしい死後の世界を手に入れることを意識して現実の世界を生きる必要がなくなった、ということ。

3 精神革命が不完全だったため、死後以外の素晴らしい未来を発見できなかったにすぎない、ということ。

4 医学の発展によって病気の悩みは減り、死の恐怖も激減して、絶対的な安心をつかんだ、ということ。

5　近代以前の精神の習慣との決別を前提としたため、死以上の可能性が未来に開けていった、ということ。

(4)　傍線部C「現実には、近代思想が示した素晴らしき未来は、どのような視点のものであれ、実現することはなかった」とあるが、その例として適当でないものを一つ選び、番号で答えよ。

1　個人が自立した市民社会が生まれ、他者とのつながりをもてない人間が増えてきた。
2　近代的正義が生まれた結果、かえって信じるものの違いによる争いが起こった。
3　民主社会による自由の保障が利己的な個人を生み出し、自然の自由がなくなっていった。
4　医学が発達するにつれて、まだ完治できない病気の治療の研究が急務となった。
5　あらゆる問題を解決するはずの科学技術の発展が、様々な環境問題を生み出した。

(5)　傍線部D「私たちの社会は、たえず新しい矛盾を生みだしつづけているのではないか」とあるが、筆者はこのような社会で何が大切だと考えているか、最も適当なものを一つ選び、番号で答えよ。

1　様々な矛盾は全て折り合いがつけられないものだから、矛盾と対決しながら生きること。
2　様々な矛盾と折り合いをつけながら、現実の全ての矛盾を容認して生きていくこと。
3　様々な矛盾に対して、折り合いをつけるものか対決する覚悟をするものか、見極めること。
4　様々な矛盾を次々と生みだす社会を、できるだけ矛盾が少なくなるように変えること。
5　様々な矛盾を人間や自然にとって有益なものに変えて、自由と平和を手にすること。

(6)　本文の内容と合致するものとして最も適当なものを一つ選び、番号で答えよ。

1　社会主義思想をはじめとして、近代では素晴らしい未来が開かれる可能性があると信じられていた。
2　社会主義や科学の発展が、水不足、森林不足などの環境問題を引き起こすと、近代の人々は予測していた。
3　現実の延長線上にある未来の先に死後の世界があるという点において、近代以前の精神は近代以降も受け継がれた。
4　近代思想が示した未来は、その思想の担い手の理想としたものがまだ十分に達成されていないため、実現しなかった。
5　現代では様々な問題が起きているため、理想とした未来へ近づくように我々は努力していかなくてはならない。

（☆☆☆◎◎◎）

【二】次の文章は、山田詠美の「眠れる分度器」の一部である。十一歳の時田秀美は、転校してきてから一か月余り経つが、クラスになじめないまま日々を過ごしている。隣の席の赤間ひろ子は家が貧しく、家族のために級友から余った給食のパンをもらっている。これを読んで、後の問いに答えよ。


やがて、給食の時間が来た。いつもなら、真っ先に献立を調べに行く秀美だったが、今日は気分が重かった。しかし、食べ始めると、急に体は空腹を訴え始め、彼は、貪るように、食べ物を口に運んだ。ふと、パンをちぎる手が止まった。秀美は、そっと、ひろ子を見た。彼女は、行儀良くスープを啜《すす》っていた。彼は、それ以上、パンを食べるのを止めた。

食事が終わると、いつものように、ひろ子は、大きな声で言った。

「パンを残した人、うちの庭にやって来る鳥さんたちのために協力してね」

皆、例のごとく、残ったパンを、ひろ子の机の上に載せて行った。机の上に、パンの山が出来、ひろ子は、皆に、お礼を言いながら、持参した紙袋に、それを入れた。

「あの、赤間さん」

秀美は、おそるおそる彼女に声をかけた。ひろ子は、①怪訝そうな表情を浮かべ、何の用かと目で問いかけた。

「これ、ぼくも、残しちゃったんで、きみんちの鳥に……」

秀美は、半分程残したパンを、ひろ子に差し出した。見る間に、ひろ子の顔が赤くなり、目は、恐怖を感じたかのように見開かれた。ひろ子は、ゆっくりと、秀美に向かって手を出したが、それは震えていた。秀美は、一刻も早くパンから手を離したいというように、彼女にパンを握らせた。しばらくの間、そのパンは、彼女の手の内にあった。秀美は、ほっとして、自分の食器を片付けようと立ち上がった。その瞬間である。ひろ子が、そのパンを秀美に投げつけたのは。

秀美は、最初、いったい何が起こったのか、まったく理解出来なかった。しかし、床に落ちてつぶれたパンを目にした途端、自分が、とんでもないことをしてしまったことに気付いた。慌てて、ひろ子の顔を見ると、彼女は、目に涙をなみなみとたたえ、秀美をにらみつけていた。

「ごめん……ぼく……」

ひろ子は、机につっ伏して大声で泣き始めた。秀美は、言葉を失って、床に落ちたパンを拾った。Aつぶれたパンには、ひろ子の指の跡が、くっきりと付き、彼女の気持を物語っていた。

秀美は、自分の背後から、音のない溜息が押し寄せて来るように感じて、思わず後ろを振り返った。そこには、いくつもの彼をとがめる目があった。彼は、パンを手にしたまま、非難の視線を受け止めた。子供たちは、無言で秀美をののしり、そうすることで、ようやく、彼を、この教室の仲間として受け入れたのであった。

秀美は、Bそれまで味わったことのない感情を抱えて帰宅した。隆一郎は、モーツァルトを聴きながら釣竿を磨いていたが、秀美の様子を見るなり、それを止めた。

「どうした。学校で、御不幸でもあったかな?」

秀美は、隆一郎の側に駆け寄り、畳に伏して泣き始めた。なんだか、ひどく悲しかった。同時に、いくらでも涙を流せるこの場所が、とても心地良く感じられた。

「ぼく、ひどいことしちゃったのかなあ?」

秀美は、隆一郎に、事の②顚末を話した。その間じゅう隆一郎は、秀美の頭を撫でていた。

「だから言っただろうが。おまえのやり方にも、ちいっとばかし、問題があるって」

「だけど、ぼく、赤間さんを心配したんだ。皆のするように、あの子の手助けをしようとしただけなんだ。昨日、おじいちゃんの言ってた同情ってことじゃないよ。本当に、そうしなければって気持になったんだ」

「ふむ」

隆一郎は、再び釣竿を点検し始めた。

「プライドって言葉は知ってるだろう?」

「うん」

「おまえは、赤間さんって子のプライドを粉々にしちゃったんだなあ。誰もが、その子に同情してた。でも、おまえは、それに気付かなかった。それで、その子の気持が、どれだけ救われていたことか。そして、他の子たちが、おまえに、それを教えないことで、どれだけ、赤間さんを助けていたことか。でも、自分で、気付いちゃったんだなあ」

秀美は、涙を拭きながら起き上がった。

「でも、そんなつもりじゃなかったんだよ。赤間さんのプライドをつぶそうなんて、思いもよらなかったんだよ」

「そんなつもりじゃないのが一番悪い」

隆一郎は、不貞腐《ふてくさ》れたように足を投げ出す秀美を、Cおもしろそうに見詰めた。

「悪意を持つのは、その悪意を自覚したからだ。それは、自覚して、失くすことも出来る。けどね、そんなつもりでなくやってしまうのは、鈍感だということだよ。賢くなかったな、今回は。おじいちゃんの言ってることと解るか」

秀美は、負けを認めたかのように頷いた。

「ぼく、自己嫌悪になっちゃうよ」

「ほお。そんな言葉、どこで覚えて来た」

「ぼくが作ったんだよ」

「嘘をつけ」

障子が、音もなく開けられ、仁子の顔が覗いた。

「何よ、二人で。また、悪い相談してたんでしょう」

「今日は早いな」

「これから、お出掛け。ね、遅くなると思うから、お父さん、お夕食、お願い！　あれ？　秀美、泣いてんの？　どうしたの？」

秀美は、恥しそうに、母親から顔をそむけた。隆一郎は、笑いながら、仁子に耳打ちをした。

「自己嫌悪に陥ってるらしいぞ」

仁子は、呆れたように、拗《す》ねた様子の息子を見詰めた。

「その年齢《とし》で自己嫌悪だなんて、なかなかまともじゃないの」

「うるさい！　母さんなんかあっちに行け」

「ふん、親にそんな口きくと、ますます自己嫌悪に陥るわよ」

仁子は、そう言い残すと、音を立てて障子を閉めた。秀美は伏せて畳に頬を押し付けたまま動かなかった。涙は流れ続けていたが、もう、泣きたい欲望は失せていた。畳の匂いは、彼の心を安らがせた。さっきまで感じていたのが自己嫌悪という心の動きだとすると、それは、D ある意味では心地良いものかもしれないと、彼は感じていた。濡れた頬に当たる畳の目は、どこまでも続くように思えたし、その行き着く先では、祖父の胡坐《あぐら》が感情を受け止めてくれるのを彼は知っていた。愛情という言葉を彼は、まだ知らなかったが、安心して自分自身を憎めると思えるのは、常に肉親が見守る範囲内で行動するからであると気付いていた。

「おじいちゃん」秀美は、起き上がり、もじもじした。

「何だ」

「明日から、ぼく、赤間さんに対して、どうしたらいいのかなあ。謝れば謝る程、あの人やな気持になるんでしょ」

「普通にしてりゃいいんじゃないか。おまえに出来ることなんぞ何もないぞ」

「でも、励ましたりとかさ」

「自惚《うぬぼ》れるんじゃない」

隆一郎は、秀美を横目で見ながら、釣竿を片付け始めた。

翌日、秀美が登校すると、赤間ひろ子は、既に席に着いて漢字の書き取りをしていた。彼のおはようという挨拶に、ひろ子は顔を上げ、昨日のことなど忘れたように微笑みを浮かべて、同じ言葉を返した。

「時田、漢字の練習して来たか？」

後ろの席の宮田という少年が秀美に尋ねた。

「漢字の練習って？」

「知らねえの？　今日、テストあるんだぜ。ドリルの五ページ目まで練習して来いって、奥村先生言ってたじゃん」

そういえば、そんなことを帰り際に聞いたような気がする。秀美は、思い出しながら舌打ちをした。

「仕様がねえなあ。ドリル開いてみなよ。おれが出そうな漢字教えてやるよ」

秀美は、不審そうな表情で宮田を見詰め、後ろ向きに椅子に腰を降ろした。彼が話しかけてくるのは初めてのことだった。

「これとこれが間違いやすいから、出るらしいぜ」

「なんで？」

「昨日、塾の先生が言ってたんだもん」

「そうじゃなくて、なんで、ぼくに教えてくれるの？」

宮田は、不思議そうに秀美を見た。

「変な奴だなあ、相変わらず。前の席に座ってるからだろ。助けてやったっていいじゃん。違う？」

「う、うん」

秀美は、登校し、昇降口で靴を脱いだ瞬間から、自分を包んでいる奇妙な空気に気付いていた。何か真新しいものが自分に向かって押し寄せているように感じたのだ。たとえば、冬の終わりに吹いた一瞬の風で、春の訪れを悟ってしまうように、下駄箱で、すれ違った級友の視線だけで、自分を取り巻くものが、それまでとは異なっていることを知ったのだった。

秀美は、宮田と向き合い、漢字の練習をしながら、何度か顔を上げて、彼の顔を盗み見た。そして、ついでに、教室を見渡した。秀美は、E自分の肩の上に載っていた重苦しいものが急速に取り除かれて行くのを感じていた。誰も、秀美を見ていなかった。けれども、誰も、彼を無視していなかったのである。子供たちは、秀美の知らないところで、彼の受け入れ態勢を整え、今日の朝を迎えたのであった。つまり、この教室全体で、彼に対する人見知りという仕打ちを止めたのであった。

秀美の気持は知らぬ間に浮き立ち、鉛筆を持つ手は震えた。

「時田って、すっげえ、字が下手でやんの」

後ろから、覗き込んだ少年が、秀美の書き取りを茶化した。いつもの秀美なら、おまえよりはましだと反抗する所であったが、何故か今朝はそう出来ず、彼の顔が赤くなった。二、三人の少年が、その言葉に誘われて、同じように秀美の手元を覗き込んで笑った。秀美は、頭を掻きながら、照れ笑いを浮かべるしかなかった。彼は、人々が自分に対して悪意を持たないことの幸福感を静かに味わっていた。不当な敵意や好意を拒否して来たこの少年は、ようやく自分の望む場所を教室の中に得たのだった。

（山田詠美「眠れる分度器」）

(1) 二重傍線部①・②の本文中の意味として最も適当なものを一つずつ選び、番号で答えよ。

① 怪訝《けげん》そうな

1 悲しんでいるような

2　戸惑っているような
3　焦っているような
4　怒っているような
5　怯えているような

②　顚末《てんまつ》
1　失敗
2　自分なりの考え
3　原因と結果
4　いきさつ
5　想像した内容

(2)　傍線部A「つぶれたパンには、ひろ子の指の跡が、くっきりと付き、彼女の気持を物語っていた」とあるが、この時のひろ子の心情の説明として最も適当なものを一つ選び、番号で答えよ。

1　皆と交わろうとしない秀美を軽蔑していて、そんな彼からパンをもらいたくないと強く拒絶した。
2　得体の知れない転校生である秀美を怖いと感じていて、そんな彼からパンをもらってしまうことをひどく恐れた。
3　貧乏である自分を見下し、ふざけた態度をとる秀美からパンを受け取ることを惨めに感じた。
4　密かに好意をもっていた秀美が、自分の家族のためにパンを差し出してくれたことを恥ずかしく思った。
5　皆にパンをもらって家で食べていることを秀美に気付かれてしまい、恥ずかしさや怒りの感情が噴き出してしまった。

(3) 傍線部B「それまで味わったことのない感情を抱えて帰宅した」とあるが、その時の秀美の心情の説明として最も適当なものを一つ選び、番号で答えよ。

1 たとえ受け入れてもらえないとしても、かわいそうなひろ子のために、何とか力になりたいという同情心が生まれている。

2 ひろ子に怒られたことで、こんな学校に転校してこなければならなかった家庭の事情をやるせなく思っている。

3 皆と同じ行動をしたことを、ひろ子には理解されなかったが、他の子供たちには受け入れられたと実感し、喜んでいる。

4 自分がよいと思って取った行動で相手を傷つけてしまい、どうしたらよいかわからなくてうろたえている。

5 ひろ子を怒らせたことをクラスの皆に無言でとがめられたことがショックで、明日は学校に行かないと決意している。

(4) 傍線部C「おもしろそうに見詰めた」とあるが、この時の隆一郎の心情の説明として最も適当なものを一つ選び、番号で答えよ。

1 自分の前で真剣に悩み、考えている秀美を見て、成長のまっただ中にいることを感じ、ほほえましく思っている。

2 自分のアドバイスを誤解して受け取り、失敗した秀美に対して、次はどんな話をしたらよいかと苦笑している。

3　孫である秀美に、自分の存在感を見せつけ、負けを認めさせたことで、優越感に浸っている。
4　泣きながら、不貞腐れたように足を投げ出した秀美を見て、幼い頃の秀美を思い出して懐かしく思っている。
5　自分に向かって敵意を剝き出しにする秀美を見て、難しい年頃にさしかかっていることを実感し、興味をもっている。

(5)　傍線部D「ある意味では心地良いものかもしれない」とあるが、秀美はどうしてそう感じたのか、最も適当なものを一つ選び、番号で答えよ。

1　今の自分の状態はクラスの中に溶け込むための試練であり、この苦しみを越えれば、楽しい学校生活が待っていることがわかっているから。
2　自分が自己嫌悪に陥った原因はひろ子からの拒絶であり、そのことについて考えることは、自分が好意をもっているひろ子について考えることでもあるから。
3　自分のことを振り返って憎んでも安心していられるのは、自分のことを普段から愛してくれる家族に見守られているからこそだということに気付いたから。
4　自分の鈍感さを受け入れられるようになることで、貧乏なひろ子に同情し、級友と同じように行動できるようになるということがわかってきたから。
5　自己嫌悪という感情に浸っていれば、ずっと畳の上で泣いていられたし、クラスに溶け込めなくても、母親に反抗しても、いつも祖父が守ってくれたから。

(6)　傍線部E「自分の肩の上に載っていた重苦しいものが急速に取り除かれて行くのを感じていた」とあるが、この時の秀美の置かれた状況として最も適当なものを一つ選び、番号で答えよ。

1　いつも一人でいた秀美に勇気を持って宮田が話しかけてくれたことにより、クラスメイトからいじめられ、肩肘張って過ごしてきた秀美は、ようやくほっとすることができた。
2　ひろ子にパンを投げつけられた一件により、秀美は、後からクラスに加わった異質な存在ではなく、クラスの仲間として子供たちの中に受け入れられた。
3　祖父に相談し、じっくり語り合ったことにより、秀美は、絶交状態であったひろ子との関係を修復することができ、ひろ子への思いを再確認することができた。
4　周りの仲間が茶化してくれたことにより、自分の字が下手であることを気にしていた秀美は、クラスの中でありのままの自分をさらけだすことができるようになった。
5　宮田が漢字テストの予想問題を教えてくれたことにより、秀美は、苦手な学習に対する重圧がなくなるとともに、唯一無二の親友を得ることができた。

（☆☆☆◎◎◎）

【三】次のそれぞれの問いに答えよ。

(1)　次の中から、傍線部の漢字の使い方がすべて正しいものを一つ選び、番号で答えよ。

1
周知の事実。
脅威的な速さ。
不穏な動き。

2
決選投票。
歓心を買う。
漸次とどまる。

3
たばこの弊害。
時間の労費。
会心の笑み。

4 ｛衆人環視の中。／遺憾に思う。／荘厳な建物。｝

5 ｛真疑を確かめる。／予断を許さない。／一堂に会する。｝

(2) 次のことわざの傍線部の読み方として正しくないものを一つ選び、番号で答えよ。

1 出藍(すいらん)の誉れ
2 得手(えて)に帆を上げる
3 窮鼠(きゅうそ)猫を噛む
4 嚢中(のうちゅう)のきり
5 固唾(かたず)をのむ

(3) 次の傍線部の「手」の意味が、後の語群の中にないものを一つ選び、番号で答えよ。

1 氾濫した川が行く手を遮る。
2 突然の攻撃に打つ手がない。
3 手負いの猪を追い詰める。
4 手の込んだ悪だくみ。
5 寺子屋に手習いに通う。

ア 腕　イ 方角　ウ 傷　エ 手段　オ 手間

(4) 次の中で、傍線部の動詞と同じ活用の種類・活用形の動詞を含むものを一つ選び、番号で答えよ。

シャボン玉が目の前ではじけてしまう。

1 時間の流れが穏やかになっていく。

2　カラスが鳴いて飛んでいった。
3　甲高い声が耳に飛び込んできて、我に返る。
4　夜が明ければ、夢も忘れる。
5　地震で壊れたビルが、崩れるように倒れる。

(5)　次の古典演劇についての説明の中で、「能」の説明を一つ選び、番号で答えよ。
1　シテ(主役)、アド(相手役)による、せりふとしぐさによる対話劇で、簡潔で明るい舞台から、当時の世情や市井の人情を垣間見ることができる。
2　猿楽から生まれた舞台劇で、シテ(主役)、ワキ(相手方)、ツレ(助演者)から成り、語りである謡曲は、題材の古歌や美辞麗句を多く引用している。
3　独特の節回しによる語り、伴奏楽器の三味線、それに人形遣いの三要素が結びついて成立した劇であり、時代物、世話物、景時物に分かれる。
4　出雲の阿国が踊った踊りが起源の劇で、勧進帳、助六などの演目があり、華やかな衣装と洗練された様式の美、誇張された所作が魅力である。
5　滑稽な話を中心とし、一名の演者によって語られる。江戸・上方の流れがあり、人情噺、芝居噺、怪談噺なども含んだ、幅広い芸能として親しまれている。

(☆☆☆◎◎◎)

【四】次の文章は、「狭衣物語」の一部である。帝の孫である狭衣君《さごろものきみ》は、僧侶にさらわれそうになっている女君《おんなぎみ》を偶然助け、彼女の車に同乗し自宅に送り届けた。以下はそれに続く場面である。これを読んで、後の問いに答えよ。

あやしう、思ひの外なるわざかな、Aこれを見で止みなましかば、いかに口惜しからまし、と思ふものから、いでや、(注)いと憂かりつる頭つきのなでつらんものを、アあな心づきな、と思すものから、「さても、なほざりの道行き人と思して、止みたまひなんとする。ありつる法の師の覚えにこそひとしからずとも、思し捨つなよ。(注)安達の真弓はいかが」とのたまふに、いとど恥づかしくて、ただとく降りなんとするをひかへて、「咎へをだにしたまはぬ、かかる夜のしるべをうれしと思さましかば、かく暗きに泊れ、とはのたまひてまし。心憂」とて、許したまはねば、いとらうたく若びたる声にて、

Ⅰ　泊れともえこそ言はれね　(注)飛鳥井に宿りとるべき蔭しなければ

と言ふさま、(注)なほさるべきにや、(注)かやうのうちつけごとに泊るべき心はなきものを、この水影は見で止まんも口惜しう思されて、

　飛鳥井に影見まほしき宿りして　(注)みまくさ隠れ人や咎めん

と恐ろしけれど、「B車待つほど、かくて置きたまひたれよ」とて、降りたまひぬるを、あな見苦し、イ便なきものを、とわぶるさま、いとをかし。「男や、こは誰そ」とあきれ騒げど、物ものたまはず。

（「狭衣物語」）

(注) いと憂かりつる頭つき……女君をさらった僧侶のこと。狭衣君は、僧侶がすでに女君の元に通っているのではないかと疑っている。
安達の真弓はいかが……古今集にある「陸奥の安達の真弓我が引かば末さへ寄り来忍び忍びに」を踏まえた表現。末まで変わらぬ愛情を求めている。

飛鳥井……………………地名。催馬楽にある「飛鳥井に宿りはすべし(中略)蔭もよし　御水も涼しみまくさもよし」を踏まえた表現。

なほさるべきにや………やはり、前世からの因縁があるのか。

かやうのうちつけごと…行きずりの気まぐれな恋愛。

みまくさ隠れ……………まぐさの陰に隠れている、ということ。

(1) 波線部ア・イの意味として最も適当なものを一つずつ選び、番号で答えよ。
ア　あな心づきな
1　なんと心にしみることだ
2　なんと悲しいことか
3　ああつらいことよ
4　なんと慕わしいことか
5　ああ不愉快なことだ
イ　便なきものを
1　誰からも便りがないのに

2　不便なことだなあ
3　不都合なことだなあ
4　かわいそうなことなのに
5　けしからぬことだなあ

(2)　傍線部Ａ「これを見で止みなましかば、いかに口惜しからまし」の解釈として最も適当なものを一つ選び、番号で答えよ。

1　この場面を見ることができずに終わってしまったので、全くものたりない思いだ。
2　こんなつらい目に遭わないままでいれば、さほどさみしく思うこともなかったはずだ。
3　このように思いがけない状況に陥るとは、どんなに悔しかったかわからないだろう。
4　この人に会わないままで終わってしまっていたら、どれほど残念だっただろうに。
5　もしこの女と結ばれずに死んでしまったら、とても情けない思いをするだろうに。

(3)　傍線部Ｂ「車待つほど、かくて置きたまひたれよ」の解釈として最も適当なものを一つ選び、番号で答えよ。

1　迎えの車が来るまで、このままあなたと一緒にいさせてください。
2　私の車が出発するまで、こうしてあなたの車にいさせてください。
3　車は待たせてあるので、私のことはもう放っておいてください。
4　車が待ってくれるような身分のことは、ここで忘れてください。
5　車で待っているうちに、このように置いてけぼりになりました。

(4)　Ⅰの歌「泊れともえこそ言はれね飛鳥井に宿りとるべき蔭しなければ」についての説明として最も適当な

ものを一つ選び、番号で答えよ。
1 女君の歌で、自分の家に泊めることを断る理由が見つからず、しぶしぶ承知している。
2 女君の歌で、差し障りがあることを理由に、君を泊めることはできないと断っている。
3 女君の歌で、狭衣君に無理に泊まってほしいとは言えないが、心中では泊まってほしいと願っている。
4 狭衣君の歌で、女君は自分の家に泊まれとは言ってくれないが、本当は泊まりたいのだと懇願している。
5 狭衣君の歌で、このあたりには泊まれるところがないので、泊めてもらえないかと打診している。

(5) 本文の内容と合致するものとして最も適当なものを一つ選び、番号で答えよ。
1 狭衣君の思いが強すぎて女君は惑乱してしまったため、狭衣君の家は大騒ぎになってしまった。
2 狭衣君は単なる色好みの貴公子として描かれており、なんとしてでも女君を自分のものにしようとしている。
3 狭衣君と女君は相思相愛の仲として描かれ、二人の関係が一層深まっていくことが暗示されている。
4 いつもの様子と異なり強引に女君をさらってきた狭衣君に対して、家の者たちは不審な思いを抱いている。
5 狭衣君は女君の美しさに心を奪われ、僧侶との仲をあてこすったり古歌を引用したりしながら言い寄っている。

(☆☆☆◎◎◎)

【五】次の文章は、王陽明とその弟子の希淵の会話である。これを読んで、後の問いに答えよ。（一部本文の表記を改め、訓点を省いたところがある。）

希淵問《フ》、「聖人《ハ》可《シ》学《ンデ》而至《ル》。然《レドモ》伯夷・伊尹《ノ》(注)於《ケル》孔子《ニ》、才力終《ニ》不同《ジカラ》。A其同謂之聖者安在。」先生曰《ク》、「聖人之所以《ハ》為《ル》聖、只《ダ》是其心《ノ》純《もっぱらニシテ》乎天理《ニ》、而無《キコト》人欲之雑《まじり》(注)、猶《ホ》精金之所以《ハ》為《ル》精、但《ダ》以《テナルガ》其成色《ノ》(注)足《リテ》、而無《キヲ》銅鉛之雑也。人《ハ》到《レバ》純《ナルニ》乎天理《ニ》方《ニ》是聖《ナリ》。金《ハ》到《レバ》足色《ニ》(注)方《ニ》是精《ナリ》。然《レドモ》聖人之才力《ニ》、亦有《ルハ》大小《ノ》不《ル》同《ジカラ》、猶《ホ》金之分両(注)《ニ》有《ルガ》［　］。堯・舜《ハ》(注)猶《ホ》万鎰《ノ》(注)、文王・孔子《ハ》(注)猶《ホ》九千鎰《ノ》、禹・湯・武王《ハ》猶《ホ》七八千鎰《ノ》、伯夷・伊尹《ハ》猶《ホ》四五千鎰《ノ》。才力《ハ》不《ルモ》同《ジカラ》、而純《ナルハ》乎天理《ニ》則《チ》同《ジケレバ》、皆可《シ》謂《フ》之《ヲ》聖人《ト》。猶《ホ》分両雖《モ》不《ト》同《ジカラ》、而足色則《チ》同《ジケレバ》、皆可《キガ》謂《フ》之《ヲ》精金《ト》。B以《テ》五千鎰《ノ》者《ヲ》而入於万鎰之中、其足色同也。以夷・尹而厠《まじ》之堯・孔之間《あひだ》、其純乎天理同也。蓋所以為精金者、在足色而不在分両。所以為聖者、在純乎天理而不在才力也。故雖凡人而肯《あへ》為学、使此心純乎天理、則亦可為聖人。猶一両之金、比之万鎰、分両雖懸絶、而其到足色所、可以無愧《は》。故曰『人皆可以為堯舜』者以此。」

C

（「伝習録」）

（注）伯夷・伊尹・孔子……人名。
精金……………純金。
成色・足色……純金らしい十分な色合い。
分両……………ともに重さの単位。分は両の百分の一。
堯・舜…………人名。
鎰………………重さの単位。一両の二十倍、または二十四倍という。
文・禹・湯・武……人名。

(1) 傍線部A「其同謂之聖者安在。」の書き下し文として最も適当なものを一つ選び、番号で答えよ。

1 其の同じく之を聖と謂ふは安くにか在らんや。
2 其の同じく謂ふの聖は安くに在りや。
3 其れ同じく之を聖と謂ふは安くんぞ在らんや。
4 其の同じく之を聖と謂ふは安くに在りや。
5 其れ同じく謂ふの聖は安んじて在り。

(2) 空欄に当てはまる語句として最も適当なものを一つ選び、番号で答えよ。

1 清濁
2 長短
3 強弱
4 軽重
5 遠近

(3) 傍線部B「以五千鎰者而入於万鎰之中、其足色同也。」とはどういうことか、その説明として最も適当なものを一つ選び、番号で答えよ。

1 五千鎰の純金を一万鎰の純金の中に入れると、同じ分量のように見えるということ。
2 五千鎰の純金を持った人は、一万鎰の純金を持った人と同じ価値があるということ。
3 持っている純金の分量に関係なく、人は誰でも同じ価値・尊さがあるということ。
4 五千鎰と一万鎰の純金では、一万鎰の純金の方が分量が多く価値があるということ。
5 五千鎰と一万鎰と分量が違っても、純金であれば同じ色合いであるということ。

(4) 傍線部C「人皆可以為堯舜」は孟子の語であるが、その解釈として最も適当なものを一つ選び、番号で答えよ。

1 人は誰でも自分の心を天理に従わせ、才能や力量を磨いたならば、堯・舜のような聖人になれるということ。
2 人は誰でも持っている純金の量とは関係なく、才能や力量さえあれば堯・舜のような聖人になれるということ。
3 人は誰でも学問をし、自分の心を天理に従わせれば、才能や力量は関係なく、堯・舜のような聖人になれるということ。
4 人は誰でも純金のように汚れあるものと交わりをせず、才能や力量を磨いたならば、堯・舜のような聖人になれるということ。
5 人は誰でも一万鎰の純金を持ってさえいれば、才能や力量に関係なく堯・舜のような聖人になれるということ。

(☆☆☆◎◎◎)

【教科専門Ⅱ】

【一】次の文章を読んで、後の問いに答えよ。

「哲学は誰のものか?」という問いは、奇妙に聞こえるだろうか。通常イメージされる哲学なら、基本的には専門家である哲学者のものである。それは彼らが哲学についてより多くの正確な知識をもち、より深く理解しているからである。それ以外の一般の人は、「そんな訳の分からないもの、自分には関係ない」と思うだろう。

哲学の専門家たちが一般の人——哲学好きな人も含めて——と直接出会うのは、主として大学の授業であり、講演会やシンポジウムのようなイベントであろう。あとは書物や雑誌、最近ではインターネットの記事などを書くことで、文字を通して間接的につながっている。

これは、あくまで「分かっている人」から「分かってない人」への［ア］という目的をもっており、そこには明確な役割分担がある。専門家のように知識をもっている側が、ほぼ一方的に提供・生産する立場で、一般の人は受容・消費する立場にある。

専門家どうしであれば、その役割が交代することもあるが、一般の人との間でそれはまず起きない。専門家が一般の人から何か学ぶことはあっても、それは考えるための素材とか何らかのインスピレーションの源泉としてであって、哲学そのものではない。

このように「知識」としての哲学を自分のものにできるのは、哲学の研究者や哲学に詳しい人のように、物好きでそれなりの努力をつみ重ねた人だけである。一般の人は、それを薄められたか、もしくはかみ砕いた形で受け取るだけだろう。

こうした立場の違いは、「知識」としての哲学の特徴であり、それが哲学の専門性を支えている。そのことじたいはもちろん悪いことではない。哲学が専門的な研究を推し進めるのは、むしろ必要なことだろう。

実際世の中には、考えるプロフェッショナルである哲学者が突き詰めて考えなければならない問題、哲学者しか突き詰められない問題というのがある。けれども、だからといって、哲学をつねに専門家と物好きだけに独占させておいていいことにはならない。

「体験」としての哲学、ないし「考えること」そのものである哲学は、専門家かどうかは関係ない。誰にでも可能である。したがって、「知識」としての哲学のような、提供・生産する側と受容・消費する側の役割分担もない。

専門家も一般の人も、共に問い、考え、語るのであり、一つの共同作業として思考を広げ、深めていく。それぞれが体験するもの、いっしょに体験するものがあるだけで、そこに優劣も上下もない。つまり、個々人のものであると同時に共同のものでもある。

もっともこれら二つの哲学は、相容れないものではない。専門的な哲学においても、対話というのは、より深く理解したりいろんな角度から考えたりするために大いに役立つはずだ。逆に哲学対話の体験においては、専門家が考えたこと、哲学者の思想や概念は、「知識」として依存しすぎたり、権威として引き合いに出されたりしなければ、より哲学的に考えるための有益な手がかり、強力な武器になる。

「知識」としての哲学と「体験」としての哲学、専門家のための哲学とみんなのための哲学、いずれも自分が考えることと、共に考えることによって豊かになるはずだ。

哲学カフェや哲学対話など、A市井の人たちによる実践は、なぜか専門家や哲学好きの人にはウケが悪い。まったく無視されていたり、哲学的でないとか、素人談義だとか井戸端会議だとか、レベルが低い、自己満足だ、等々、概してネガティヴに捉えられたりする。さもなければ、「いいんじゃない？」と軽くあしらわれる。

一般の人にとっては、すでに書いたように、専門家による哲学は意味不明であり、一部の物好きを除けば、違和感や①忌避感をもっている。というより、多くの場合、ほとんど縁がないと思っている。

このように専門家の哲学と一般の人の哲学は、折り合いが悪く、実際接点もあまりない。哲学の研究会や講演会に行ったことのある人は少ないだろうし、哲学対話に専門の研究者はあまり関わらない。

これは双方にとって不幸なことだ。

素人による対話がレベルの低いものだったとしても——私はかならずしもそう思わないが——、なぜそれが問題なのだろうか。レベルが高くなければいけない理由などあるのだろうか。

たとえば、プロ野球と比べれば、少年野球や草野球は、間違いなくレベルが低い。しかしだからといって、批判したりバカにしたりする人はいない。しかも、野球は(スポーツ一般も)、みんなに必要なものでもない。やりたい人だけやって、それ以外の人はやらなくてもいいのだ。

他方、B哲学＝「考えること」は、誰にとっても必要である。子どものための哲学がそうであるように、小さいころから、幼稚なレベルからでも始めればいい。いや、他のあらゆる能力と同様、最初は初歩的な、レベルの低いところからしか始められないのだ。

それに、どこかにこれでじゅうぶんという到達点があるわけでもない。道も一つではない。寄り道をしながら行けばいい。だとしたら、気長に楽しくやればいい。とりあえずは自己満足でもいい。専門家がケチをつけるまともな理由などない。

他方、一般の人たちもおかしい。誰にとっても大切なはずの考えることを、面倒くさがって人任せにしている、そしてその専門家である哲学者を変人扱いする(実際そういう人も多いから仕方ないか)。

けれども生きている間には、どんな年齢であれ、どんな境遇であれ、自分の周りにある問題、自分が向き合うべき問題がたくさんある。

子どもは、成長するにつれて、出会うものすべてが新鮮な世界に入っていく。そこには素朴でありながら、深い問いがあふれている。

学校に行くようになれば、活動する世界と共に関心も広がり、希望と苦悩に彩られた問いに突き当たる。

大人になって社会に出れば、打算と妥協が必要な複雑な世界で、世俗的だが切実な問いに見舞われる。

年をとれば、減っていく未来と狭まっていく世界の中でわが身を振り返り、生老病死の大きく重い問いに向き合う。

私たちの人生は、いつも問いに満ちている。問いが外から迫ってきたり、自分の内から湧き起こったりする。どの問いも、自分が問わなければ、誰も問うてはくれない。他人任せにして誰かが答えを出してくれるのを待っていることなどできない。

とはいえ、自分一人で答えを出す必要はないし、自分だけでは無理だ。誰かといっしょに考えればいい。しかし問いかけることは、自らしなければならない。

思うに、哲学とは〝恋愛〟と同じである。他の人が大恋愛をしたからといって、自分が何もしなくていいことにはならない。自分は恋愛なんかしない！というなら、人生そのものと言い換えたっていい。誰かが素晴らしい人生を送ったからといって、自分が生きなくていいとは誰も思わないだろう。

恋愛も人生も、自分で身をもってやってみるしかない。人から学ぶこと、真似をすることはあっても、一から始めなければいけない。うまくいかなくても、時に嫌気がさしても、②オクビョウになっても、手放してしまうわけにはいかない。

途中で休んだっていい、ヤケクソになってもいい。結局うまくできるようにならなくてもいい。恋愛下手でしかいられないからといって、過去の恋愛が無駄になるわけでも、これから人を好きになってはいけないわけでもない。さえない人生だから、生きるに値しないわけではない。

哲学＝「考えること」もそれと同じだ。レベルの高さ、厳密さ、深さ、一貫性を求める必要はかならずしもない。誰のためでもない。自分のために考えるのだ。どんなにつたなくても、自分でつまずいて自分で考えたことしか、その人のものにはならない。

C だから、とにかくやってみればいい。そうして自由と思考を自分のものにし、人生を自分のものにするのだ。その時、いっしょに考えてくれる人がいたら続けられる。だから、哲学は対話でするのがいいのだ。

（梶谷真司「考えるとはどういうことか」）

(1) 二重傍線部①「忌避」の読みをひらがなで、②「オクビョウ」を漢字で答えよ。

(2) ア に入る、「人々に新しい知識を与え、教え導くこと」という意味の漢字二字の熟語を次から選び、番号で答えよ。

1　伝達　2　周知　3　示唆　4　啓蒙　5　指導

(3) 傍線部A「市井の人たちによる実践は、なぜか専門家や哲学好きの人にはウケが悪い」とあるが、それは「知識」としての哲学における両者の関係がどのようなものであることに起因しているか、説明せよ。

(4) 傍線部B「哲学＝『考えること』は、誰にとっても必要である」とあるが、その理由を説明せよ。

(5) 傍線部C「その時、いっしょに考えてくれる人がいたら続けられる」とあるが、それは「体験」としての哲学のどのような性質によるものか、説明せよ。

（☆☆☆◎◎◎）

【二】次の文章は辻村深月の「しあわせのこみち」の一部である。主人公「私」は大学二年生である。『造形表現』の授業の課題である「自由に世界を表現すること」で、「私」は大学の桜並木を描いた絵を提出した。「私」はその授業で、自分の作品が評価されると確信していたが、教授が選んだのは同じ桜並木を映した田辺《たなべ》颯也《そうや》のフィルム作品であった。これを読んで、後の問いに答えよ。

視界の隅、田辺を囲む女の子たちの間で笑い声が上がった。その声に、私は視線を下に向ける。足が自然と早くなり、膝に力が入った。目線を少し上に戻すと、大学の並木道があった。この道を春に撮った田辺のフィルムが、瞼《まぶた》にまだ焼きついている。目を開けていても、はっきり思い出すことができる。

フィルムにあの世界を焼いた彼と、今しがた見た女の子たちとはしゃぐ彼とは、まるで別人のように思えた。彼女たちはA田辺の見る世界を理解するのだろうか。

図書館の前の通りに出る。入り口正面の長い階段の前に腰を下ろし、木陰にある池を眺めた。

背の高い木々の向こう、緑色に水が暗く光る。それだけ眺めていると、ここはまるで森の中だ。池の前を横切る学生たちの群れも、この図書館も階段もなければいいのに。そんなことを時折考える。半ば本気で。半ばぼんやりと。池を見つめる自分と、その池だけがあればいい。そうすれば、世界はもっときれいで澄み渡っている。

私はおそらく、一人が好きなのだ。孤独が好きというのとは、少し違う。干渉されたくないというのとも少し違う。自分の見ている風景と世界。それと自分だけが現実と乖離した存在としてそこにあり、残りは全て閉じてしまえば、どれだけいいだろう。

高校のとき、何人かで学校の帰り道を歩いた。私たちの通う高校と駅を繋ぐ道には、初秋になると金木犀の香る家が一軒あって、私はその前を通るのをとても楽しみにしていた。

それは、私一人の楽しみだと思っていた。何気ない日常の道の良さに気がついているのは、きっと私くらいのものだと。が、高校二年目のある日、クラスメート数人と下校する途中、中の一人がふいに足を止め、空を見上げて「何だか、いいよね」と言った。

「何だかいいよね。俺、この季節好き」

それまでの私の中での彼の印象は「普通の人」だった。私と違って友人が多く、如何にも好青年然としている。人と話すのも得意で、女の子にも人気があった。

世界を強く見るのには、能力がいる。感性という武器がいる。そしてその武器を持っている人間は選ばれた一握りの人間たちだけだろうと思っていた。だから、驚いた。それは、「彼が選ばれた人間であった」という驚きではなく、普通の人間にもそうした感性が存在するということを知った驚きだった。口に出さないだけで、彼らだって気がついている。

そう思うと、今度は逆にそれをことさらに感動していた自分自身が妙に滑稽に思えた。しかし、気づいてうんざりしてもなお、私は自分の感性を誇るのを今でもやめられない。「人と違う」ことと「普通でない」ことにハマる。酩酊《めいてい》する。そして、この酩酊に周囲が気づいているかもしれないと脅える。時折、①自嘲気味に思う。私はイタイ人種だろうか。

田辺のフィルムを見て感じた敗北感は、彼が世界を強く見ていること、きれいに見ていることに対する敗北感だった。尤《もっと》も、要因はまだ他にもある。彼の性別が男であることだとか。

しかし、それだけではない。誰に取り繕う必要もない本音を語れと胸に呼びかけても、それでも認めたくない事実がある。田辺にあって、私にないもの。

まだ小学生だった頃、絵がうまい、頭がいいと褒められて、私は漫画家や画家になることを考えた。憧れだった。中学に進学するとその思いはより一層強くなり、私はよくわかりもしないハードカバーの詩集や画集を買い漁《あさ》った。それを読んでいると、自分がちょっとだけ上等な生き物になれたような気がして、人より一段背伸びができている気がして嬉しかった。分厚い画集を持ち歩き、それに固執する私は確かに周囲から孤立していたが、そこには劣等感とそれを上回るくらいの優越感があった。休日に一緒に洋服の買い物に行くような女友達がいなくとも、男の子と付き合ったりしなくとも満足だった。そういうささやかな幸せに私は没頭した。

私は「普通」になれない。人と関係を築き、恋をし、外見に気を配る。健全な「普通」の世界は、私にとってある意味では低く、けれどどれだけ望んでも届かない遥か遠くの高い位置にある。感性を武器に世界から愛された私は、自分を取り巻くミニマムの環境や隣の誰かから愛されることを望むべきではない。孤独なのは当たり前だった。自意識と感性とともに、心中する覚悟を決めたのだ。

時折、テレビや雑誌で、私が買った本の作者たちを目にすることがあった。画家や作家、デザイナー等のクリエイター。恋について語り、しゃれた服を着た彼ら。それを見て、強迫観念に襲われたように、呆然《ぼうぜん》とした。

何故。

そう思った。

何故、そんな「普通」の世界に触れながら、……触れることを許されながら、絵を描けるのか、写真を撮れるのか、話が書けるのか。

本を裏から開き、彼らの年齢を目で追う。私とはどれくらい離れているのか。あと何年後に、自分がその年に到達してしまうのか。彼らとの年齢の開きが大きければ大きいほど、ほっと胸をなで下ろす。その年に到達する自分のことがまだ想像できず、それを知らなくても許される、そういう安堵に包まれる。

しかし、彼らが同年代であると、私の胸は芯から冷えていく。逃げ場もユウヨも、そこにはない。

人に愛され、「普通」の幸せを手に入れているのなら、絵や写真でなくたっていいはずだ。何故、描くことが必要なのか。

逆でもいい。自分の好きな本や、音楽や絵に囲まれながら、プロになれるくらいの才能を持ち合わせながら、何故そんな「普通の幸せ」が必要なのだろうか。それを手に入れているのであれば、描くことになんかきっと必死にならない。

例えば、私以上には。

日差しが、少し翳《かげ》った。

自分の上から失せた光を追いかけるように、顔を上げる。夏の昼間にはよくあることだ。空の色が、さっきよりも暗くなっていた。図書館前の階段は、さっきまでと顔ぶれを変えながら、それでも相変わらず多くの面積に学生が座っていた。私は軽く息を吸って立ち上がる。夕方までに、一度、絵画教室に顔を出したかった。石段に触れていたズボンの腰が少し熱い。それを払いながら、何の気なしに階段正面の池に顔を向けた。すぐにまた視線を逸《そ》らすつもりだったが、それができなくなる。池のすぐ脇に、田辺颯也が立っていた。

彼は、どこを見るともなしにぼんやりとしていた。が、私の視線に気がつき、顔をこちらに向けた。一人だった。顔を伏せようとした私よりも一瞬早く、田辺の目が笑った。唇の端が少し上がる。

信じられなかった。田辺は私に手を振り、笑いかけた。

どう表情をつくればいいのかわからず、私はとっさに不恰好《ぶかっこう》な笑顔を作った。まだそこに立っている田辺に、首を前に倒して挨拶をした。

田辺颯也はたいしたことではなかったかのようにもう一度笑い、池を横切って歩いて行った。去りゆく彼の後ろ姿を信じられないような気持ちで見送る。

急に、日がまた差した。私はぼんやりと顔に陽光を受けながら、彼の背中から目が逸らせなかった。

D誇らしさに似た感覚があった。顔が熱い。肩が熱い。嬉しかった。

（辻村深月「しあわせのこみち」）

(1) 二重傍線部①「自嘲」の読みをひらがなで、②「ユウヨ」を漢字で答えよ。
(2) 傍線部A「田辺の見る世界」とあるが、田辺が世界をどのように見ていると「私」は考えているか、本文の言葉を用いて説明せよ。
(3) 傍線部B「そういうささやかな幸せ」とあるが、この「私」の心情を三十字以内で説明せよ。
(4) 傍線部C「私の胸は芯から冷えていく」とあるが、このときの「私」の心情をそうなった理由を含め、説明せよ。
(5) 傍線部D「誇らしさに似た感覚があった」とあるが、このときの「私」はどのように感じたと考えられるか、説明せよ。

（☆☆☆◎◎◎）

【三】次の文章を読んで、後の問いに答えよ。（一部表記を改めたところがある。）

(注)この殿の(注)御おもておこし給ふは、(注)皇后宮におはしましき。この宮の御腹の一の親王《みこ》敦明《あつあきら》親王とて、式部卿の宮とぞ申しし程に、長和五年正月二十九日、三条院おりさせ給へば、(注)当帝位に即かせ給ひて、この式部卿の宮、東宮に立たせ給ひにき、御年二十三。但し(注)道理あることと、皆人思ひ申ししほどに、院①うせさせ給ひて後、二年ばかりありて、いかが思し召しけむ、(注)宮たちと申ししをり、よろづに遊びならはせ給ひて、(注)うるはしき御有様いと苦しく、いかでかからでもあらばや、とおぼしなられて、皇后宮に、「かくなむおぼえ侍

る」と申させ給ふを、Aいかでかは、げにさもとはおぼさむずる。「すべてあさましくあるまじき事」とのみ諫め申させ給ふに、おぼしあまりて、(注)入道殿に御消息ありければ、参らせ給へるに、御物がたりこまやかにて、「この位去りて、ただ心安くてあらむとなむ思ひ侍る」と②聞こえさせければ、「更に更にうけたまはらじ。さは三条院の御末は絶えね、と思し召しおきてさせ給ふか。いとあさましく悲しき御事なり。かかる御心のつかせ給ふは、こと事ならじ。ただ(注)冷泉院の御物の怪などの思はせ奉るなり。Bさおぼしめすべきぞ」と啓し給ふに、「さらばただ本意もあり、出家にこそはあなれ」とのたまはするに、「さまで思しめす事ならば、Cいかがはともかくも申さむ。内に奏し侍りてを」と申させ給ふをりにぞ、御気色いとよくならせ給ひにける。

（「大鏡」）

(注)　この殿……………済時《なりとき》大将。藤原済時。
御おもておこし給ふは…面目をお施しになりましたのは。

皇后宮…………済時の娘、娀子《せいし》。三条天皇の皇后。

当帝……………後一条天皇。

道理あること……冷泉・円融天皇が兄弟で帝位を継承して以来、両天皇の系統が代わる代わる継承することからこのように言う。

宮たちと申ししをり……ただの親王と申し上げた頃。

うるはしき御有様……東宮としてのきちんとした生活。

入道殿…………藤原道長。

冷泉院の御物の怪……敦明親王の祖父である冷泉院に憑《つ》いた怨霊のこと。

(1) 二重傍線部①「うせ」を例にならって文法的に説明せよ。
（例　ハ行四段活用「給ふ」の未然形）

(2) 二重傍線部②「聞こえ」について敬語の種類を漢字で答えよ。また、敬意の対象を本文から抜き出せ。

(3) 傍線部A「いかでかは、げにさもとはおぼさむずる」とあるが、これはどういうことか、具体的に説明せよ。

(4) 傍線部B「さおぼしめすべきぞ」について、「さ」の内容がわかるように口語訳せよ。

(5) 傍線部C「いかがはともかくも申さむ」とあるが、これは誰のどのような気持ちが込められているか。その気持ちを抱くようになった理由も含めて説明せよ。

（☆☆☆◎◎◎）

【四】次の文章は、戦乱の世であった五代十国時代における賢明な君主を称賛した文庫の一部である。これを読んで、後の問いに答えよ。（一部本文の表記を改め、訓点を省いたところがある。）

夫レ乱国之君ハ、常ニ置キ二愚不肖ヲ於上ニ一、而シテ強ヒテ二（注）其ノ不能ヲ一、以テ暴《あらは》シ二其ノ短悪ヲ一、置キ二賢智ヲ於下ニ一、而シテ泯《びん》（注）‐没《ぼっ》ス二其ノ材能ヲ一。使ム下君子小人ヲシテ皆《とも》ニ失ヒ二其ノ所ヲ一、而シテ身陥ラ中危（注）亡ニ上。治国之君ハ、能ク置キ二賢（注）知ヲ於近キニ一、而シテ置キ二

愚不肖《ヲ》於遠《キニ》一、使《ム》下君子小人《ヲシテ》各適《かなヒ》二其《ノ》分《ニ》一、而《シテ》身享《うケ》中安栄《ヲ》上。治乱《ノ》相去《ル》、雖《モ》二遠《キコト》甚《ダシト》一、而《モ》其《ノ》所二以《ノ》一致《ス》レ之《ヲ》(注)者《ハ》不《ル》レ多《カラ》也。反《スル》二其《ノ》所《ヲ》レ置《ク》而已。

嗚呼、自《リ》レ古治君少《クシテ》而乱君多《シ》。況於二五代一。士之遇不遇《ナル》者、可《ケン》レ勝《たフ》レ歎《ズルニ》哉。

（「唐宋大八大家文読本」）

（注）強其不能……その者にとってできないことを無理矢理に行わせる。
泯没……………滅ぼす。
危亡……………危うくなって滅びる。
賢知……………「賢智」と同じ。
之………………国が乱れること。

(1) 二重傍線部「而已」の読みをひらがなで答えよ。
(2) 傍線部Ａ「小人」はどのような人物か、本文から抜き出して答えよ。
(3) 傍線部Ｂ「所以」の内容を具体的に説明せよ。

(4) 傍線部C「況於五代」を、強調されている内容を明らかにして口語訳せよ。
(5) 傍線部D「遇」とあるが、どういうことか。本文の内容に即して必要な語を補って説明せよ。
(☆☆☆◎◎◎)

解答・解説

【教科専門Ⅰ】

【一】(1) ① 4 ② 5 (2) 5 (3) 2 (4) 4 (5) 3 (6) 1

〈解説〉(1) ①「無尽蔵」 1 迅速 2 腎臓 3 甚大 4 尽力 5 凶刃 ②「負荷」 1 果断 2 架空 3 転嫁 4 稼働 5 出荷 (2)「未来」の持つ意味を近代の文脈において捉える必要がある。「死後」の近代以前における意味を把握したい。 (3) 近代以前と近代とを対比しながら論を展開している箇所である。「進歩」だと思われたものが、新たな問題を生み出した事例が列挙されている。 (4) 傍線部Cを含む段落以下で挙げられる具体例と選択肢を比較して消去法で解けばよい。 (5) 傍線部Dの次の段落の「だが、大事なものは」以下に着目したい。 (6) 近代の発展・進歩が予想外の弊害をもたらしたということを押さえることが大切である。選択肢の内容が本文中で事実として提示されているのか、それとも、誰かが考えただけなのかを厳密に区別する必要がある。

【二】(1) ① 2　② 4　(2) 5　(3) 4　(4) 1　(5) 3　(6) 2

〈解説〉(1) ①の「怪訝」とは、不思議で合点のゆかない様を表す。(2) 後から祖父・隆一郎が解説しているように、ひろ子が鳥にあげるためと称して残ったパンを集めていることの意味に秀美が気付いてしまったために、その同情心をひろ子は突っぱねたのである。(3) 秀美が隆一郎に相談しているのは、「あの子の手助けをしようと」したら、結果として「ひどいこと」をしてしまったということである。ひろ子のことだけを気にかけていることが分かる。(4) 傍線部Cに続いて、隆一郎は秀美に対して教育的な助言を与えている。(5) 傍線部Dの後で、秀美は「祖父の胡坐が感情を受け止めてくれる」ことへ思い至り、さらには「愛情」へと思いを巡らせている。このことに着目したい。(6) 傍線部Eの前で、秀美はクラスメイトの宮田に「なんで、ぼくに(漢字テストの情報を)教えてくれるの?」と聞いており、自分に対するクラスメイトの態度が好意的になったことに気が付いている。きっかけは前日に起こった、ひろ子に関しての事件であった。

【三】(1) 4　(2) 1　(3) 5　(4) 5　(5) 2

〈解説〉(1) 1 驚異的な速さ　2 暫時とどまる　3 時間の浪費　5 真偽を確かめる　(2) 「出藍(しゅつらん)の誉れ」とは、弟子がその師匠を越えてすぐれているという名声のこと。(3) 選択肢5の「手習い」の「手」は、文字を書くことを表している。(4) 傍線部は、下一段活用の動詞「はじける」の連用形である。5の「壊れた」は、下一段活用の動詞「壊れる」の連用形が、過去・完了の助動詞「た」に接続したものである。(5) 1 狂言　3 人形浄瑠璃　4 歌舞伎　5 落語

【四】(1) ア 5 イ 3 (2) 4 (3) 1 (4) 2 (5) 5

〈解説〉(1) アの「心づきなし」とは、心がひかれないさま、気にくわないさまをいう。イの「便なし」は、都合が悪いこと、感心しないことを表す。(2) 「ましかば〜まし」の形で反実仮想を表す。「もし〜なら、〜だろうに」の意味である。(3) 傍線部Bの前の和歌から窺えるように、狭衣君は女君になんとか泊めてもらおうとすがっているのである。(4) 副詞「え」は、下に打消の表現を伴って、不可能の意味を表す(ここでは打消の助動詞「ず」は、係助詞「こそ」に呼応して已然形をとっている)。男からの誘いは拒んでみせるのが和歌を詠む上での女の作法である。(5) 「いと憂かりつる頭つきのなでつらんものを」とある通り、狭衣君は女君と僧侶の仲を怪しんでいる。狭衣君が和歌で「みまくさ隠れ人や咎めん」と詠んでいるのも、この僧侶のことである。

【五】(1) 4 (2) 4 (3) 5 (4) 3

〈解説〉(1) 動詞は下の目的語から返って読むことを意識したい。ここでは、才能・力量が異なる者を一様に聖と称する理由を問うている。(2) 純金の比喩を用いて、聖人の違いについて述べている箇所である。空欄に続いて、聖人たちを重さで区別していることに着目したい。(3) 分量が違えども、純金は純粋であるという点では区別できないという、王陽明の理屈を押さえることが大切である。(4) 王陽明は純金を成分の純粋さの一点において、重量に関係なく高く評価している。この純金の比喩を通して、聖人に対する意見を捉えなければならない。

【教科専門Ⅱ】

【一】(1) ① きひ　② 臆病　(2) 4　(3) 専門家のように知識をもっている側が、ほぼ一方的に提供・生産する立場で、一般の人は受容・消費する立場にあるということ。　(4) 人生には問いが満ちており、どの問いも自分が問わなければ誰も問うてくれるわけではないので、他人任せにして誰かが答えを出してくれるのを待っていることなどできないから。　(5) 共に問い、考え、語ることによって、一つの共同作業として思考が広がり、深められるという、個々人のものであると同時に共同のものであるという性質。

〈解説〉(1) 語句の意味を捉えた上で、読み・漢字を考えたい。「忌避」は、きらって避けること。「臆病」は、小さなことも恐れること。　(2) 「啓」はひらく、「蒙」はくらいの意。「啓蒙」とは、無知蒙昧な状態を啓発して教え導くことをいう。　(3) 本文中では、「知識」としての哲学は、「体験」としての哲学と対比されながら、その特質が説明されている。専門家から一般人への一方向性を特徴とすることを押さえたい。　(4) なぜ考えなければならないのか、なぜ誰にとっても必要となるものであるのか、これら二点の理由を十分に答える必要がある。　(5) 本文の前半において、「知識」としての哲学との対比から、「体験」としての哲学が説明されている。一方向的な「知識」としての哲学に対して、「体験」としての哲学の持つ共同作業性が重要である。

【二】(1) ① じちょう　② 猶予　(2) 世界を強く、きれいに見ている。　(3) 他人よりも少しだけ上に立てたという優越感をもっている。(二十七字)　(4) 普通の世界に触れながらも成功している人たちが自分と同年代であるため、逃げ場のない強迫観念に駆られ、不安になっている心情。　(5) 勝てないと思っていた田辺に認められたと感じた。

〈解説〉(1) 語句の意味を捉えた上で、読み・漢字を考えることが大切である。「自嘲」は、自分で自分を軽蔑すること。「猶予」は、物事をためらい決めかねること。　(2)　本文の第十三段落の「田辺のフィルムを見て感じた敗北感は」以下に着目したい。「私」が感じた敗北感を通して、田辺の見る世界が説明されている。　(3)　傍線部B中に指示語があるので、その直前の内容に注目したい。「私」は周囲から孤立している状態に劣等感ではなく優越感を抱いている。　(4)　傍線部Cは、その直前にあるように「彼らが同年代である」場合の反応である。成功している人の年齢が離れている場合に通用できる理屈が無効になるのである。　(5)　田辺を見付けながらも「私」は視線を逸らそうとしていたが、その瞬間の田辺の行動が、「私」に傍線部Dのような肯定的な感覚をもたらしたのである。

【三】　(1)　サ行下二段活用「うす」の未然形　(2)　種類…謙譲語　対象…入道殿　(3)　敦明親王が東宮を退位したいと言ったことに対し、皇后がもっともだとお認めになるはずがないということ。　(4)　東宮を退位したいと考えるのは物の怪がとりついてそうさせているからだとお思いになるのがよい。　(5)　敦明親王の意思が固いことを悟ったため、説得を諦めたという入道殿の気持ち。

〈解説〉(1)「うす」の未然形が「うせ」という、エ段音になることから、下二段活用の動詞であると判断できる。(2)「聞こゆ」は、「言ふ」の謙譲語。動作対象への敬意を表す。　(3)　傍線部Aに続いて、皇后宮が「思慮が浅く、あってはならないことだ」と述べていることも合わせて考えたい。　(4)　現代語と同じく、指示語の対象はその直前から探すのが原則である。入道殿も皇后宮と同じく、敦明親王をたしなめ、説得する立場にあることを押さえておきたい。　(5)　入道殿が敦明親王を思いとどまらせようとしたが、それでも敦明親王は出家を考えていると口にした。傍線部Cは、そのことに対する入道殿の反応である。

【四】(1)　のみ　(2)　愚不肖　(3)　暗愚の臣を上位や身近に置き、賢知の臣を下位に置いて遠ざけ、適材適所に起用しなかったということ。　(4)　まして五代の乱世にあってはなおさら乱国の君主が数多く現れた。

(5)　賢明な君主に出会い登用されること。

〈解説〉(1)「而已」(のみ)は、文末に置かれて、限定や強意・断定の語気を表す。(2)　傍線部の文が、直前の一文の前半「置愚不肖於上」の結末について述べていることから考える。(3)　直前の一文で、「治国之君」とあるように、国を治める方法が説明されている。国が乱れる原因は、この逆を行うことである。(4)「況」(いわ‐んや)は、抑揚を表す。前文を受けた上で本当に述べようとすることを示す働きをする。「まして～はなおさらだ」の意。(5)「遭遇」という熟語があるように、「遇」は、出会うことを意味する。

二〇二〇年度　実施問題

【教科専門Ⅰ】

【一】次の文章を読んで、後の問いに答えよ。

A日本の国語教育はまずは日本近代文学を読み継がせるのに主眼を置くべきである。

一つには、それが「出版語」が確立されたときの文章だからである。

明治、大正、昭和初期に書かれた日本近代文学の文章は、ベネディクト・アンダーソンがいう「出版語」が、初めて真に統一されたものとして、日本で確立されたときの文章である。「出版語」とは、なるべく多くの読者に読んでもらえるよう、規範性をもって市場で流通するに至った〈書き言葉〉である。「出版語」が規範性をもって流通し続けることによってのみ、人々の〈話し言葉〉が安定する。そして、人々の〈話し言葉〉が安定することによってのみ、古典の専門家でも何でもない人が、〈読まれるべき言葉〉を読み継ぐのを可能にする。イギリス人やフランス人が苦もなく三百年以上前の〈読まれるべき言葉〉を読むことができるのは、三百年以上前に「出版語」が成立したからだけではなく、人々が「出版語」のもつ規範性を理解し、それを大切にしてきたからである。

それが、文化である。

口語の変化がそのまま反映された文章を「新しい」などと言って喜ぶのは、〈書き言葉〉のもつ規範性がいかに文化を可能にするかを理解していないからである。(それと同時に、会話体の文章こそまさに〈現地語〉

の〈書き言葉〉を特徴づけるものであることを理解していないからでもある。）

ふたたび、くり返すが、日本の国語教育は日本近代文学を読み継がせるのに主眼を置くべきである。

二つには、それが漱石がいう「曲折」から生まれた文学だからである。

日本近代文学は、西洋語の翻訳から新しい日本語の「出版語」を生むため、そして、その言葉で「西洋の衝撃」を受けた日本の〈現実〉について語るため、日本語の古層を掘り返し、日本語がもつあらゆる可能性をさぐりながら花ひらいてきた。日本近代文学を読む習慣さえつければ、近代以前の日本語へさえも朧気に通じる。

年暮れてわがよふけゆく風の音にこころのうちのすさまじきかな

今からほぼ一千年前に生まれた紫式部が詠んだ歌である。その歌がこうしてしみじみと心の中に入ってくるのも——私が歳をとったせいもあるだろうが——日本近代文学が、過去の文学の古層を生かしながら花ひらいていったからである。

みたび、くり返すが、日本の国語教育は日本近代文学を読み継がせるのに主眼を置くべきである。

三つには、日本近代文学が生まれたときとは、日本語が四方の気運を一気に集め、もっとも気概もあれば才能もある人たちが文学を書いていたときだからである。

日本の国語教育においては、すべての生徒が、少なくとも、日本近代文学の〈読まれるべき言葉〉に親しむことができるきっかけを与えるべきである。子供のころあれだけ濃度の高い文章に触れたら、今巷に漫然と流通している文章がいかに安易なものか肌でわかるようになるはずである。大人になり、たとえ少数の〈選ばれた人〉として優れたバイリンガルになろうと、そこへと戻ってゆきたく思う、懐かしくもあれば憧憬の的でもある言葉の故郷ができるはずである。今の日本にもたくさんいるにちがいない良心的な国語教師たちにとって、血湧き肉躍る教えがいのある授業となるはずである。

具体的には、翻訳や詩歌も含めた日本近代文学の古典を次々と読ませる。しかも、最初の一頁から最後の一頁まで読ませる。もちろん、何はともあれ読む習慣をつけるため、ほとんどの作品は、漢字の数を減らし、(今のところは)「表音式かなづかい」に直されたもので読ませるよりしかたがないであろう。だが、そうではない作品も混ぜることによってすべての生徒が、高等学校を終えるころには、文語体にも慣れ、伝統的かなづかいにも慣れるようにする。たとえば、高等学校を終えるころには、樋口一葉の『たけくらべ』ぐらいは「原文」で読ませる。うすぼんやりとしかわからなくともよいから、なにしろ、読ませる。字面に触れさせ目に慣らす。音読させ耳に慣らす。あの一葉の天の恩寵のような文章に脈打つ気韻やリズムを朧気ながらでも身体全体で感じ取らせる。一葉も〈国民国家〉に生きた近代人であり、文語体で書かれていようと、一葉の精神はそのまま私たちの心に響くのを身を以て知らせる。(B以前一葉の「現代語訳」――それも大人に向けての「現代語訳」を頼まれたことがあるが、とんでもない話である。)感想文を書かせたりもせず、なにしろ、気概もあれば、才能もある人たちが書いた文章を読ませる。「ゆとり教育」の反省から日本の国語教育にも力を入れる動きはすでに少しづつはじまり、日本近代文学の古典が〈国語〉の教科書についに戻ってきているというが、もっと過激に。あの信じがたいほど薄っぺらい〈国語〉の教科書がようやく倍ほどの厚さになったというが、もっと過激に。

もっともっと過激に。

(注)福田《ふくだ》恆存《つねあり》も言う。

専門家だけが(中略)ショ①サイのなかで古典を楽しんでゐたからといつて、一体そんなことが日本の文化とどういふ関係があるのでせうか。よその国の学者と同様、なんの関係もありますまい。一番大事なことは、専門家も一般大衆も同じ言語組織、同じ文字組織のなかに生きてゐるといふことです。同一の言語感覚、同一の文字感覚をもつてゐるといふことです。古典には限りません。江戸時代の無学な百姓町人が難しい漢語の続出してくる近松や馬琴を十分に楽しめたといふのも、そのためではありませんか。大衆が古典を読むか読まないかは第二義的なことで、古典をひたしてゐる言語文字と同じもの、同じ感覚に、彼等もまたひたされてゐることが大切なので、それによつてC彼等は古典とのつながりを最小限度に保つてゐるのです。

「古典とのつながりを最小限度に保つ」――みながそのつながりを保っていれば保っているほど、日本語は生きている。

D国民がその〈国語〉とどう向き合うかでもって、この先、酷いほど明暗を分けるであろう。〈国民文学〉の運命。それは、〈国語〉の運命。そしてその〈国語の祝祭〉である〈国民文学〉の運命。それは、いつかは今まで日本語で出版されたすべての文学にアクセスできるようになる。〈大図書館〉(注)が実現すれば絶版はなくなり、にあるモノではない。それは、読むという行為を通じてのみ、毎回、そこに新たに存在するものである。日本文学という〈国民文学〉の豊かさは、日本語の〈図書館〉にどれぐらい〈読まれるべき言葉〉が入っているかではない。それらの〈読まれるべき言葉〉をふつうの日本人がどれぐらい読むかにかかっているのである。

これから五十年後、百年後も『三四郎』は誰にもアクセスできるものではあり続けるであろう。だが日本文学の専門家しか『三四郎』を読まなくなってしまったらどうするか、コンピューター用語でいう「ロングテール現象」(注)の一部に『三四郎』が入ってしまったらどうするか。それは、あたかも日本近代文学の奇跡がなかったのと同じことでしかない。

あたかも、百数十年前、アメリカに植民地化されたのと同じことでしかない。

もちろん、世界の人たちにとっては、『三四郎』が存在したことなど、どうでもよいことである。日本語という〈国語〉、そして日本近代文学が、非西洋圏のどこよりも先んじて存在するようになったことなどもどうでもよいことである。日本文学という〈国民文学〉が「主要な文学」だとされていたことなども、じきにきれいさっぱり忘れ去られる。そもそも、二十世紀というのは、日本という国が初めて世界の表舞台にひっぱり出され右往左往するうちに終わってしまった百年間であった。この先、日本が、二十世紀においてもったほどの世界的な意味をもつことは、良きにせよ悪しきにせよ、もう二度とありえないであろう。

だが、これから先、日本語が〈現地語〉になり下がってしまうこと――それは、人類にとってどうでもいいことではない。たとえ、世界の人がどうでもいいと思っていても、それは②イカンながら、かれらが、日本語がかくもおもしろい言葉であること、その日本語がかくも高みに達した言葉であることを知らないからである。世界の人がそれを知ったら、そのような非西洋の〈国語〉が、その可能性を生かしきれない言葉――〈叡智を求める人〉が読み書きしなくなる言葉になり下がってしまうのを嘆くはずである。〈普遍語〉と同じ知的、倫理的、美的な重荷を負いながら、〈普遍語〉では見えてこない〈現実〉を提示する言葉がこの世から消えてしまうのを嘆くはずである。

人類の文化そのものが貧しくなると思うはずである。

少なくとも、日本語をよく知っている私たちは、かれらがそう思うべきだと思うべきである。

この先、〈叡智を求める人〉で英語に吸収されてしまう人が増えていくのはどうにも止めることはできない。大きな歴史の流れを変えるのは、フランスの例を見てもわかるように、国を挙げてもできることではない。だが、日本語を読むたびに、そのような人の魂が引き裂かれ、日本語に戻っていきたいという思いにかられる日本語であり続けること、かれらがついにこらえきれずに現に日本語へと戻っていく日本語であり続けること、さらには日本語を〈母語〉としない人でも読み書きしたくなる日本語であり続けること、つまり、英語の世紀の中で、日本語で読み書きすることの意味を根源から問い、その問いを問いつつも、日本語で読み書きすることの意味のそのままの証しとなるような日本語であり続けること――そのような日本語であり続ける運命を、今ならまだ選び直すことができる。

私たちが知っていた日本の文学とはこんなものではなかった、私たちが知っていた日本語とはこんなものではなかった。そう信じている人が、少数でも存在している今ならまだ選び直すことができる。選び直すことが、日本語という幸運な歴史を辿《たど》った言葉に対する義務であるだけでなく、人類の未来に対する義務だと思えば、なおさら選び直すことができる。

それでも、もし、日本語が「亡びる」運命にあるとすれば、私たちにできることは、その過程を正視することしかない。

自分が死にゆくのを正視できるのが、人間の精神の証しであるように。

（水村美苗「日本語が亡びるとき――英語の世紀の中で」）

（注）福田恆存　……………　一九一二年～一九九四年。評論家、翻訳家。

大図書館　……………　筆者の造語。インターネットを通じて世界のすべての書物にアクセスできるという究極の〈図書館〉。

ロングテール現象　…　インターネットを使った商品販売で、単独では多くの販売量を期待できない商品であっても多品種を少量ずつ販売することで収益を上げられるという現象。

(1) 二重傍線部①・②のカタカナ部分と同じ漢字を用いる熟語を一つずつ選び、番号で答えよ。

① ショサイ

1　マラソン大会をシュサイする。
2　岩をフンサイする。
3　新聞にケイサイされる。
4　セイサイを加える。
5　精進ケッサイする。

② イカン

1　法規にイハンする。
2　イシツブツを探す。
3　イジンの伝記を読む。
4　審査員の前でイシュクする。
5　事件のケイイを説明する。

(2) 傍線部A「日本の国語教育はまずは日本近代文学を読み継がせるのに主眼を置くべきである」とあるが、

その理由として筆者が言及していないものを一つ選び、番号で答えよ。
1　日本近代文学は、規範性をもった出版語が定まったときの文章であり、これを大切にすることで、〈読まれるべき言葉〉を読み継ぐことが可能になるから。
2　古い日本語にも目を向け、さらなる日本語の可能性をさぐりながら発展してきた日本近代文学を読む習慣をつければ、近代以前の日本語へも通じることができるから。
3　日本近代文学が生まれたときは、気概や才能のある人たちが文学を書いていたときであり、これを読むことによってその人たちの精神と繋がることができるから。
4　あらゆる日本文化の枠としての日本近代文学を読めば、口語で書かれた現代の文章が安易であるとわかり、全ての人にとって古典を読む必要性があることが実感できるから。
5　日本近代文学の優れた文章を子供のころに読んでいれば、英語が重視される現代でも、いずれ戻っていきたくなる言葉の拠り所としての日本語ができるから。

(3)　傍線部B「以前一葉の『現代語訳』――それも大人に向けての『現代語訳』を頼まれたことがあるが、とんでもない話である」とあるが、それは筆者のどのような考えによるものか。その説明として最も適当なものを一つ選び、番号で答えよ。
1　一葉の文章は簡潔であるため、あえて現代語訳する必要はなく、文語体でも国民国家に生きた近代人としての精神がそのまま大人の心に響く、という考え。
2　一葉の文章は、文語体でありつつも口語体と同じ気韻やリズムをもっており、国民国家に生きた女性としての生き方が現代の大人の心に素直に伝わる、という考え。
3　一葉は、我々と同じように国民国家に生きた近代人であり、天の恩寵のような文語体の原文なら、誰もがその精神を読み解くことは容易である、という考え。

4　国民国家に生きた近代人である一葉の精神は、作品を原文で読み、気韻やリズムを感じ取ることによってのみ、そのまま体感することができる、という考え。

5　現代語訳してしまうと、うすぼんやりとしかわからない文語体に慣れる努力や、文語体で書かれた精神を読み解くための努力をしなくなってしまう、という考え。

(4)　傍線部C「彼等は古典とのつながりを最小限度に保つてゐる」とは、どのようなことか。その説明として最も適当なものを一つ選び、番号で答えよ。

1　大衆も専門家も同じ言語感覚、文字感覚をもっていることにより、大衆が古典を背景とした作品を十分に楽しむこともできるということ。

2　同時代の作品を楽しむために、大衆が古典のもつ言語感覚、文字感覚との接触を最小限度に控え、生きた日本語を大切にしているということ。

3　専門家と同じように古典を研究し味わえるほど、大衆も古典をひたしている言語文字と同じもの、同じ感覚にひたされているということ。

4　大衆が難しい漢語の続出する近松や馬琴を読むために、専門家と同じように古典のもつ言語感覚、文字感覚の中で常に生きているということ。

5　専門家と同じ言語感覚や文字感覚をもつように不断の努力をしていることにより、大衆が専門家と同じように日本語を生かしているということ。

(5)　傍線部D「国民がその〈国語〉とどう向き合うかでもって、この先、酷いほど明暗を分ける」とは、どのようなことか。その説明として最も適当なものを一つ選び、番号で答えよ。

1　国民が文学を読めば新たな文学がさらに生まれてくるが、読まなければ作者も文学を作り出す意欲がなくなり、日本語も気概がないものとなり下がってしまうということ。
2　国民が文学を読めば文学の意味が生起され続けるが、読まなければ文学の意味が生起されなくなり、日本語は〈叡智を求める人〉が用いない現地語になり下がってしまうということ。
3　国民が文学に誠実に向き合えば国語は現地語として残り続けるが、いい加減な態度で向き合えば言葉は植民地化されて、国語がなくなってしまうということ。
4　国民が国語に誠実に向き合えば文学も読まれ続けるが、いい加減な態度で向き合えば文学も読まれなくなってしまい、文学は図書館にすら存在しなくなってしまうということ。
5　国民が国語に誠実に向き合えば文学も生まれ続けるが、いい加減な態度で向き合えば新たな文学が生まれなくなってしまい、五十年後、百年後に全てが古典になってしまうということ。

(6)　本文の内容と合致するものとして最も適当なものを一つ選び、番号で答えよ。
1　文化とは、次の世代の専門家が古典を読み継ぐことができることであり、そのためには、規範性をもった書き言葉が用いられ、人々の話し言葉が安定する必要がある。
2　日本の国語教育では、文章の詳しい意味は分からなくても、日本近代文学をひたすら読ませて、その気韻やリズムを身体全体で感じ取らせるべきである。
3　古典文学を現代の人が読むことで、古い言葉と新しい言葉が融合し、日本語が生きたものになり、その生きた日本語を使用する運命を選び直すことは、人類の未来に対する我々の義務である。
4　たとえ図書館に置いてあっても、人々に読まれなくなった作品は文学作品であるとは言えず、むしろ、巷に流通している文章の方が、文学作品であると言える。

5　この先、英語が世界的に主流となり、各国の母語は現地語となってしまうが、どの言語も尊いものであるので、世界中の人々は母語が現地語になることを阻止するべきである。

（☆☆☆◎◎◎）

【二】次の文章は、有川浩の「明日の子供たち」の一部である。児童養護施設で働く三田村慎平は、入所している高校生奏子《かなこ》が自分だけに距離を置いていることに悩んでいた。以下は、三田村が奏子と直接話をして関係を修復しようとする場面である。これを読んで、後の問いに答えよ。

屋上に続く階段へ向かうと、果たして低い話し声が聞こえてきた。久志《ひさし》と奏子の声だ。

踊り場の下でしばらく立ち尽くした。決意と弱気がせめぎ合う。二人が何を話しているのか、遠くて聞き取れない声に聞き耳を立ててしまう。

——いいから踏み出せ！

心で叫んだ言葉の終《しま》いが強い息になって漏れた。

二人を見上げる踊り場に、それこそ躍り出る。

二人は階段のてっぺんに並んで座っていて、久志が先にこちらを向いた。一瞬その目を意外そうにしばたたき、それから眼差しが笑みを含む。

奏子は遅れてこちらに目を向け、三田村を認めた途端に眼差しが①険を含んだ。——怯むな。

「カナちゃん。俺、話したいことがあるんだけど」

「何ですか？」

「多分、俺、カナちゃんと行き違っちゃってるよね」

「気のせいじゃないですか？」

奏子が立ち上がって階段を下りようとしたその前に、両手を広げて立ち塞がる。

「気のせいじゃないよね。ちゃんと話そうよ」

奏子は鬱陶しそうに溜息をついた。その溜息の音色に心がくじかれる。

だが、三田村は広げた両手を下ろさなかった。

「ちゃんと話したいんだ」

「何を？」

「どうして俺がカナちゃんに壁作られちゃってるか」

奏子は面倒くさそうに三田村から目を外した。

「いいじゃないですか、別に。百人以上も人がいるのに全員と仲良くなれるわけないでしょ。大人なんだから割り切りましょうよ」

「俺はカナちゃんを割り切りたくないんだ」

「何で？」

「俺はカナちゃんの副担当だから」

はあ？　と盛大に苛立つ声と共に、奏子の視線がこちらを向いた。怒りの籠《こ》もった眼差しに貫かれて、却って気持ちが奮い立った。

気のせいですよ、と素っ気なく逃げられるよりマシだ。お愛想の笑顔でお行儀よく三田村先生と呼ばれるよりも。

率直に苛立ちをぶつけてくる今だけは、壁は取り払われている。

「慎平ちゃん、ガンバー」

からかうような声かけに、奏子がキッと久志を睨みつけた。「茶化さないで！」と、――だが、久志の気軽そうな声は三田村にとっては心強い声援だ。

「俺がカナちゃんの副担当じゃなかったら、諦めるよ。子供たち全員に好かれる自信なんかないし。でも、俺は副担当だから。いざというときは俺が和泉先生の代わりにならなきゃいけないから」

「和泉ちゃんの代わりになれるなんてうぬぼれないで！」

「代わりになれるなんて思ってないよ、でも代理は務めなくちゃいけないから」

懸命に奏子の苛立ち混じりの視線を受け止める。

「ほんとに合わないんだったら、配置換えとか考えてもらわなきゃいけないし」

現実的な提案に、奏子は少したじろいだようだ。そのたじろいだ隙に切り込む。

「カナちゃんにとってここは生活の場所だろ。それなら、嫌いな人は一人でも少ないほうが気分良く暮らせるだろ」

（注）十七歳の高校生が言ったことをそのまま真似っこだ。だが、なりふり構っていられない。奏子に届きそうな言葉なら何でも借りなくては。

「それに、俺はカナちゃんと仲良くなりたいんだ」

「けっこうです」

返す刀でばっさりだ。だが、A<u>奏子が苛立つにつれて話は核心に迫っている。</u>

「わたし、別に仲良くなりたくないから」

「何で?」

「B偽善者は嫌いなの」

偽善者という言葉はもちろん知っている。だが、その言葉が自分に向けられたことなど今までない。そういう意味で、自分はこの言葉を知らなかったのだと思った。

自分に向かって投げつけられたら、どれほど気持ちをえぐり取られる言葉なのか、今まで全く知らなかった。えぐり取られて、気持ちの背骨が軋《きし》んだ。――どうして、こんなこと言われなきゃならないんだ。いくら相手が施設のかわいそうな子供でも、こんなことまで言われる筋合いは、

「……偽善者って、どういう意味」

呻《うめ》くように押し出した言葉は、自分で思っていた以上に音階が低かった。Cその低さが自分の堰《せき》を切りそうになる。

奏子の挑みかかるような表情はそれを待ち受けている。その凶暴な顔つきが誘う。荒れ狂った三田村の気持ちに、そのまま堰を切れと――

「どうしたの!」

鋭くその場の空気を打ったのは、和泉の声だった。

振り向くと、階段を駆け上がってきた和泉が息を切らしてこちらを見上げている。眼差しは厳しい。

凶暴に誘っていた奏子の表情が明らかに怯んだ。どうして、と呟く形に唇が動いた。どうして和泉ちゃんがここに。

まるで答えるようなタイミングで、今度は久志の能天気な声だ。

「俺、俺。今呼んだ」

手に持ってひらひら振るのは携帯だ。どうやらメールを打ったらしい。

「カナと慎平ちゃんが激突中って」

「ヒサちゃん！」

奏子が久志に食ってかかる。

「どっちの味方なの⁉」

久志はヘラヘラ笑っているだけだったが、三田村には分かる。――カナちゃん。ヒサは絶対的にカナちゃんの味方だよ。ただし、最終的に。

D奏子が今後息苦しくならないために、今食ってかかられることもヘラヘラヒラヒラかわしてのける。

「三田村先生、どういうことなの」

和泉が階段の二段下から三田村の袖を摑《つか》んだ。

きつく摑んで引く重みが、まるで錨のようだった。

この揺るがない声が言った。

子供たちは、試しているのだ。甘えたり反発したり、いろんな手札を切りながら、大人がどう出るかを観察している。

敵か味方か見極めようとしている。

そして、同じ声がこうも言った。――揺らがないようにね。

三田村の袖を摑んだ和泉の手が、様子を窺いながら離れていこうとする。

Eその手を引き止めるように、摑んだ。完全に無意識だった。手の中に温《ぬく》みが生じたことと、その温みが驚いたように強ばったことで、自分が手を取ったと気づいた。

和泉は身じろぎはしたが、手を引かなかった。それに甘える。

お願いします、力を貸してください。

俺が揺らがないでいられるように、錨のようなこの手を貸してください。

「偽善者って、どういう意味」

同じ言葉を繰り出したのに、音階は全然違った。フラットに。フラットにフラットにフラットに――どうして彼女がその言葉を使ったのかを探り出せ。

「そのまんまの意味だよ」

「どうして、俺を偽善者だと思ったの」

奏子はぷいと横を向いた。だが、振り落とされるものか。

「教えてよ。本当に分かんないんだ。どうしてカナちゃんにそう思われちゃったのか分かんないんだ。だから教えてほしいんだ」

奏子は答えない。だが、堰を切らせようと誘う凶暴さはもう失せた。

「俺なりに、子供たちの支えになりたいと思って施設で働こうと思ったんだ。俺は、カナちゃんのことも支えたいよ」

「先生の自己満足に付き合う義理ないから！」

一方的な②弾劾にまたしても気持ちが揺らぐ。「自己満足」。偽善者よりは「知っている」言葉だが、やはり自分に投げつけられるとえぐられる。

摑んでいた和泉の手を、すがるように握りしめた。

「何で俺のこと自己満足だって決めつけられるの」

「動機が薄っぺらいじゃない、ドキュメンタリー観たからなんて」

テレビに影響されて、というのは言われてみれば確かに薄っぺらさを免れないように思われて怯む。だが、

「テレビで施設を観たのがきっかけって先生は他にもいるよ」

援護射撃は和泉から来た。

「荒木先生だって、高橋先生だってそうだよ」

二人とも三十代半ばの男性で、和泉よりキャリアの長い職員だ。

「荒木先生と高橋先生も薄っぺらいの？」

「そうじゃないけど……」

奏子がふて腐れたように横を向く。

「どこが違うの」

思わず一歩を踏み出した。同じ男性の先輩職員と自分とで、奏子が一体何を分けたのか。それが知りたい。

「他の先生は、わたしたちのことかわいそうな子供なんて言わない！」

叩きつけるような声に、自分の言葉が一気に巻き戻った。


（有川浩「明日の子供たち」）

（注）十七歳の高校生……久志のこと。久志が三田村にこの場面以前に「ここは俺たちにとって家じゃないけど、生活の場所だからさ。嫌いな人は一人でも少ないほうが気分良く暮らせるでしょ」と言っていた。

(1) 二重傍線部①・②の本文中の意味として最も適当なものを一つずつ選び、番号で答えよ。

① 険

1 もどかしさ
2 よそよそしさ
3 とげとげしさ
4 苦々しさ
5 気むずかしさ

② 弾劾

1 非を鳴らし責任を追及すること
2 話し合いを進めること
3 裁判で罪をあばくこと
4 自分たちで処罰すること
5 感情的に傷つけようとすること

(2) 傍線部A「奏子が苛立つにつれて話は核心に迫っている」とあるが、このときの状況として最も適当なものを一つ選び、番号で答えよ。

1 三田村の言動に奏子が違和感を感じ、距離を置こうと考え始めている。
2 奏子が隠し続けてきた、毎日の習慣である屋上での久志との密会が明らかになりつつある。
3 三田村が副担当を辞めたがっていることに、奏子が気付き始めている。
4 奏子が今まではっきりと表さなかった怒りの中身を、三田村にぶつけ始めている。

5　奏子が三田村を施設から追い出そうと画策し、言葉で激しく攻撃し始めている。

(3)　傍線部B「偽善者」とあるが、奏子がそう言った理由として最も適当なものを一つ選び、番号で答えよ。

1　階段で久志と会話していたのを三田村が盗み聞きしていたので、それまでの彼の誠実な態度が信じられなくなったから。

2　三田村が、副担当だという責任感を口に出して押しつけがましく世話を焼こうとしているから。

3　三田村の自分たちへの思いは、施設で暮らす子供たちに対しての哀れみからきているものだと感じていたから。

4　三田村が、施設の子供たち全員に好かれようとして、自分を偽って子供たちと接しているから。

5　自分に対して三田村の方が壁を作っているのに、まるで奏子の方が悪いような態度をとっているから。

(4)　傍線部C「その低さが自分の堰を切りそうになる」とあるが、このときの三田村の状態として最も適当なものを一つ選び、番号で答えよ。

1　思わず発した声の低さから、自分が思っている以上に追い詰められていることに気付かされ、奏子に対して感じた憤りややるせなさを吐き出してしまいそうな状態。

2　呻くように絞り出した自分の声の低さにより、ただでさえ奏子の言葉で傷ついた上にさらに悲しみが膨れ上がり、泣き出してしまいそうな状態。

3　自分の予想以上に押し殺した声が出たことで、奏子と久志が部屋を抜け出して会っていたことに対しての怒りが抑えられず、怒鳴ってしまいそうな状態。

4　自分が偽善者であったことを奏子に見抜かれた恥ずかしさから低く小さな声になってしまい、その声を発したことがさらに恥ずかしさを際立たせ、いたたまれない状態。

5　奏子の態度に耐えきれずやっとのことで出した声が低くなってしまい、その声がさらに自分の感情を高ぶらせ大きな声を出してこの場から逃げ出したい状態。

(5)　傍線部D「奏子が今後息苦しくならないために、今食ってかかられることもヘラヘラヒラヒラかわしてのける」とあるが、三田村が考える久志の意図として、最も適当なものを一つ選び、番号で答えよ。

1　奏子と三田村を仲直りさせるために、自分がまず三田村の味方になろうとしている。
2　奏子が持病を悪化させて息苦しくならないように、奏子の心を落ち着かせようとしている。
3　奏子が和泉と三田村の狭間に立って悩むことがないように、話をあいまいにしようとしている。
4　奏子から和泉と三田村を守るために、自分が奏子の怒りの矛先になろうとしている。
5　奏子が三田村との関係を悪化させることがないように、その場を茶化して状況を変えようとしている。

(6)　傍線部E「その手を引き止めるように、摑んだ」とあるが、このときの三田村の心情として最も適当なものを一つ選び、番号で答えよ。

1　奏子や久志たち施設の子供のことをかわいそうに思い、愛情をもって支え続けることができるよう、優しくて温和な和泉の力を借りたい、という心情。
2　自分になついてくる子供たちと仲良くなり、味方になって一生付き合い続けることができるよう、真摯に子供たちと向き合う和泉の力を借りたい、という心情。
3　子供たちが反発してきても指導者としての態度は変えず、威厳をもって子供たちの前に立ちはだかることができるよう、冷厳な和泉の力を借りたい、という心情。
4　子供たちに敵か味方かと試されても、それに左右されず向き合うことができるよう、揺るぎなく子供たちと接する和泉の力を借りたい、という心情。

5　奏子に偽善者と思われてしまっても、そのまま子供たちに接し続けることができるよう、一本気に子供たちと向き合う和泉の力を借りたい、という心情。

【三】次のそれぞれの問いに答えよ。（☆☆☆◎◎◎）

(1)　次の中から、傍線部に誤っている漢字の使い方を含むものを一つ選び、番号で答えよ。

1
- 舞台の衣装。
- 異称で呼ぶ。
- 偉匠を凝らす。

2
- 社長の歓心を買う。
- 寒心に堪えない。
- 本に関心を示す。

3
- 勝負に成算がある。
- 借金を清算した。
- 運賃を精算した。

4
- 季刊雑誌を発行する。
- 基幹産業を振興する。
- 人の行動の亀鑑となる

5
- 債務を償還する。
- 大使を召還する。
- 証人を召喚する。

(2)　次の熟語の組合わせのうち、対義語の関係でないものを一つ選び、番号で答えよ。

1　普遍―特殊　2　恬淡―貪欲　3　演繹―帰納　4　原因―動機　5　婉曲―露骨

(3)　次の中から、読み方(現代仮名遣い)がすべて正しいものを一つ選び、番号で答えよ。

1　狩衣(かりぎぬ)　直衣(なおえ)　烏帽子(えぼし)

2　長押(なごし)　半蔀(はじとみ)　簀子(すのこ)

3　円座(わろうだ)　唐櫃(からびつ)　几帳(きちょう)

4　蹴鞠(とまり)　方違(かたたがえ)　牛車(ぎっしゃ)

5　安房(あわ)　美作(うまさか)　陸奥(むつ)

(4)　次に示した四字熟語を、後の漢字を補って完成させるとき、すべての文字を使う組合わせを一つ選び、番号で答えよ。

信□必罰　暖衣□食　二□背反　偕□同穴

換骨□胎　気□奄々　虚心坦□　一□半解

古色□然　才色兼□　周□狼狽

1　老　唱　蒼

2　知　飽　息

3　律　令　賞

4　懐　地　章

5　楼　備　奪

(5)　次に示した文のうち、敬語表現が正しく使われているものを一つ選び、番号で答えよ。

1　先生に差し上げたお手紙を拝見していただきたく存じます。

2　私は、弟が父におっしゃっていることは、ある意味正しいと思う。

3 さすが大家《たいか》の作品だけあって、私がご覧になっても感動する。
4 先生が今日お召しになっているお着物は、京都の有名な呉服屋が仕立てたものとうかがいました。
5 愛知県にうかがった際には、ぜひとも我が家にお越しになられますようお願い申し上げます。

(6) 次の中から、傍線部の単語に違う品詞を含むものを一つ選び、番号で答えよ。

1
東京および大阪は日本の代表都市だ。
ところで、君はこれからどうする。
よき夫であり、またよき父である。

2
この種のものは、すぐだめになる。
車のほうが便利なら、利用してもよい。
身近な問題から考えてみよう。

3
彼は立派な人だ。
これはおかしな事件だ。
私にとってたいした問題ではない。

4 宿題をすっかり忘れていた。
わたしにはたくさん友達がいる。
彼女はぴったり着地した。

5 急に音がしたので、びっくりした。
なんてきれいな星空かしら。
飛行機より新幹線で行く方がよい。

(7) 次に示したことわざ・慣用句が、類似した意味の組合せではないものを一つ選び、番号で答えよ。

1 枯れ木も山の賑わい――無用の長物
2 穴の狢《むじな》を値段する――沖な物あて
3 雨垂れ石を穿《うが》つ――愚公山を移す
4 賽《さい》は投げられた――乾坤一擲
5 死中に活を求める――身を捨ててこそ浮かぶ瀬もあれ

(8) 次に示した百人一首の和歌のうち、傍線部が誤っているものを一つ選び、番号で答えよ。

1 わが袖は　潮干に見えぬ　沖の石の　人こそしらね　かわく間もなし
2 住の江の　岸に寄る波　よるさへや　雲の通ひ路　人目よくらむ
3 これやこの　行くも帰るも　別れては　知るも知らぬも　あふ坂の関
4 心あてに　折らばや折らむ　初霜の　置きまどはせる　白菊の花
5 長からむ　心もしらず　黒髪の　乱れて今朝は　物をこそ思へ

(9)　次に示した作品を成立した年代が早いものから順に並べたとき、三番目になるものを選び、番号で答えよ。

1　十六夜日記　2　嵯峨日記　3　蜻蛉日記　4　更級日記　5　土佐日記

(10)　次に示した話し合い・発表形態の名称と説明の組合せのうち、誤っているものを一つ選び、番号で答えよ。

1　ディベート
　肯定側と否定側に分かれてルールに従って論じ合い、最後にフロア(聴衆)が勝敗を決める。

2　ポスターセッション
　あるテーマについて調べたことなどを掲示物にまとめ、その掲示物を使って発表し、聞く側と交流する。

3　バズセッション
　一つのテーマに対し、三つ以上の異なる立場のグループで話し合った後、グループの代表者が討論する。

4　プレゼンテーション
　調査結果や自分の考えを、資料や機器を使って提案し、聞き手の理解や同意を得る。

5　シンポジウム
　異なる立場の専門家が発表者として意見を述べ、フロア(聴衆)が質問をしながら考えを深めていく。

(☆☆☆◎◎◎)

【四】次の文章は、「建礼門院右京大夫集」の一部で、宮中に女房として仕える作者が源通宗《みなもとのみちむね》と他愛もない議論をする場面である。これを読んで、後の問いに答えよ。

通宗（注）の宰相中将の、常に参りて、女官（注）など尋ぬるも、遥かに、えしもふと参らず。常に「女房に見参《げざん》せまほしき、ア いかがすべき」と言はれしかば、この御簾の前にて、うちしはぶかせたまはば、聞き付けむずるＡよし申せば、「まことしからず（注）」と言は①るれば、「ただここもとに立ち去らで、夜昼候ふぞ」と言ひてのち、「露もまだ干ぬほどに参りて、立たれにけり」と聞けば、召次《めしつぎ》（注）②して、「いづくへも追ひ付け」とて、走らかす。

Ｂ荻の葉にあらぬ身なれば音もせで見るをも見ぬと思ふなるべし

久我（注）へいかれにけるを、やがて尋ねて、文はさしおきて帰りけるに、侍《さぶらひ》して追はせければ、「あなかしこ、返し取るな」と教へたれば、「鳥羽殿（注）の南の門まで追ひければ、むばら（注）、からたちにかかりて藪に逃げて、力車のありけるにまぎれぬる」と言へば、「よし」とてありしのち、「さる文見ず」とあらがひ、また「参りたりしかど、イ 人もなき御簾の内は、しるかりしかば、立ちにき」と言へば、また「はたらかで見しかど、あまり物騒がしくこそ立ちたまひに③しか」、など言ひしろひ④つつ、五節のほどにもなりぬ。

（『建礼門院右京大夫集』）

（注）通宗……………土御門内大臣通親《みちちか》の嫡男、源通宗。
女官………………ここでは女房の下で働く身分の低い女性。
まことしからず……本当とは思えない。
召次………………雑用をつとめる者。

久我　……………………　土御門家の別荘があった場所。
鳥羽殿　………………　鳥羽離宮。
むばら　………………　いばら。
力車　…………………　重い物を運ぶ車。

(1) 波線部ア・イの意味として最も適当なものを一つずつ選び、番号で答えよ。
ア　いかがすべき
1　なんとかして女房のいるところへ行きたい
2　どうして女房に会いたいと言うのだろうか
3　女房とはどれぐらいの間会っていないだろうか
4　どうしたら女房にお目にかかれるだろうか
5　女房のことをどのように考えているのだろうか
イ　人もなき御簾の内は、しるかりしかば
1　御簾の内には誰もいないのがはっきりしていたので
2　御簾の内に誰も人はおらず、しかも明るすぎたので
3　誰もいない御簾の内はひっそりと印象深かったので
4　男性が御簾の内側の世界に入ることはできないので
5　周囲の人々は御簾の内側に入ることを遠慮したので
(2) 傍線部A「よし」の内容として最も適当なものを一つ選び、番号で答えよ。

1　あなたが御簾の前で咳払いをしてくだされば、私が聞き付けます。
2　帝が御簾の前で咳払いして合図しますから、気付いてください。
3　あなたが御簾の前で咳払いをしたので、私はすぐに気が付いた。
4　私が御簾の前にいるときに咳払いすれば、きっと気付くでしょう。
5　御簾の前で示し合わせて一緒に咳払いをして、気付いてもらおう。

(3)　傍線部B「荻の葉にあらぬ身なれば音もせで」の解釈として最も適当なものを一つ選び、番号で答えよ。
1　荻の葉なら風に吹かれて音を立てるだろうが、私は荻の葉ではないので音を立てないで
2　宮中の代表的な植物である荻の葉と私は全く似ていないので、恋の評判など立たないが
3　すぐに枯れてしまった荻の葉と同じように、私たちの関係は長く続かず終わってしまい
4　私は荻の葉ではないのであなたのために何もしてあげられず、その後は噂も聞かないで
5　荻の葉なら想われ人になれただろうが、実際にあなたを慕って泣く声も立てられず

(4)　二重傍線部①②③④の文法的な説明として正しいものを一つ選び、番号で答えよ。
1　①は助動詞「る」の已然形で、受身の意を表す。
2　②は接続助詞で、「～に命じて」など使役の対象を表す。
3　③は助動詞「き」の已然形で、過去の意を表す。
4　④は接続助詞で、「～しては」など逆接の意を表す。

(5)　本文の内容と合致しないものを一つ選び、番号で答えよ。
1　作者は通宗に対し「自分は朝から晩まで伺候している」と言ったが、言葉通りにすることはできなかった。

2　「通宗様は涙も乾かぬうちに帰ってしまった」と聞き、作者は慌てて使いを出した。
3　通宗が別荘のある久我に出かけたところ、作者から「荻の葉に～」の歌が贈られてきた。
4　召次は、返事を受け取らずに帰ってきたので、作者からお褒めの言葉をいただいた。
5　通宗は、作者からの使いとして来た召次の後を侍に追わせたが、追いつくことはできなかった。

（☆☆☆◎◎◎）

【五】次の文章を読んで、後の問いに答えよ。（一部本文の表記を改め、訓点を省いたところがある。）

後漢ノ(注)毛義字ハ少節、(注)盧江ノ人ナリ。A家貧以孝行称。(注)南陽ノ(注)張奉慕ヒ二其ノ名ヲ一、往キテ候《うかがフ》レ之ヲ。坐定マリテ而(注)府《ふ》檄《げき》ア適至リ、以テレ義ヲ為ス二守(注)令ト一。義奉ジテレ檄ヲ而入リ、喜ビ動ク二顔色ニ一。奉者志尚ノ士也。心ニ賤シミレ之ヲ、イ自恨ミレ来タレルヲ、固辞シテ而去ル。及ビ二義ノ母死スルニ一、去リテレ官ヲ行ナフレ服ヲ。ウ数辟《め》サレテ二(注)公府ニ一為ラントスルモ二県令ト一、B進退必ズ以テスレ礼ヲ。後、挙ゲラレ二(注)賢良ニ一、(注)公車ニ徴《め》サルルモ不レ至ラ。張奉嘆ジテ曰ク、「C賢者固ヨリ不レ可カラレ測ル。往日之喜ビハ、乃チ為ニレ親ノ屈セシナリ。所謂家貧親老ユレバ、不シテレ択バレ官ヲ而仕フル者也ト。」

（「蒙求」）

(注)　毛義　……　人名。
廬江　……　地名。
南陽　……　地名。
張奉　……　人名。
府檄　……　郡役所からの公文書。ここでは、辞令。
守令　……　郡守と県令。
公府　……　郡の役所。
挙賢良　…　漢の時代の官吏登用法の一つで、地方長官から天子に対して徳の優れた者を推挙する。ここでは、毛義が推挙されたということ。
公車　……　漢代の官署名。

(1) 波線部ア〜ウの読みとして正しい組合せを一つ選び、番号で答えよ。
1　ア　かなひて　イ　おのづから　ウ　しばしば
2　ア　かなひて　イ　より　ウ　しばしば
3　ア　たまたま　イ　より　ウ　にはかに
4　ア　たまたま　イ　みづから　ウ　にはかに
5　ア　たまたま　イ　みづから　ウ　しばしば

(2) 傍線部A「家貧以孝行称。」の書き下し文として最も適当なものを一つ選び、番号で答えよ。
1　家は孝行を称ふるを以てするに貧し。

2　家貧は孝行を称ふるを以てす。
3　家貧にして孝行を以て称せらる。
4　家貧なれば以て孝行と称せしむ。
5　家貧なるを以て孝行するを称す。

(3)　傍線部B「進退必以礼。後、挙賢良、公車徴不至。」とはどういうことか、その説明として最も適当なものを一つ選び、番号で答えよ。
1　身の処し方は、必ず天子への礼愛をもとに行い、地方長官からの信頼を得て、官を選ばず奉仕した。
2　身の処し方は、必ず礼儀と節度を重んじ、任官の求めに応じることはなかった。
3　身の処し方は、必ず礼儀と節約を守り、地方官として得た俸禄を浪費することがなかった。
4　身の処し方は、必ず張奉への礼儀をわきまえ、高位高官を目指して張奉の信頼を回復した。
5　身の処し方は、必ず亡き母の墓に礼拝した後に定め、母を弔うために名利名声を求めた。

(4)　傍線部C「賢者固不可測。」とあるが、張奉はどのような思いでいるのか、最も適当なものを一つ選び、番号で答えよ。
1　自分が就きたかった守令職を奪って喜ぶ毛義に嫉妬していたが、官職を歴任する毛義の計り知れない才能にはかなわないと感じ、出世も親孝行もできない自分の無力さに、落胆している。
2　地方官に任命されて喜ぶ毛義の姿を目の当たりにして軽蔑していたが、実は毛義は自分の信念を曲げてでも老いた母親のために孝を尽くそうとしていたということがわかり、感心している。
3　評判が高かった毛義が、貧しさを理由にして地方長官からの任官の誘いに従ってしまい、名利名声だけを追い求めるようになってしまったという、賢者の心変わりを嘆いている。

4　貧しい生活を送っていた毛義を不憫に思い、援助を申し出たが、それを固く断ってまでも、親の教えに従って出仕し、僅かな俸禄で天子に忠節を尽くすことを喜ぶ、毛義の姿に驚嘆している。

5　自分は志が高く、地方官の職には興味はなかったが、家が貧しく親が高齢ならば、官を選ばず仕えるべきだと諭す毛義の賢者としての思慮深さに、畏敬の念を抱いている。

（☆☆☆◎◎◎）

【教科専門Ⅱ】

【一】次の文章を読んで、後の問いに答えよ。なお、この文章の初出は一九七六年である。

先進工業社会における一般的傾向は、およそ次のように要約することができるだろう。生活の面では、第一に、都市化と、それに伴う生活環境の相互に隔離された細分化ということがある。地域共同体の幅の広い人間関係がそこで崩れる。都会に秋が来ても、隣が何をする人かは問題でなくなる。第二に、大量生産と組織化に伴って、いわゆる「組織人」が、A嘗ての生産者としての職人を圧倒し去る。人格と仕事との結びつきは弱まる。大きな機械の歯車の一つとしては有能な人物が、その機械の外では、無能で①グレツになるだろう。彼の能力は、限られた特殊な空間においてのみ発揮され得るからである。第一と第二の傾向は、かくして相互に他を強め合う。職場と家庭との間を往復する「組織人」は、それぞれ、現実の特殊な局面に接し、他の局面に接する機会をほとんど全くもたない。しかもそういう状況を、第三に、消費生活の規格化・被操作性がつつむ。広告が誰にも共通の欲望を作り、大量生産工場がその欲望をみたす商品を作る。消費社会は急速に個性的でなくなる。現状適応主義conformismeは、生活様式の全体に及ぶだろう。もちろんこのような特徴のすべては、歴史的文化のちがいにより、また政治的体制と社会組織のちがいにより、日本、ソ連、ヨーロッパ、北アメリカなどの異《ことな》る社会では、それぞれ異るあらわれ方をする。しかしここでは、先進工業国一般に著しい共通の傾向に注目するのである。

B生活の面での特徴は、また知識の面での特定の傾向にも、反映している。後者の基本的な傾向は、情報量の増大――情報量の増大と情報量の増大する速さの増大――である。その原因として(科学技術の進歩)、またその結果として(一人の人間の情報処理の限界)、第一に、知識の専門化ということがある。もはやたとえば「名医」という者はない。科学者としての医者は、内科専門ではありえず、循環器専門であり、さらに進んで循環器のなかの特定の部門、たとえば心臓の電気現象の専門家である。もちはもち屋であるばかりでなく、［ア］知識の対象領域の細分化は、まさに生活の面での細分化された現実との接触ということに重なるだろう。第二に、専門化された知識は、現実の問題を処理するために、それだけでは役立たず、他の専門化された知識と組み合《あわ》せられなければならない。したがって情報量の増大という面からも、あらゆる種類の組織の必要が生じる。専門家集団の組織(行政機関、大規模の技術的に洗煉《せんれん》された工業、多部門企業など)は増加し、巨大化する傾向があり、知識の専門家は、同時に「組織人」となる。第三に、学校教育のつめこみ主義が生じる。それぞれの専門家が最低限度の常識と考える知識の②ソウワは、一人の生徒や学生が、充分に消化することのできる限度を超える。そこに競争試験という条件(それはどの社会にもある)がくわわると、学校は断片的な多量の知識を暗記し、操作する知的な軽業の訓練場となるだろう。みずからものを考える能力は、そこで殺がれるか、少《すく》なくともそこでは培われない。断片的な知識が豊かで、考える能力の弱い人間の型は、現状適応主義に傾く。しかもその傾向を、大衆報道機関、殊にTVが助長するだろう。細分化された知識は、現実の全体像をあたえない。しかるに部分を意味づけるためには何らかの全体像、または一般的な枠組を必要とするから、みずから全体像を意識的に作りえない(みずから考えない)人々は、事実上、大衆報道機関の提供する全体像をそのまま受けとることになる。
かくして高度の工業技術社会は、その成員に、生活環境の変化を通じても、情報量の増大を通じても、細分化された現実との接触を強制し、現実の全体像に関しては現状適応主義を必然的にするだろう。このような背景のもとに成りたっている文化の体系には、ある程度までの自律性がある。しかしその全体は、保守的な政治的役割を果《はた》すのであり、社会の権力構造の現状を維持するために役立つのである。たとえば極度に専門化された技術化された文学研究は、その文化の一部である。限られた現実の一局面のみを扱い、現実の全体像に関しては大衆報道機関のそれに適応し、政治的には中立ではなくて、現状維持の側、つまり権力の側に、間接に奉仕する。学者はもちろんその研究の外で、考えることもできるし、行動することもできるだろう。したがって細分化された文学の研究者が、必ずしも政治的に保守的ではない。そうではなくて、Cそのアカデミックな研究が、決して中立ではなく、必然的に保守的な役割を果すのである。

（加藤周一「文学の擁護」）

(1) 二重傍線部①「グレツ」、②「ソウワ」を漢字で答えよ。
(2) ［ア］に入る言葉として適当なものを一つ選び、番号で答えよ。
1　もち屋はもちのみである。
2　もち屋にももちがない。
3　もち屋にもだんごがある。
4　だんご屋にももちがある。
5　もちがあることも知らない。

(3) 傍線部Ａ「嘗ての生産者としての職人」とあるが、生産者としての職人はどのような人物であったと考えられるか、説明せよ。

(4) 傍線部Ｂ「生活の面での特徴は、また知識の面での特定の傾向にも、反映している」とあるが、このことは学校教育においてはどのような傾向として現れるか、説明せよ。

(5) 傍線部Ｃ「そのアカデミックな研究が、決して中立ではなく、必然的に保守的な役割を果す」とあるが、その理由を説明せよ。

(☆☆☆◎◎)

【二】次の文章は原田マハの「生きるぼくら」の一部である。引きこもり生活をしていた二十四歳の麻生人生《あそうじんせい》は、母の失踪をきっかけに父方の祖母を訪れた。人生はそこで、認知症の祖母マーサと父親新多《あらた》の再婚相手の連れ子つぼみとともに、昔ながらの農法での米作りに取り組む。これを読んで、後の問いに答えよ。

稲の開花の一週間後、仕事が終わってから、人生は、ひさしぶりに志乃さんの店に立ち寄った。ばあちゃんとつぼみのどことなく切羽詰まった関係について、相談できる人は、やはり志乃さん以外にはいなかった。相変わらず閑古鳥の鳴く店内のテーブルで向かい合って、志乃さんは人生の話を聞いてくれた。話し終わると、「ふうん。なるほど」と、ひとつため息をついた。

「そりゃあ、いかんね。マーサさんとつぼみちゃんのいまの関係は、がっちがちに緊張してるわ。そのまんまじゃ、マーサさんばっかりじゃなくて、つぼみちゃんもやられちゃうよ」

つぼみは過剰なほど①生真面目な性格で、何事にも妥協を許さない。決して悪いことではないのだが、ばあちゃんに対しても、すべてを厳しく律して妥協しない。このままではお互いに息苦しくて、逃げ場をなくしてしまうだろう。

「Ａ愛情の裏返しなんだろうけどね」と志乃さんは言った。

「つぼみちゃんが、どれほどおばあちゃんのことを大切にしているか、わかるわよ。あの子にしてみれば、たったひとりの肉親なわけだからね……血は繋がってないにしろ」

それは、自分にもわかる。どれほど、つぼみがばあちゃんのことを思っているか。でも、だからこそ、ばあちゃんを必要以上に縛りつけちゃいけないんじゃないか。

「よし。行こうか」とひと言、言って、志乃さんは席を立った。

「え？　どこへですか」人生が訊くと、

「あんたのうちに決まってるでしょ。つぼみちゃんに直接会って、話をするよ。そのほうが早い」

こういうとき、志乃さんはいつも即決なのだった。

ちょっと遅くなる、とメールを送っておいたので、つぼみはばあちゃんにさきに食事をさせていた。志乃さんが一緒であると知って、「わあ、志乃さん、ひさしぶり～」とすなおに喜んでいる。つぼみが志乃さんと会うのは、田植えのあとに草取り指導に来てくれて以来、一ヶ月半ぶりのことだった。

「人生君が、最近の田んぼの様子を報告しに、店に寄ってくれてね。いろいろ話してたら、ひさしぶりにつぼみちゃんにも会いたくなっちゃって」

志乃さんは、ばあちゃんの両手を取って、にこにこ顔で語りかけた。

「マーサさん、おひさしぶり。志乃ですよ。マーサさんの田んぼのお米、花が咲いたってね。もうすぐ、実が入るよ。楽しみね」

　ばあちゃんは、はっとしたように、志乃さんの両手を握り返した。

「お米の花が咲いたの？　私、知らないわ。いつのまに……」

「大丈夫、大丈夫。おばあちゃんは知らなくっても、あたしたちがちゃーんと管理してるから。すくすく、立派に育ってるよ。ほら」

　つぼみが言って、携帯の画面をばあちゃんの目の前に差し出した。そこには、人生が、三日に一度、つぼみと純平に送り続けていた田んぼの写真が映っていた。志乃さんが、脇からのぞきこんだ。

「あら、ほんと。よく育ってる。つぼみちゃん、私にも写メ送ってくれたらいいのに」

「だって、志乃さんはいつでも見にこられるじゃないですか。おばあちゃんは見られないから、写真で見せてあげようかな、って思って」

　まるで自分が撮ったかのように言っている。まあいいか、と人生は、三人を見守った。ばあちゃんは、うるんだ瞳で小さな画面をみつめ、何も言わなかった。

　志乃さんも夕食をともにして、ばあちゃんを早々に寝室に連れていってから、三人で火のない囲炉裏を囲んだ。

「あのね、つぼみちゃん。ひとつ、提案があるんだけど」

　志乃さんが口火を切った。

「週に一度でいい。マーサさんを、デイケアに行かせてあげなさいな」

「デイケア？」つぼみが復唱した。

「デイケアって、高齢者施設に、おばあちゃんを行かせるってこと？」

「そうよ。田端さんが勤めてる青峰寮は、認知症の高齢者向けのデイケアもやってるから、週に一回、一日何時間か、あそこに行かせてあげたらいいわ。送迎もしてくれるし、施設にはいろんな人たちがいて、交流できるから、マーサさんも楽しいはずだよ」

「どうして?」心底わからない、という調子で、つぼみが訊いた。

「おばあちゃんの面倒はあたしがみてるし、田んぼを手伝わなくちゃならないときにはヘルパーの戸川さんが来てくれるよ。おばあちゃんは、なんにも困ってないはずだよ。家にいるのが、おばあちゃんにとっても、いちばん安心なんじゃないの?」

「それは違うよ、つぼみちゃん」

　志乃さんは、きっぱりと言った。

「マーサさんが家にいていちばん安心なのは、マーサさん本人じゃない。あんたでしょ?」

　つぼみは真一文字に口を結んで、志乃さんを見た。その顔から、見る見る血の気が失せる。志乃さんは、続けて言った。

「いまのマーサさんは、まるであんたのお人形さんじゃないの。あんたはマーサさんを家の中に閉じこめて、ひとりでかわいがってる。マーサさんが反抗できないのをいいことに、どこにも行かせず、誰にも会わせず。面倒みてるって言うけど、それってあんたの自己満足のためになんじゃないの?」

　志乃さんの歯に衣着せぬ物言いに、人生まで青くなってしまった。つぼみの表情が完全に固まってしまったのを見て、人生は、思わず口を出した。

「ちょっ……志乃さん、それ別に自己満足とか、そんなんじゃない……」

「あんたは黙ってて」じろりとにらみつけられた。たちまち、人生は小さくなってしまった。今日の志乃さんは、迫力が違う。

「いい？　つぼみちゃん。たとえ認知症になったって、マーサさんにも『自我』ってものがある。あんたは、おばあちゃんを心配するあまり、おばあちゃんの『自我』を――言い換えるなら、おばあちゃん自身の人間としての誇りみたいなもんを、取り上げちゃってるようなもんだよ」

もしも、あんたがおばあちゃんの立場だったら、どう感じる？　志乃さんは、つぼみに問いかけた。

田んぼの様子が気になってるのに、見にいくこともできない。誰かと会って話したくても、誰にも会いに行けない。一日じゅう、家の中に引きこもって、会うのはあんたと人生君だけ。どう？　それって、息苦しくないかな？

そりゃあ、身内に大切にされることは、何よりいいことだよ。だけど、身内以外の人たち――ご近所の人々、同い年の友だち、若い介護士と交流することも、きっといい刺激になるはず。

「あんたがどれほどおばあちゃんを大事にしてるか、よくわかるよ。でもね、つぼみちゃん。それは結局、あんたが誰かに大事にされたいからなんだって、私には思える」

つぼみの肩先が、ぴくりと揺れた。青白い顔は、唇を噛んで、下を向いたままだ。人生は、はらはらするばかりで、口も挟めない。

「だって……だって……怖いんだもん。あたしには、もう、おばあちゃんしかいないから……」

やがて、つぼみの固く結んだ唇から、ぽつり、ぽつりと言葉がこぼれ始めた。人生は、ただ黙って、うつむく白い顔をみつめていた。

「ママも、新多パパも、いなくなっちゃって……もともと、友だちだっていなかったし……もしも、おばあちゃんに何かあったら……あたし、今度こそ、ほんとうに本物のひとりぼっちになっちゃう……いやだよ、そんなの。怖いよ……」

つぼみの瞳に、涙の粒が見る見る膨れ上がる。ぷつんと弾けて、つややかな頬の上を滑り落ちた。

その様子を見守っていた人生は、ほんの一瞬、ぐっと息を詰めた。それから、胸に抱いていた小鳥を放つように、思い切って言った。

「……おれが、いるだろ」

幾筋もの涙を頬に伝わせて、つぼみが顔を上げた。うるんだ瞳は、人生の顔を映して震えている。

本心だった。すなおな心の声だった。

つぼみは、ひとりじゃない。絶対に、ひとりぼっちになんてさせない。

君には、おれがいるじゃないか。

おれが、きっと守ってみせる。君と、ばあちゃんと、おれらの田んぼを。

と言いたいところだったが、大あわてで別の言葉を繋いだ。

「……てかさ。おれだけじゃなくって、ほら、志乃さんもいるだろ。田端さんも。純平も。えーと、『若い衆』の山田さんも、長谷川さんも、武田さんも……」

知っている限りの名前を列挙した。会社の社長、総務の池本さん、志乃さんの旦那さん、細川先生、ヘルパーの戸川さん……。

黙って聞いていた志乃さんは、たまらずに笑い出した。そして、「そうそう、その通り」と笑いながら言った。

「ほらね、つぼみちゃん。あんたは、ひとりぼっちじゃない。あんたには、人生君がいる。あたしもいる。仲間がいっぱい、いる。だから、ちょっとぐらいおばあちゃんのこと忘れたって、大丈夫なんだよ」

それから、人生の肩を叩いて、「あんたもよ、人生君」と言った。

「あんただって、ひとりじゃない。つぼみちゃんがいる。あたしがいる。あんたがさっき名前を挙げた人たち、みーんな、あんたたちを応援してるんだよ」

つぼみは、きょとんとして志乃さんをみつめていたが、そのまなじりに再び涙の粒が浮かんだ。

「……志乃さんっ」

ひと声、叫んで、つぼみは志乃さんに抱きついた。そして、Dまるっきり少女のように、声を放って泣き出した。

「おお、おお。よしよし。大丈夫、大丈夫。あんたは強い。あんたはいい子だ。わかってる、わかってるよ」

志乃さんは、赤子をあやすように、つぼみを抱きしめて、その背中をとんとんとやさしく叩き続けた。

人生は、手のひらで鼻をこすって、天井を見上げた。抱き合うふたりが、いつしか視界の中でにじんでしまった。

つぼみ。君には、おれがいるよ。

もう一度、語りかけた。声には出さずに、心の中で。

涙がこぼれないように、上を向いたのに。ちくしょー、②ゆうずう利かねえな。どうしても、こぼれちゃうよ。

涙は、しょっぱかった。けれど、あたたかだった。つぼみの頬を流れる涙も、きっとあたたかなんだ。そう信じたかった。


（原田マハ「生きるぼくら」）

(1) 二重傍線部①「生真面目」の読みをひらがなで、②「ゆうずう」を漢字で答えよ。

(2)　傍線部A「愛情の裏返し」とあるが、ここではどういうことを言っているのか、簡潔に説明せよ。

(3)　傍線部B「施設にはいろんな人たちがいて、交流できるから」とあるが、交流によっておばあちゃんのどのような状態を解消できると志乃さんは考えているか、説明せよ。

(4)　傍線部C「その顔から、見る見る血の気が失せる」とあるが、ここにはつぼみのどのような内面が表れているか、説明せよ。

(5)　傍線部D「まるっきり少女のように、声を放って泣き出した」とあるが、これはつぼみの心情がどのように変化したことを表しているか、説明せよ。

（☆☆☆◎◎◎）

【三】　次の文章は『閑居友』の一部である。ある若い女が貧しい生活からの救済を初瀬の観音に祈願をして三年になった。効験もなく、毎月の参詣を続けることで経済的な困窮が一層増している場面である。これを読んで、後の問いに答えよ。（一部表記を改めたところがある。）

さて、この女、さのみは道の用意もし（注）あふべくもあらざりければ、「このたび詣りて、身のほども愁へはて侍りなば、今はさてこそは止みなめ。①人（注）のいふも理なり」など思ふよりまだきに、かきくらされてぞ悲しく侍りける。さて、いつよりも心を調へて詣りにけり。「このたびは限りぞかし」と思ふに、あやしの木草までも目にかかりて、かきくらさるること限りなし。さて、その夜、涙（注）を片敷きて、御前（注）にうたたねともなくまろび臥しにけり。

さて、夢の中に、僧のいみじく尊く、年たけ、徳至れりと見ゆるが、出で来給ひて、「あはれに思ふぞよ。

A恨めしくな思ひそよ。その後の方に臥したる女房の薄衣(注)を、やをら取りて着て、早く起きて帰りね」と仰せらるるありけり。夢醒めて思ふやう、「あさましのわざや。果て果ては人の物盗むほどの身の報(注)にてさへ侍りけるよ。たとひ取りたりとても、衣一つはいくほどのことかは侍るべき」とは思ひながら、「さりとては、やうこそはあるらめ。さばかり身をまかせて詣り侍らん甲斐には、たとひ見付けられて、いかなる恥を見るとても、それをだにも仏の奉公にこそはせめ」など思ひて、後の方を見るに、Bまことに、衣ひき着て寝ねたる女房あり。やをら引き落して取るに、さらなり、仏の御はからひなれば、なじかは人も知らむ。

さて、取りて着て、やがて出でにけり。胸うちつぶれて、わびしくも悲しけれども、念じ返して、初瀬川のほどまで出でにけり。後ろに物いとののしりて来ければ、「あな悲し。さればこそ」と思ひて見れば、この事あやしむべき人にはあらで、馬に乗りたる者のあまたまかり出でけるなるべし。

さて、この馬に乗りたる男のいふやう、「あの前に見ゆるは、女房にておはするにこそ。いかに夜深くは、ただ一人出で給ふにか。衣など着たるは、Cことよろしき人にこそ侍るめれ。あれとどめ聞こえよ。馬に乗せて明からん所まで送り聞こえん」といひけり。さて、供の男、走り付きて、このよしをいひければ、そら恐ろしけれども、ただ仏を頼みて、「さらば、さも」とて、乗りにけり。夜も仄《ほの》めきて、人顔見ゆるほどにて、この女を見れば、我が浅からず思ひしものの病に患ひて亡せにしに、つゆも違はず。D喜びて、具して行きにけり。

男は美濃の国の、人に仰がれたる者にてぞ侍りける。何事も乏しき事なかりけり。さて、この女をまたなくいみじきものに思ひて、年月を送りけり。

(注)　しあふ……………最後まで成し遂げる、何とか工面する。

人のいふ………貧しいにもかかわらず参詣を続けることに対して、周囲の人々が憶測で批判したことを指す。

涙を片敷く……泣きながらひとり寝をする。

御前…………本尊の前。

薄衣…………身分ある女性が外出の際、顔を隠すために被るもの。

身の報………前世のむくい。

(1) 傍線部①「め」を例にならって文法的に説明せよ。
（例　過去の助動詞「き」の未然形）
(2) 傍線部Ａ「恨めしくな思ひそよ」を口語訳せよ。
(3) 傍線部Ｂ「まことに」とはどういうことか、簡潔に説明せよ。
(4) 傍線部Ｃ「ことよろしき人にこそ侍るめれ」を口語訳せよ。
(5) 傍線部Ｄ「喜びて」とあるが、どうしてこのような反応を見せたのか、説明せよ。
(6) 二重傍線部三箇所に共通する、若い女の仏に対する姿勢を答えよ。

（☆☆☆◎◎◎）

【四】次の文章を読んで、後の問いに答えよ。（一部本文の表記を改め、訓点を省いたところがある。）

孔子厄《くるシム》於陳（注）・蔡《ニ》。従者七日不食《ラハ》。子貢以《テ》所《ノ》（注）齎《もたらス》貨《ヲ》、窃《カニ》犯《シテ》囲《ミヲ》而出《デ》、告《ゲ》糴《ヲ》（注）於野人《ニ》、得《タリ》米一石《ヲ》焉。顔回・仲由炊《かしグ》之《ヲ》於壊屋之下《ニ》。有《リ》埃（注）墨堕《ツル》飯中《ニ》。顔回取《リテ》而食《ラフ》之《ヲ》。子貢自《リ》井望見《シ》之《ヲ》、A不悦《バ》。以為《ス》窃《ムト》食《ヲ》也。入《リテ》問《ヒテ》孔子《ニ》曰《ハク》、「仁人廉士《モ》窮《スレバ》改《ムル》節《ヲ》乎《ト》。」孔子曰《ハク》、「改《ムレバ》節《ヲ》即《チ》何《ゾ》称《セン》於仁廉《ト》哉《ト》。」子貢曰《ハク》、「①若《キ》回《ノ》也、其不《ル》改《メ》節《ヲ》乎《ト》。」子曰《ハク》、「然《リト》。」子貢以《テ》所《ヲ》飯告《グ》孔子《ニ》。子曰《ハク》、「吾信《ズルコト》回之為《ルヲ》仁久《シ》矣。B雖《モ》汝有《リト》云《フ》、弗《ル》以《テ》疑《ハ》也。其《レ》或《イハ》者必有《ラン》故乎。汝止《マレ》。我将《ニ》問《ハント》之《ニ》。」C召《シテ》顔回《ヲ》曰《ハク》、「疇（注）昔予夢《ニ》見《タリ》先（注）人《ヲ》。豈《ニ》或《イハ》啓（注）祐《セントスル》我《ヲ》哉《か》。子炊《ギテ》進《メヨ》飯《ヲ》。我将《ニ》祭《ラント》焉《これニ》。」対《ヘテ》曰《ハク》、「向《ニ》有《リ》埃墨堕《ツル》飯中《ニ》。欲《スレバ》置《カント》之《ヲ》則《チ》不潔《ナラ》、欲《スレバ》棄《テント》之《ヲ》則《チ》可《シ》惜《シム》。回即《チ》食《ラフ》之《ヲ》。不《ル》可《カラ》祭《ル》也《ト》。」孔子曰《ハク》、

「然《ル》乎、我《モ》亦食《ラハント》レ之《ヲ》。」顔回出《ツ》。孔子顧《ミテ》謂《ヒテ》二二三子《ニ》一曰《ハク》、「吾之信《ズル》レ回《ヲ》也、非《ザル》二特《ダ》今日《ノミニ》一
也《ト》。」二三子由《リテ》レ此《ニ》乃《チ》②服《ス》レ之《ニ》矣。

（「孔子家語」）

（注）陳・蔡……春秋時代の国。孔子は遊説の途中、両国の国境付近で両国の兵に包囲された。
所齎貨……旅に備えて持って来た金。　羅……米を買い入れること。　埃墨……すすぼこり。
曏昔……昨日。　先人……先祖。　啓祐……助ける。

(1) 二重傍線部①「若」の読みを送りがなも含めてひらがなで答えよ。
(2) 二重傍線部②「服」の意味を答えよ。
(3) 傍線部A「不悦。」について、子貢が不愉快になった理由を簡潔に答えよ。
(4) 傍線部B「雖汝有云、弗以疑也。」を口語訳せよ。
(5) 傍線部C以下の孔子の言葉について、孔子が顔回に飯を食べた真意を聞くために、夢に先祖が現れた話をして遠回しに尋ねた理由を答えよ。

（☆☆☆◎◎◎）

解答・解説

【教科専門Ⅰ】

【一】(1) ① 5 ② 2 (2) 4 (3) 4 (4) 1 (5) 2 (6) 2

〈解説〉(1) ①は「書斎」と書く。1は主催、2は粉砕、3は掲載、4は制裁、5は潔斎。②は「遺憾」と書く。1は違反、2は遺失物、3は偉人、4は畏縮、5は経緯。(2) 筆者は本文中で理由を三つ挙げている。4の内容に近いことは三つ目の理由を説明する中で触れられているが、「口語で書かれた現代の文章は」以下は、本文の内容を過度に一般化している。(3) 傍線部Bの前にある通り、筆者は一葉の文章の「気韻やリズム」を重視しており、内容を読み取るのは二の次だと述べている。(4) 傍線部Cの前にある通り、福田恆存は古典を読むことよりも、古典の背後にある言語文化を共有することを大切だと考えている。(5) 傍線部Dの後で、筆者は、収集・分類することによってではなく、「読むという行為」を通して文学が存在すると主張している。(6) 筆者は一貫して、次の二点を重視している。一つ目は文学を支える主体は、専門家ではなく一般の人々であること。二つ目は文学の内容ではなく、気韻やリズムに親しむこと。

【二】(1) ① 3 ② 1 (2) 4 (3) 3 (4) 1 (5) 5 (6) 4

〈解説〉(1) 「険」とは、顔つき・目つき・物言いなどに表れるきつい感じのこと。(2) 傍線部Aの前を見ていくと、久志の「慎平ちゃん、ガンバー」という言葉の直前に「率直に苛立ちをぶつけてくる今だけは、壁は取り払われている」とある。(3) 本文の末尾に至って奏子はようやく発言の意味を明らかにし、三田村が自分たちを「かわいそうな子供」だと言ったことに反発を覚えていることを口にする。(4) 堰が切れ、三田村の中のどのような感情が溢れ出るのかが問題となる。奏子の発言によって、三田村は自身の気持ちをえぐり取られていた。 (5) 久志の言動は状況が深刻化するのを避けるという点で一貫している。三田村はその目的を、「今後」の奏子のためであると見抜いている。 (6) 傍線部Eの前にある通り、三田村は和泉に袖を摑まれたとき、子供たちに大人である自分が試されていると感じた。その状況から解放されそうになったが、三田村は無意識にも踏みとどまったのである。

【三】 (1) 1　(2) 4　(3) 3　(4) 2　(5) 4　(6) 3　(7) 1　(8) 2　(9) 4
(10) 3

〈解説〉 (1) 1は「意匠を凝らす」と書く。詩文、美術、絵画、デザインなどで工夫を施したり、考案を巡らしたりすること。2の「寒心に堪えない」の「寒心」は、恐れや不安の念でぞっとすること。4の「亀鑑」は、模範、手本という意味。 (2) 4の「原因」と「動機」は類義語の関係にある。 (3) 正しい読み方は以下の通り。1の直衣は「のうし」、2の長押は「なげし」、4の蹴鞠は「けまり」、5の美作は「みまさか(みさか)」と読む。 (4) 各四字熟語の完成した形は以下の通り。信賞必罰、暖衣飽食、二律背反、偕老同穴、換骨奪胎、気息奄々、虚心坦懐、一知半解、古色蒼然、才色兼備、周章狼狽。 (5) 各選択肢の不適切な敬語表現は以下の通り。1は謙譲語「拝見して」、2は尊敬語「おっしゃって」、3は尊敬語「ご覧になって」、5は謙譲語「うかがった」。 (6) 3の「立派な」のみは形容動詞。他の二つは連体詞。 (7) 「枯れ木も山の賑わい」とは、つまらないものでも、ないよりはあったほうがよいというたとえ。「無用の長物」とは、あっても役に立つどころか、かえってじゃまになるもの。 (8) 2の傍線部は「夢の通ひ路」が正しい。 (9) 成立した年代順に選択肢を並べると、5→3→4→1→2となる。『土佐日記』は日本で最初の仮名文日記。『蜻蛉日記』と

『更級日記』は平安時代中期に成立しており『更級日記』の作者は菅原孝標の次女の菅原孝標女。母の異母姉は『蜻蛉日記』の作者の藤原道綱母である。『十六夜日記』は鎌倉時代の成立。『嵯峨日記』は松尾芭蕉の日記。(10)　3は「三つ以上の異なる立場のグループで」が誤り。「バズセッション」とは、五～六人ほどの分科会に分けて討論し、その結果を全体会に持ち寄って発表する方法を言う。

【四】(1)　ア　4　イ　1　(2)　1　(3)　1　(4)　3　(5)　2

〈解説〉(1)　波線部アの直前にある「まほし」は希望を表す。波線部イの「しるかり」は形容詞「しるし」の連用形で、はっきりしているの意。(2)　傍線部Aの前の動詞「うちしはぶく」には、尊敬語「たまふ」が付いている。この場の人物のうちで、敬意を払うべき対象は通宗のみである。(3)　通宗がやって来たのに諦めて帰ってしまったことに対して、作者は自分の落度であると言ってみせているのである。和歌が詠まれた状況、男女の恋の駆け引きの作法に照らし合わせながら、和歌を解することが重要である。(4)　二重傍線部③の直前には、係助詞「こそ」があるので、それに呼応して已然形をとっている。(5)　本文中には「露もまだ干ぬほどに」とあるが、この直前で通宗が「夜昼候ふぞ」と口にしている通り、露もまだ乾かない早朝のことを表している。

【五】(1)　5　(2)　3　(3)　2　(4)　2

〈解説〉(1)　イ「自」の読みが「おのづから」であるか「みづから」であるかは、文脈から判断する。ここでは張奉が自分の意志でとった行動を修飾しているので、「みづから」が適当である。(2)　文脈上、親孝行であるのは毛義であるので、動詞「称」は受身に読む必要がある。受身を表す漢字が用いられているわけではないので、注意が必要である。(3)「徴」とは、「徴兵」「徴用」などの言葉がある通り、官の用で呼び出すことを表す。「不至」とあるので、毛義はまだ母が生きていた頃に守令に登用されて喜んだのとは打って変わって、一切新たな官職に就かなかったのである。(4)「測」は、推量するの意。傍線部Cの内容は、その直後で詳述される。母の死によって毛義の言動が変化したことから、張奉は毛義の意図を理解することができたのである。

【教科専門Ⅱ】

【一】(1) ① 愚劣　② 総和　(2) 1　(3) 人格が仕事と結びついていて、社会の歯車としてではなく、大きな組織に属していなくても、みずからの能力をさまざまな局面で発揮して物を生産する人物。(4) 専門化された知識の量が、学生や生徒が十分消化できる限度を超え、学校は(競争試験という条件が加わることで、)断片的な知識を暗記、操作する訓練の場となり、みずからものを考える能力の弱い現状適応主義の人物を生み出す傾向。(5) 研究が限られた現実の一局面のみを扱うので、各人の現実の全体像は大衆報道機関の提供するものに影響され、その結果として、現状維持の側に間接的につくことになるから。

〈解説〉(1) 語句の意味を捉えた上で漢字を考えることが重要である。「愚劣」は「おろかで何の価値もないこと。」の意。(2) 空欄部前後は、知識の専門化・細分化の具体例が挙げられている箇所である。(3) 傍線部Aの内容は具体的には説明されていない。それと対極に位置する「組織人」の特徴から推測する必要がある。(4) 傍線部Bの内容は、それ以後で「第一に」「第二に」「第三に」という形で整理されている。学校教育に表れる特徴については、「第三に」以後を見ればよい。(5) 傍線部C中の指示語「そのアカデミックな研究」は、「極度に専門化され技術化された文学研究」を指す。全体像が見えなくなっていることが政治的に持つ意味を説明する必要がある。

【二】(1) ① きまじめ　② 融通　(2) 大切に思うあまり、必要以上におばあちゃんを縛りつけていること。　(3) (誰とも会えず、家の中に閉じ込められているなど、)人間としての誇りを奪われているような状態。　(4) おばあちゃんが家にいることは、自分が安心感を得るためであるという内心を言い当てられてショックを受けた。　(5) 孤独への不安のあまり張り詰めていた心がほぐれ、素直に自分の気持ちを表せるようになったということ。

〈解説〉(1) 「生」は「熟」と対立する意味を持つ。ここでは、慣れていないこと、習熟していないことを意味する。　(2) ここでの「裏返し」とは、表れ方が正反対であることを言う。肯定的な「愛情」とは逆の、否定的な側面を説明する必要がある。　(3) 志乃さんは、マーサさんには認知症になっても「自我」があることを重視している。　(4) 直前の志乃さんの発言が核心を突いていたために、つぼみは驚き、顔面が蒼白になったのである。　(5) 志乃さんの発言は当然つぼみを追い詰めることが目的であったわけではない。本文の序盤で人生に語っていたように、つぼみが緊張していることを感じとり、彼女が逃げ場をなくしてしまうことを危惧していたのである。

【三】(1) 意志の助動詞「む」の已然形　(2) 恨めしく思ってはいけないよ。　(3) 夢の中で僧が言った通りだったこと。　(4) 相応の身分の人のようです。　(5) 馬に乗せた女性が(自分が深く愛した、病を患って)亡くなった妻と瓜二つだったから。　(6) 仏からのお告げの言葉には何かわけがあるのだと思い、不都合なことであっても仏の導きに従おうとする姿勢。

〈解説〉(1) 前にある係助詞「こそ」に呼応して、已然形をとる。　(2) 「な…そ」の形で禁止を表す。

(3) 夢の内容と現実が一致していたのである。　(4) 「ことよろし」は、ふさわしいの意。ここでは、身分がかなりよいことを言っている。女は、仏の言いつけ通りに、薄衣を身に着けていたので、夜深くに一人で出歩くべきではない身分に見えたのである。(5) 喜んだ理由は、傍線部Dの直前で説明されている。この付近の記述の主語は、「この女を見れば」とあるので、女ではなく男である。(6) 女は不都合なこと、不合理なことでも仏の言いつけを疑うことなく守っている。一つ目の二重傍線部の「やう」とは、利益、効果の意。二つ目の二重傍線部の「念じ返す」は、思い返して我慢するの意。

【四】(1) ごとき(は)　(2) 納得した(従った)　(3) 顔回が飯を盗み食いしたと思ったから。　(4) おまえが言っても、それで(顔回を)疑うことはない。　(5) 顔回に直に理由を問いただすのは顔回が盗み食いをしたと疑うような言い方になり、それを避けるため。

〈解説〉(1) 「若」は、下から返って読んでいなければ、「もシ」と読み、順接の仮定条件を表すこともある。(2) 孔子が顔回を信用している尤もな理由を説明したことに対する反応である。「服」には、心から従う、慕う、畏れ入るの意がある。(3) 子貢は顔回の言動を窺い見て、不快に思った。その理由は傍線部Aの直後で説明されている。(4) 「雖」は、後の内容を受けて、逆接の仮定条件、逆接の確定条件を表す。また「弗」は否定を表す。(5) 本文中に孔子の意図は直接的には書かれていない。知りたい内容を率直に言葉に表して質問することが有効でない理由を答える必要がある。子貢の意見に拘わらず、質問する前から、孔子は顔回のことを信頼していたのである。

二〇一九年度 実施問題

【教科専門Ⅰ】

【一】次の文章を読んで、後の問いに答えよ。（一部本文を改めたところがある。）

1 贅沢とは何だろうか？　それは不必要なものと関わっている。必要の限界を超えて支出がおこなわれる時、人は贅沢を感じる。たとえば豪勢な食事を食べなくても人間は生きていける。キレイに彩られた服がなくても人間は死にはしない。贅沢はしばしば非難されるが、そこには過度の支出に対する不同意の意味が込められている。必要の限界を超えた支出は無駄ということだ。

2 だが、ここで少し立ち止まって考えていただきたい。人は必要なものを必要な分だけもっていれば、それで生きていけるのだろうか？　必要の限度を超えた支出は無駄であって、生活には生存に必要なものが十分にあればそれで事足りるのだろうか？

3 おそらくそうではないだろう。必要なものが十分にある状態とは、必要なものが十分にしかないということだ。十分とは十二分ではない。必要なものが必要な分しかない状態、これは非常にあやうい状態である。日常生活のバランスを崩すアクシデントがすこしでもあれば、それまで通りには生活できなくなる。あらゆるアクシデントを排し、必死で現状を維持しなければならない。それは豊かさからはほど遠い生活だ。

4 必要を超えた支出があってはじめて人間は豊かさを感じられる。人間が豊かに生きていくためには、贅

沢が必要である。つまり余分は無駄ではない。(A)

5 この贅沢を浪費と言い換えることができるだろう。浪費とは必要の限界を超えてモノを受け取ることである。浪費は豊かさの条件に他ならない。人類はずっと浪費をおこなってきた。フランスの哲学者ジャン・ボードリヤールは次のように言っている。どんな社会も豊かさを求めたし、贅沢が許された時にはそれを享受した。あらゆる時代において、人は買い、所有し、楽しみ、使った。「未開人」の祭り、封建領主の浪費、十九世紀ブルジョワの贅沢……他にもさまざまな例が挙げられるだろう(ジャン・ボードリヤール『物の体系――記号の消費』)。

6 浪費は満足をもたらす。なぜならモノの受け取りには限界があるからである。たとえば身体的な限界を超えてモノを食べることはできない。だから浪費はどこかでストップする。

7 ところが人間は最近になって全く新しいことを始めた。(B) ボードリヤールによれば、それが消費である。浪費はどこかでストップするのだった。浪費は必ずどこかで満足をもたらすからだ。しかし消費はストップしない。消費には限界がない。なぜだろうか？ 消費の対象がモノではないからである。消費はモノではなくて、記号や観念を対象にしている。消費する時、人はモノではなくて、モノに付与された記号や観念を受け取っている。記号や観念の受け取りには限界がない。だから消費は終わらない。

8 記号を消費するとはどういうことだろうか？ たとえばどんな食事でも食べられる量は限られている。しばしば腹八分が勧められるがたまには腹一杯、十二分に食べたいものだ。これが浪費である。浪費は生活に豊かさをもたらし、そして必ずどこかでストップする。

9 では消費とは何か？ グルメブームというものを思い起こして欲しい。ある店が美味しいとか、有名人が利用しているなどと宣伝されると、その店に人が殺到する。もちろん「あの店、行ったことがあるよ」

と他の人に言うためである。そして、もちろん、次に他の店が宣伝されれば、今度はそこに行かねばならないのだ。こうやって「おすすめ」の店を延々と回り続ける人々が受け取るのは、「その店に行ったことがある」という意味である。店は完全な記号になっている。そして、記号はいくらでも受け取ることができる。だから満足をもたらさない。記号の消費はいつまでも終わらない。

10 別の例を挙げよう。現代では基本的に商品はどんなにいいものであっても、モデルチェンジしないと売れない。携帯電話がいい例である。数年前の機種が今でも使えないわけがない。しかし、半年もたたないうちに「新しい」モデルが発売される。なぜだろうか？　人々はモデルなどみていないからである。「チェンジ」という情報・意味だけを受け取っている。消費する人はモノ(＝モデル)を受け取っているのではない。意味や記号(＝「チェンジした」)を受け取っている。

11 消費と浪費の違いは明白である。浪費は目の前にあるモノを受け取る。消費はモノに付与された意味・観念を受け取る。このことは消費社会の魔法そのものを説明してくれる。消費は満足をもたらさない。しかし消費者は満足を求めて消費している。消費しても満足が得られないから、更に消費を続ける。こうして、消費と不満足との悪循環が生まれる。二〇世紀に爆発的に広まった消費社会とはこの悪循環を利用したものである。消費しても満足が得られないから消費して……というサイクルをうまく利用することで、莫大な量のモノを売ることができた。その結果、大量生産・大量消費・大量投棄の経済が生まれた。

12 バブル崩壊後に雨後の竹の子のように現れた「豊かさ」論、そしてまた、ほとんどの消費社会批判は、この大量生産・大量消費・大量投棄の経済を眺めながら、その「贅沢」をキュウ①ダンしたものである。このようなC贅沢批判の問題点は明らかである。消費社会の中に贅沢などない。逆だ。消費社会とは我々から贅沢を奪うものである。浪費家であろうとする我々を消費者に仕立て上げ、満足することが決してない消費のサイクルに投げこむのが消費社会である。我々は贅沢をしているからとめどない消費の渦に巻き込まれてしまうのではない。消費の渦に巻き込まれることで贅沢ができなくなっているのである。

13 余談だが、この視点はいま注目を集めているエネルギー問題についても大きなヒントを与えてくれるはずである。贅沢をしているからエネルギー使用量が際限なく大きくなっていくのではない。贅沢から遠く離れ、終わりない、つまりは満足のない消費のゲームが必死で維持され続けているからこそ、エネルギー使用量が増え続けているのだ。我々に必要なのは贅沢を取り戻すことなのである。

14 では贅沢を取り戻すにはどうすればよいのだろうか？　実はこれは容易なことではない。贅沢するためには、つまり浪費するためには、きちんとモノを享受し、楽しむことができるようにならなければならない。しかし、浪費家になるチャンスを奪われ続けた人間はなかなかそうならないのである。

15 もちろん道はある。その道について、バートランド・ラッセルという哲学者が大変重要なことを述べている。ラッセルによれば、かつて教育は楽しむ能力を訓練することであった（『ラッセル　幸福論』）。これは楽しむという行為が決して自然発生的なものではないということを意味している。楽しむとは、何らかの過程を経て獲得される能力であり、こう言ってよければ、一種の技術なのである。

16 ラッセル自身は実のところ上のように述べるにあたって、「教養」が必要とされるハイ・カルチャーの楽しみのことを念頭においている。たとえば文学的素養がなければ文学などつまらない。それを楽しむためには訓練が必要だ。

17 しかし、私はラッセルが述べていることは楽しみ一般について言えるものだと考えている。たとえば人との会話を楽しむには会話術を幼い頃から学んでくる必要がある。子どもをみているとよく分かることだが、複数の人間が一緒に遊んで楽しむためには高度な技術が必要とされる。

18 更には身体的な楽しみにも同じことが言える。食べ物を楽しむためには一定の訓練が必要である。幼い頃から質の良い食事に触れていれば、繊細な味を楽しめるようになる。

19 訓練というと何か体得のための厳しい過程を思い描いてしまうかもしれないが、実は我々は日常的に様々な楽しむための訓練を行っているのである。逆に、いわゆる教育とは、意識的・組織的に行われる「楽しむ能力」の訓練であると考えることができるだろう。

20 ところがこうした訓練の機会が日常生活から奪われている。消費社会は人が浪費家になることを許さないからである。消費社会としてはモノを楽しむ浪費家になられては困るのだ。それでは、とめどない消費のゲームが始まらないからである。消費社会としては、モノを楽しむ訓練など受けていない人間が消費と不満足の悪循環の中で②ショウソウカンに苛まれながらただひたすら記号の受け取りを続けることこそ理想なのだ。

21 こう考えてみると、D楽しむという行為がもつ社会的な意義、もしかしたら革命的と言ってもよいかもしれないその意義が見えてくる。楽しむというのは確かに個人的なものである。しかし、もしも我々がきちんと楽しみ、楽しむための訓練を積むことができれば、おそらくこの社会は変わるのだ。今のサイクルでは物事が回らなくなるからである。楽しむことには、そのようなすばらしい可能性が秘められている。

（國分功一郎「民主主義を直感するために」）

(1) 二重傍線部①・②のカタカナ部分と同じ漢字を用いる熟語を一つずつ選び、番号で答えよ。

① キュウダン

1　仕事のサンダンをつける。
2　社長のエイダンを仰ぐ。
3　世間からシダンされる。
4　物語はダイダンエンを迎える。
5　ロンダンを賑わせたニュース。

②　ショウソウカン
1　見る者のアイショウをそそる。
2　他人の生活にカンショウする。
3　コウショウな思想を声高に唱える。
4　ショウチュウの珠のように扱う。
5　人材の育成はショウビの急である。

(2)　傍線部Ａ「余分は無駄ではない」のはなぜか。その理由として最も適当なものを一つ選び、番号で答えよ。
1　必要以上の支出ができるということは、華やかなものに囲まれて生活できる優越感が得られるということだから。
2　必要以上の支出ができるということは、平穏な日常生活の維持を妨げる災難を未然に回避できるということだから。
3　必要なものが十二分にあるということは、危機に備えた蓄えの重要性に気付くきっかけが得られるということだから。
4　必要なものが十二分にあるということは、衣食住に関わるものが過不足なくそろった豊かな生活ができるということだから。

5　必要なものが十二分にあるということは、不測の事態が起きた場合でも日常生活を維持できる余力があるということだから。

(3)　傍線部B「全く新しいことを始めた」の説明として最も適当なものを一つ選び、番号で答えよ。

1　物質的なモノをたくさん受け取る浪費に飽き足らず、観念的なモノを限界を超えて受け取ることのできる消費にも魅力を感じるようになったということ。

2　目の前にあるモノを必要の限度を超えて受け取る浪費とは別の、モノに付与された意味・観念を際限なく受け取る消費を行うようになったということ。

3　身体的な限界を超えてモノを獲得することをやめ欲望を制御することによって、精神的に満足感を得た段階でモノの獲得を中止するようになったということ。

4　満足の域まで必ず達する浪費の行き着く先は常に同じであるという点に不満を覚え、満足感を永遠に追求することのできる消費を行うようになったということ。

5　豊かさを求め贅沢ができる時はそれを楽しむという生活から一転し、生存に必要なものだけあればよしとする禁欲的な生活を求めるようになったということ。

(4)　傍線部C「贅沢批判の問題点」の説明として最も適当なものを一つ選び、番号で答えよ。

1　生産者が頻繁に行うモデルチェンジに踊らされているために延々と消費を続けているのに、それを消費者が生産者をコントロールしていると解釈しているところ。

2　我々が決して満足することのない消費のサイクルから抜け出すことができずに延々と消費を続けていることを、贅沢していることと取り違えているところ。

3　大量生産・大量消費・大量投棄という消費社会のサイクルは、豊かさを謳歌する風潮を助長したが、逆に消費の冷え込みの要因になったと分析しているところ。
4　大量生産・大量消費・大量投棄という消費社会のサイクルは、浪費家を生み出すどころか、我々からモノを大切にする心を奪ったと問題視しているところ。
5　我々が延々と消費を続けているのは、大量に生産されたモノを大量に投棄しているからであるが、それを浪費する機会が奪われたからだと捉えているところ。

(5)　傍線部D「楽しむという行為がもつ社会的な意義」の説明として最も適当なものを一つ選び、番号で答えよ。
1　楽しむ能力を涵養する苛酷な過程を経て高度な技術を体得し、快楽を追求する素地が世の中にできれば、浪費と満足の好循環を生み出す社会の実現を可能にするということ。
2　楽しむという個人的な行為の訓練を積むことで物事をきちんと楽しむことができるようになれば、今のサイクルがずっと機能し続ける社会を作ることが可能になるということ。
3　日常生活において知的または身体的に楽しむ能力を訓練する機会を取り戻すことができれば、教育の世界でも楽しむ能力の訓練を系統立てて行うことが可能になるということ。
4　日常的な訓練もしくは教育の成果が現れモノを享受できる人が増えれば、消費と不満足の際限のない連鎖を断ち切り、豊かさを実感できる社会への転換を可能にするということ。
5　満足感を覚えることを許されていない消費社会に生きている我々がモノを楽しむ浪費家になれば、記号を受け取るだけの消費にさえ満足感を覚えることが可能になるということ。

(6)　この文章の構成・展開に関する説明として適当でないものを一つ選び、番号で答えよ。

1　第2段落で前段の話題に対して問題を提起したのは、第4段落で述べている贅沢は必要なものなのだという主張へと読者を無理なく導くためである。
2　第5段落で贅沢を浪費と言い換えて説明したのは、第7段落以降で述べる消費を浪費と対比させることによって両者の違いを明確にしようとするためである。
3　第10段落で第9段落に加えて別の例を提示したのは、消費することで得られるものと浪費することで得られるものとが異なることを強く印象づけるためである。
4　第13段落でエネルギー問題に触れたのは、エネルギー問題の解決策にこそ消費社会改革の手がかりが隠されているということを明らかにするためである。
5　第15段落でラッセルの書物の一部を引用したのは、それを足がかりにして第14段落で提起した問題についての筆者の主張を更に発展させるためである。

（☆☆☆◎◎◎◎）

【二】次の文章は、恩田陸の「蜜蜂と遠雷」の一部である。この文章を読んで、後の問いに答えよ。

風間塵《かざまじん》が、活け花を教えてほしいと言ってきたのは、滞在して何日目のことだったろうか。
富樫《とがし》は留守にしていることが多いし、自宅にいても店やアトリエで忙しく動き回っている。だから、預かることを頼まれた旧友の息子に会う機会はほとんどなかった。家族やスタッフに世話を任せていたし、風間塵も居候のような立場には慣れているらしく、全く手が掛からないと聞いていたので安堵したが、自分で面倒を見られないことをどこかで申し訳なくも思っていた。
そんなところに、早朝、家を出るところにたまたま出くわした塵から、よかったら、手の空いた時に活け花を教えてもらえないか、といきなり頼まれたのだ。どうやら、ちょくちょく店やアトリエに顔を出して、富樫が花を活けるところを見ていたらしい。

コンクールに来ているというのに、そんな暇があるのだろうか、と思ったが、自分の仕事に興味を持ってもらえるのは嬉しく、二つ返事で「いいよ」と請け合った。

だが、富樫本人も忙しく、パズルのごとく日々のスケジュールがびっしり埋まっているため、なかなかその機会は巡ってこなかった。

富樫は芳ヶ江国際ピアノコンクールのレベルの高さやスターを出していることは知ってはいたが、風間塵の実力がどの程度のものかは知らなかったし、彼がコンクールで話題になっていることも知らず、彼が三次予選まで進んだことも家族から聞いていただけだった。

あるいは、早くに塵が落ちていたら、彼はすぐにフランスに舞い戻っていただろうから、こうして向かい合う機会もなかったかもしれない。

相手の事情で、たまたま用事のひとつがキャンセルになった。今日のこの時間なら、と朝に言ったら、風間塵は第三次予選の一日目が終わるやいなや、まっすぐ帰ってきたのだ。途中、コンビニで買ったおにぎりを頬張りながら玄関に飛びこんできたので、夕食を摂ったというのは確かに嘘ではない。

Aきっと、この子の演奏は凄いに違いない。

やっと時間が出来て、初めてゆっくり風間塵と向かい合った瞬間に、富樫は目の前にいるのが実に非凡な、ある意味自分と似た異形の才能の持ち主であることを感じ取ったのだった。

名だたる華道家で生花業を兼任している者は、実はそう多くない。花は馴染みの生花店から仕入れるというのがほとんどのスタイルだが、富樫はむしろ生花業のほうが本業だと思っており、世間で言うところの「活け花」の世界では①些か異端であった。ピアニストが自分の好みの楽器を選んで弾くのではなく、ピアノ職人がピアニストも兼任しているようなものである。

富樫は自分の作業を「活け花」ではなく、「野活け」と呼んでいた。

元々、彼の家の流派は京都に古くから残っている、現代では非常に珍しい「景色活け」と呼ばれるものの流れを引いている。

「景色活け」というのは、名前通り、野山や名勝の風景を写しとったもので、中には平安時代の景色を再現した作品などもあり、平安時代の庭園の景色がそのまま残っていて、歴史家が文献代わりに参照することもあるくらいなのだ。

時に大掛かりなランドスケープを作る作業になる「景色活け」をする機会はなかなかないが、たまたま近くイベントでそれを行う準備をしているところを風間塵は目にして、興味を持ったようだった。

富樫は、いわゆる「天地人」など、花を活ける時の基本とされるものを簡単に説明し、塵の目の前で活けてみせた。

だが、結局のところ、いかに植物に負荷を掛けずにその生命を貰い受けるかという目的のために「野活け」の技術はある。切る、折る、といった具体的なテクニックや水や気温、植物の生息域の知識など、それらを総合的に把握してやっと「野活け」ができるのだ。

塵はそれらの説明をじっと聞いていたが、「切ってみてもいいですか」と富樫が手にしていた花切り鋏に目をやった。

「いいよ。ただ、この鋏を使うにはかなり力がいる。君はピアニストだし、明日も大事な演奏があるだろう。手に負担が掛かるから、少しだけにしておいたほうがいい」

富樫はそう言ったが、塵は鋏に手を伸ばし、動かしたり枝を切ったりして、切れ味や手の動きを試していた。その目つきは研究者のようで、観察力も半端ではないことを示している。

「ふうん。塵、ちょっと手を見せて」

富樫は、初めて手にするとは思えない少年の鋏さばきに感心し、少年の手を取った。

「ほう」

綺麗な手だなあ。

富樫は思わず感嘆の声を漏らした。

大きくて、肉厚で、とても柔らかい。

芸術家っぽい繊細な手ではなく、おおらかで、実用的な作業に向いている手。職人も実業家も兼ねる、なんでも飲みこめる、とても大きなものを感じさせる手だ。

ふと、富樫はB奇妙なデジャ・ビュを見た。

少し老いた自分と立派な青年になった風間塵が、沢山の枝を抱えて、さまざまな人種の人々が行き交う大きな会場で花を活けている――

会場にはグランドピアノもあって、塵は花を活ける富樫の脇でピアノの蓋を開け、かがみこんで調律をしている――

富樫はそのイメージに戸惑い、首を振った。

まさかね。今のは何だったのだろう。

「あのう、富樫さんは、花を活けている時に何を考えているんですか。もの凄く速いですよね、活けるの。まるで、もう完成図が頭の中にできてるみたい」

　塵は再び花切り鋏を手に取り、そのカーブを指でなぞっている。

　富樫が花を活けているところを目にすると、ほとんどの人がそのスピードに驚く。一秒でも惜しいとでもいうように、凄まじい速さであっというまに活けてしまうのだ。

「そうだね、速いほうが植物に負荷を掛けないから、そう心がけているというのもあるし」

　富樫は言葉を探した。よく聞かれる質問なので、いつも口にしている返事だが、なぜか目の前の少年には安易に答えてはいけないような気がしたのだ。

「確かに、野活けをする場所に立つと、景色がパッと目に浮かぶね。それはほんの一瞬だから、逃すわけにいかない。頭に浮かんだ景色をできるだけ早く再現しようと思うと、どうしても急がざるを得ない。急ぐためにはきちんとした技術が必要だから、必死になって練習した。最初のうちはもたもた作業しているうちに浮かんだ景色がどこかに行ってしまって、何度も悔しい思いをしたよ」

「へえー」

　風間塵は感心したように唸り声を上げた。

「スピード」

　そう口の中で呟く。

「そうですよね、一瞬のイメージを逃がさないためには、スピードが要る」

　少年は考えこんだ。

　再び、C<u>その瞳が鏡のようになる。</u>

「その――失礼ですけど、活け花って矛盾してますよね。それこそ、自然界の中にあるものを切り取ったり、折ったりして、生きているかのように見せる。ある意味、殺生をしてわざわざ生きているように見せかけるのって、矛盾を感じませんか」

その口調は淡々としていて、富樫はハッとした。見た目はあどけない少年なのに、目の前にいるのは老成した人物であるかのように感じたのだ。

「感じるよ」

富樫は率直に答えた。

「だけど、そもそも我々は何かを殺生しなくては生きていけないという矛盾した存在なんだ。我々の生存の基本となる、食べること自体がそうだろう。食べるという行為の楽しさは、罪深さと紙一重だ。僕は、野活けをする時に、いつも後ろめたさや罪深さを感じているよ。だから、活けた一瞬を最上のものにするよう努力している」

富樫は考えながら続けた。

「化粧品会社のコピーにあるだろう。一瞬も、一生も、美しく。たぶん、一瞬というのは永遠なんだ。その逆もしかり。最上の一瞬を作る瞬間は、活けている僕も最上の一瞬を生きていると実感できる。その瞬間は永遠でもあるんだから、永遠に生きているとも言えるね」

風間塵は、富樫の言葉の意味を②咀嚼するように宙を見上げた。

「うーん。活け花って音楽と似てますね」

「そう？」

塵は鋏をそっと畳の上に置き、腕組みをした。

「再現性という点では、活け花と同じでほんの一瞬。ずっとこの世にとどめておくことはできない。いつもその一瞬だけで、すぐに消えてしまう。でも、その一瞬は永遠で、再現している時には永遠の一瞬を生きることができる」

塵は、富樫の活けた枝の先に目をやった。

もう紅葉も終盤に差し掛かった小さな葉が点々とついている。

「うーん」

塵はもう一度唸った。

「――じゃあ、音楽を連れ出すには？」

「え？」

富樫は、少年が低く呟いた言葉の意味が分からず、聞き返した。

音楽を連れ出す。そう言ったように聞こえたが。

塵は少しして顔を上げた。

「僕、ピアノを教えてくれた先生と約束したんです。狭いところに閉じこめられている音楽を広いところに連れ出すって」

富樫は面喰らった。

音楽を連れ出す。

コンクールに出ているという少年が、そんなことを考えているなんて。音楽界の事情は分からないが、この歳でそんなことを考えているというのは、かなり珍しいのではないだろうか。

「それは、もちろん、単に野外で音楽を演奏するとか、そういう意味ではないんだろうね」

富樫は聞き返したが、少年はもう一度唸る。

「違うんだと思います。先生と、外でもさんざん演奏したけど、そうじゃなかった。僕はまだ連れ出せてない」

少年は首を振りながら、もう一度そっと花切り鋏を取り上げ、その黒光りする刃に目をやった。

「富樫さんが活けると、枝も花も活きてるんだよなあ。まるで、自分が殺されたことにぜんぜん気が付いていないみたいに」

富樫は、「殺された」という言葉にどきっとしたが、鋏の刃に目をやる少年から目を離すことができなかった。

D「一瞬と、永遠と。再現性――」

少年は、富樫の視線にも構わず、じっと光る刃を見つめている。

（恩田陸「蜜蜂と遠雷」）

(1)　二重傍線部①・②の本文中の意味として最も適当なものを一つずつ選び、番号で答えよ。

①　些か

1　珍しいほど
2　大幅に
3　どちらかといえば
4　ほんの少し
5　たぶん

②　咀嚼する

1　よく考えて自分なりに理解する
2　聞こえない程度の声でつぶやく
3　理解できないが無理に納得する
4　淡々とした口調で繰り返す
5　頭の中だけで想像する

(2)　傍線部A「きっと、この子の演奏は凄いに違いない」とあるが、富樫がそのように思った理由として最も適当なものを一つ選び、番号で答えよ。

1　富樫から生け花を教えてもらうために、予選が終わるやいなや自分の用事をキャンセルしてまで帰ってきたから。
2　富樫が仕事で忙しくあまり塵と関わらなかったのにもかかわらず、塵の方から活け花を教えてほしいと言ってきたから。
3　塵と相対したときに、この子も自分と同じような異形の才能をもっているという思いが直感的にわいてきたから。
4　世界的に有名なピアノコンクールで塵の演奏が話題になっていることを家族から聞いて知っていたから。
5　塵が大事なコンクールの三次予選の最中にもかかわらず、日本に来てからピアノの練習を全くしていないから。

(3)　傍線部B「奇妙なデジャ・ビュ」の内容を挿入した効果として最も適当なものを一つ選び、番号で答えよ。

1　塵の手を見たことをきっかけにして、富樫が自分の華道家としての将来を塵におびやかされるのではないかと不安になっていることを感じ取らせる効果。

2　塵の手を見ただけで、彼がピアニストとしてだけでなく華道家として自分の仕事上のパートナーになりそうだと確信したことを暗に示す効果。

3　二人の数年後の姿をあえて描くことにより、塵がこれから富樫自身と同じような世界的華道家として活躍していくことになることを予想させる効果。

4　大きな舞台で花を活けつつピアノを調律している姿を描き、異形の才能を発揮した塵が華道家兼ピアノ職人として成功していくことを予測させる効果。

5　塵の手を見た瞬間、演奏の技術だけでなく自分の表現に必要なものを別の分野からも吸収し体現できる人物であると感じ取ったことを印象づける効果。

(4)　傍線部C「その瞳が鏡のようになる」は、塵のどのような様子を表現しているか、最も適当なものを一つ選び、番号で答えよ。

1　富樫が答えてくれた内容には感心したものの、彼の生命観については反発心がわいてきて何か困らせる質問をしてやろうと考えこんでいる様子。

2　富樫が一瞬のイメージを逃さないためにスピード感を必要としていると知ったが、自分の表現にはスピード感が不足していると思い悩んでいる様子。

3　富樫が凄まじい速さで花を活ける理由はわかったが、今度は活け花がもつ矛盾から、自分自身の課題の答えを見出すことに没頭している様子。

4　富樫が自分の質問に対して真剣に答えてくれていることはわかったが、自分がそれをうまく理解できないでいることを申し訳なく思っている様子。

5　富樫が美しく花を活ける技術をもっていることに気づいたものの、その技術を習得するためにどんな努力があったのか想像し、驚愕している様子。

(5)　傍線部Ｄ「少年は、富樫の視線にも構わず、じっと光る刃を見つめている」とあるが、そのときの塵の心情の説明として最も適当なものを一つ選び、番号で答えよ。

1　富樫の視線が自分に向けられていることに気付いていたが、これからどのように花を活けようか考えている途中だったので、意識しないように集中している。

2　閉じこめられている音楽を外に連れ出すということの意味が今までわからなかったが、富樫との会話の中から手がかりを見出そうとして、真剣に考えている。

3　富樫の手にかかると殺された枝も花も活きていると感じたので、そんなことができる富樫の活け花の技を盗み、コンクールで披露しようと決意している。

4　閉じこめられた音楽が殺された枝や花と同じであることに気付いたが、ピアニストとしてどうしたら生き生きとした演奏ができるかわからず困惑している。

5　常に閉じこめられている音楽と異なり、一瞬は永遠で、再現している時には永遠の一瞬を生きることができる活け花の世界に憧れ、うらやましく思っている。

(6)　この文章の表現上の特徴を説明したものとして、最も適当なものを一つ選び、番号で答えよ。

1　未来の姿を挿入することにより時系列を狂わし、思ってもいない人物との出会いで動揺する富樫の心情を描いている。

2　象徴的な描写を多く使って登場人物の心の機微を事細かに表し、物事の本質に迫ろうとする富樫の苦悩を描いている。

3　富樫を語り手にしたり、富樫の内面の言葉を地の文にそのまま入れたりすることで、塵の人物像を鮮やかに描いている。

4　短い文を入れることによりスピード感のある話の展開となっており、富樫の考えが次々と変わっていく様子を描いている。

5　考え方の異なる富樫と塵の行動を対比させることにより、それぞれの分野で活躍する二人の様子を生き生きと描いている。

（☆☆◎◎◎）

【三】次のそれぞれの問いに答えよ。

(1)　次の中から、傍線部の漢字の使い方がすべて正しいものを一つ選び、番号で答えよ。

1　仕事に就く。利息が着く。槍で突く。

2　壁に絵を架ける。説得力に欠ける。賞金を懸ける

3　消息を絶つ。布を裁つ。酒を断つ。

4　体重を量る。解決を図る。悪事を諮る。

5　写真を撮る。船の舵を採る。ねずみを捕る。

(2) 次の中から、読み方が誤っているものを一つ選び、番号で答えよ。
1 凡庸(はんよう)　2 出穂(しゅっすい)　3 蹉跌(さてつ)　4 返戻(へんれい)
5 陶冶(とうや)

(3) 次に示した熟語のうち、構成の異なるものを一つ選び、番号で答えよ。
1 予想　2 必要　3 既存　4 軽視　5 握手

(4) 次の四字熟語のうち、二つの□にそれぞれ反対の意味を表す漢字が入らないものを一つ選び、番号で答えよ。
1 □同□異　2 □名□実　3 □言□語　4 □往□往　5 □柔□剛

(5) 次に示した文の傍線部と同じ用法の「ようだ」を一つ選び、番号で答えよ。
北海道のような自然豊かな土地に住みたい。
1 この道は公園まで続いているようだ。
2 先輩のようにもっと速く走りたい。
3 氷のような冷たいまなざしで見た。
4 机の上には山のような書類がある。
5 彼女は急いでいるような様子だった。

(6) 次に示した文の傍線部の動詞の活用の種類と活用形の組み合わせとして正しいものを一つ選び、番号で答えよ。

これから夜がふけていけば、もっと星がきれいに見えるにちがいない。
1　五段活用―連用形　2　五段活用―仮定形　3　下一段活用―未然形
4　下一段活用―連用形　5　下一段落用―仮定形

(7)　次に示した文のうち、傍線部の慣用表現が正しい意味で使われているものを一つ選び、番号で答えよ。
1　休日は、気が置けない仲間と楽しく遊んだ。
2　情けは人のためならずというから、私は手助けしなかった。
3　このような大役はまだ演技の未熟な彼では役不足だ。
4　彼は流れに棹さして、未だに携帯電話を持っていない。
5　彼はいつも先生の話の膝を折ってしかられる。

(8)　次に示した和歌集のうち、勅撰和歌集でないものを一つ選び、番号で答えよ。
1　「古今和歌集」　2　「新古今和歌集」　3　「金槐和歌集」　4　「金葉和歌集」
5　「千載和歌集」

(9)　次に示した句のうち、秋の句でないものを一つ選び、番号で答えよ。
1　くろがねの秋の風鈴鳴りにけり
2　いなびかり北よりすれば北を見る
3　星空へ店より林檎あふれをり
4　朝顔やあしたはいくつ開くやら
5　人立って富士を見てをり麦の秋

(10)　次に示した作家と作品名の組合せのうち、十五年戦争(満州事変から太平洋戦争終結まで)に題材をとっていないものを一つ選び、番号で答えよ。

1 阿川弘之―「雲の墓標」　2 安部公房―「砂の女」　3 井伏鱒二―「黒い雨」
4 遠藤周作―「海と毒薬」　5 野間　宏―「真空地帯」

（☆☆☆◎◎◎）

【四】次の古文は「源氏物語　若菜下」の一部で、女三の宮とともにたまたま六条院にいた光源氏のもとに、二条院に住む紫の上が危篤状態に陥っているとの知らせがあり、急ぎ駆けつける場面である。この文章を読んで、後の問いに答えよ。

(注)大殿の君は、まれまれ渡りたまひて、えふとも立ち帰りたまはず、静心なく思さるるに、「絶え入りたまひぬ」とて、人参りたれば、さらに何事も思し分かれず、御心も暮れて渡りたまふ。道のほどの心もとなきに、げにかの院は、ほとりの大路まで人たち騒ぎたり。殿の内泣きののしるけはひいとまがまがし。我にもあらで入りたまへれば、「日ごろは、いささか隙見えたまへるを、Aにはかになんかくおはします」とて、Bさぶらふかぎりは我も後れたてまつらじと、まどふさまども限りなし。御修法どもの壇こぼち、僧なども、アさるべき限りこそまかでね、ほろほろと騒ぐを見たまふに、さらば限りにこそはと思しはつるあさましさに、何事かはたぐひあらむ。

「さりとも、物の怪のするにこそあらめ。いと、かく、イひたぶるにな騒ぎそ」と鎮めたまひて、いよいよいみじき願どもを立て添へさせたまふ。すぐれたる験者どものかぎり召し集めて、「限りある御命にてこの世尽きたまひぬとも、ただ、今しばしのどめたまへ。(注)不動尊の御本の誓ひあり。その日数を①だにかけとどめたてまつりたまへ」と、頭よりまことに黒煙を立てて、いみじき心を起こして加持したてまつる。院も、「ただ今一たび目を見あはせたまへ。いとあへなく限りなりつらむほどをだにえ見ずなりにけることの悔しく悲しきを」と思しまどへるさま、とまりたまふべきにもあらぬを見たてまつる心地ども、ただ推しはかるべし。いみじき御心の中を、仏も見たてまつりたまふにや、月ごろさらにあらはれ出で来ぬ物の怪、小さき童に移りて、呼ばひののしるほどに、やうやう生き出でたまふに、うれしくもゆゆしくも思し騒がる。

C いみじく調ぜられて、「人はみな去りね。院一《ひと》ところの御耳に聞こえむ。おのれを、月ごろ、調じわびさせたまふが情けなくつらければ、同じくは思し知らせむと思ひつれど、さすがにD 命もたふまじく身をくだきて思しまどふを見たてまつれば、今こそ、かくいみじき身を受けたれ、いにしへの心の残りてこそかくまでも参り来たるなれば、ものの心苦しさをえ見過ぐさでつひに現はれぬること。さらに知られじ、と思ひつるものを」とて、髪を振りかけて泣くけはひ、ただ昔見たまひし物の怪のさまと見えたり。あさましくむくつけしと思ししみにしことの変はらぬもゆゆしければ、この童の手をとらへて引き据ゑて、さまあしくもせさせたまはず。

（『源氏物語』）

（注）大殿の君……………光源氏。本文十一行目、十六行目の「院」も同じ。
　不動尊の御本の誓ひ…不動明王が、寿命の尽きた者も六ヶ月延命させると誓ったことを指す。

(1) 波線部ア・イの意味として最も適当なものを一つずつ選び、番号で答えよ。

ア　さるべき限りこそまかでね

1　帰るべき者だけが帰ってしまうと

2　帰るべき者も一人として帰らないのに
3　残るべき者が誰も残っていないとは
4　残るべき者はすべて残っているが
5　残るべき者だけが退出してしまい

イ　ひたぶるになな騒ぎそ
1　二度と騒いではならない
2　やたらと騒いでいることよ
3　ひたすらに騒ぎを静めよ
4　すっかり騒ぎ立てている
5　むやみに騒いではいけない

(2)　傍線部A・C・Dの主語の組合せとして正しいものを一つ選び、番号で答えよ。
1　A　紫の上　C　物の怪　D　光源氏
2　A　僧ども　C　光源氏　D　光源氏
3　A　紫の上　C　光源氏　D　物の怪
4　A　光源氏　C　物の怪　D　物の怪
5　A　光源氏　C　僧ども　D　紫の上

(3)　傍線部B「さぶらふかぎりは我も後れたてまつらじと、まどふさまども限りなし」の解釈として、最も適当なものを一つ選び、番号で答えよ。
1　僧たちは、これまでお仕えしてきた以上、紫の上とともに死んでお詫び申そうと、ひどく悲嘆に暮れている。

2　紫の上づきの女房たちは皆、いっそ自分も主人と一緒に死んでしまいたいと、ひどく悲嘆に暮れている。

3　そこにいた者たちは、自分は後れて来たわけではないと申し上げたかったと、ひどく悲嘆に暮れている。

4　光源氏の家来たちもやはりまた、主人の妻である紫の上の後を追うべきではないかと、大変とまどっている。

5　紫の上にお仕えする者だけは、このままお仕えしていては主人の死に目に会えないと、大変とまどっている。

(4)　次の和歌のうち、二重傍線部①「だに」と同じ用法の「だに」が使われているものを一つ選び、番号で答えよ。

1　吹く風を鳴きて恨みよ鶯は我やは花に手だに触れたる

2　雪とのみ降るだにあるを桜花いかに散れとか風の吹くらむ

3　散りぬとも香をだに残せ梅の花恋しき時の思ひ出にせむ

4　うらみわび干さぬ袖だにあるものを恋に朽ちなむ名こそ惜しけれ

5　見せばやな雄島のあまの袖だにも濡れにぞ濡れし色は変はらず

(5)　本文の内容と合致するものとして最も適当なものを一つ選び、番号で答えよ。

1　紫の上の危篤に際し家来たちが慌てふためくのを見て、終始落ち着いていた光源氏はあきれてみなを鎮めるとともに、あらためて加持祈祷を再開させた。

2 知らせを聞いて光源氏はすぐに二条院に駆けつけたが、紫の上は物の怪にとりつかれてしまっており、加持祈祷の甲斐なく息を吹き返すことはなかった。

3 よりましの童子は自ら紫の上の身代わりとなったが、思いがけないことに物の怪に取りつかれ、苦しんだあげく人事不省となり取り押さえられた。

4 光源氏があわてて二条院に駆けつけたところ、建物の周囲には人気がなくひっそりとしており、紫の上を弔おうと僧侶だけが集まってきていた。

5 光源氏は、紫の上にとりついていた物の怪の正体が、かつて自分と関わりのあった者であることを悟り、自分にとって不都合なことをさせないようにした。

（☆☆☆◎◎◎）

【五】次の文章を読んで、後の問いに答えよ。（一部本文の表記を改め、訓点を省いたところがある。）

孟孫(注)獵《かりシテ》得麑(注)《げいヲ》。A使秦西巴(注)載之持歸。其母隨之而啼、秦西巴弗忍而與之。B孟孫歸至而求麑。答曰、C余弗忍而與其母。孟孫大怒逐之。D居三月、復召以爲其子傳(注)。其御(注)曰、E曩《さきニハ》將罪之、今召以爲子傳、何也。孟孫曰、F夫不忍麑、又且忍吾子乎。故曰、巧詐不如拙誠。

（『韓非子』）

（注）孟孫……魯の国の人
麑……子鹿
秦西巴…孟孫の家臣
傅……お守り役
御……御者

(1) 傍線部Ａ「使秦西巴載之持帰。」の書き下し文として最も適当なものを一つ選び、番号で答えよ。
1 秦西巴を之に載せて持ち帰らしむ。
2 秦西巴を使ひ之を載せしめ持ち帰る。
3 秦西巴をして之に載せしめ持ち帰る。
4 秦西巴をして之を載せて持ち帰らしむ。
5 秦西巴を使ひして之に載せて持ち帰らしむ。

(2) 傍線部Ｂ～Ｄの指示内容として正しいものを一つ選び、番号で答えよ。
1 Ｂ 母　Ｃ 孟孫　Ｄ 母
2 Ｂ 母　Ｃ 秦西巴　Ｄ 秦西巴
3 Ｂ 母　Ｃ 孟孫　Ｄ 秦西巴
4 Ｂ 孟孫　Ｃ 秦西巴　Ｄ 母
5 Ｂ 孟孫　Ｃ 孟孫　Ｄ 秦西巴

(3) 傍線部Ｅ「曩將罪之、今召以爲子傅、何也。」の解釈として最も適当なものを一つ選び、番号で答えよ。

1　今まではこのような場合に重罪に処してきたのに、今召し返してお守り役になさるとはどうしてでございますか、と。
2　先日将軍は重罪に処すべきだと言ったのに、今召し返してお守り役になさるとはどのような意図があるのですか、と。
3　先日は今にも重罪に処せんばかりであったのに、今召し返してお守り役になさるとはどうしてでございますか、と。
4　以前はきっと重罪に処すだろうと思っていましたのに、今召し返してお守り役になさるとはどのような意図があるのですか、と。
5　以前はまだ重罪に処すことはないとされていたのに、今召し返してお守り役になさるとはどのような理由があるのですか、と。

(4)　傍線部F「夫不忍麑、又且忍吾子乎。」とは孟孫のどのような考えを表しているか、最も適当なものを一つ選び、番号で答えよ。
1　子鹿のことを仕事よりも優先して行動したのだから、孟孫の子どもを思う気持ちは秦西巴こそが一番あるという考え。
2　子鹿の件でさえ自らの考えを述べたのだから、孟孫の子どもにも自己主張の必要性を秦西巴が伝えてくれるという考え。
3　子鹿に対しては我慢できなかったが、孟孫の子どもに対しては我慢することの重要性を秦西巴が実践してくれるという考え。
4　子鹿だけでなくその母親の気持ちも考えるのだから、孟孫の子どもにも親の愛情を伝えることが秦西巴にはできるという考え。

5　子鹿のことでさえ大切に思う気持ちがあるのだから、孟孫の子どもも同じように大切にする優しさが秦西巴にはあるという考え。

（☆☆☆◎◎◎）

【教科専門Ⅱ】

【一】次の文章を読んで、後の問いに答えよ。

「責任を負う」「義務を負う」、さらには「十字架を負う」などと、ひとはよく口にする。「負う」という語には、なにか重い荷物を背負わされているという含みが色濃くある。そして背負わされた荷物は、「責任」とか「義務」とか「債務」といった社会の約束事であることが多い。いわば世間から押しつけられるものである。だからできれば負わなくてすむようにと、ひとは希《ねが》う。

「負う」はしかし、もとはといえば、背中に人や物を載せ、その重量を支えるという、きわめて具体的な行為だった。「責任を負う」という表現は、そこから二次的に派生したものである。「責任を負う」という言い回しに、咎《とが》を責められるという意味合いが強くなって、そこから、他者を背中におぶって全身を抱えてあげるという、もとのおおらかな語義が失せつつあることが、A「責任」という市民社会の約束をイメージとしてうんと狭めているようにおもわれてならない。

「責任」はふつう、英語の「リスポンシビリテイ」の訳語として使われている。この語はリスポンドとアビリティの合成語で、要は、何かに応じることができるということである。「助けて」という他人の訴え、もしくは促しや呼びかけにきちんと応える用意があること、そういう意味がこの語の芯をなしている。

咎を責められるのではなく、他人を「おんぶ」してあげられるということ。「責任」と「リスポンシビリティ」のこの語感の差は大きい。

「おんぶ」といえば、お母さんが赤ちゃんをおぶっている姿をめったに見なくなった。肩からかけた布やレザーに赤ちゃんをくるみ、向きあったかたちで抱っこしている。おんぶと抱っこ、そこでは母子の視線は大きく異なる。おんぶは母子の視線がおなじ方角に向かうのに対して、抱っこでは母子の視線は向きあう関係にある。

抱っこにおいては、母子はたえず眼と眼を交わす。乳児という、じぶんでは何もできないかよわき者が「支えて！」と、信頼とアおもねりのまなざしを送る。そのまなざしに母親は①ビショウで応える。そこから生まれる信頼、それこそリスポンシビリティの原型であろう。原型ではあろうけれども、このリスポンシビリティは母子のあいだで閉じている。だから長時間、母子だけでいればおのずと関係が煮つまってきて、苛立《いらだ》ちもつのり、B赤ちゃんは「お荷物」になってしまう。

赤ちゃんに対してリスポンシブルなのは、母親だけではない。まわりにいる人もともにリスポンシブルであるはずだ。そういうまわりの「手」がともに動きださないと、そしてだれかが気軽にとって代わってあげないと、お母さんは息が詰まってしまう。「負担」ばかりがあって、そういう「協同」が存在しないところで母親に「育児の責任」を問うのはあまりに②コクである。

抱っことの比較でいうと、おんぶは、母子の関係が内へと閉じていない。赤ちゃんはお母さん、お父さんの大きな背のぬくもりを体いっぱいに感じながら、その肩越しに、親とおなじものを見つめる。そして親はときどき案じるようにふり返ってくれる。そういう安心感のなかで、赤ちゃんは親の眼を惹《ひ》いたものをおなじように見つめる。親が話している大人の顔をじっと見つめることもできる。まなざしが外へ外へと開かれてゆくのだ。

「責任」というのは、最後まで独りで負わねばならないものではないし、なにか失敗したときにばかり問われるものでもない。「責任」とはむしろ、呼びかけや訴えに応じあうという「協同」の感覚であるはずのものだ。それは世間の約束に従うことである以前に、まずは具体的な他者のヘルプの声に応えることができるということである。自分でできなければだれかが代わりにやってくれる、そういう安心感が底にあるような社会の基本となるべき感覚である。

そういう意味で、「責任」という語をいまいちど、「おんぶ」と「抱っこ」という、リスポンシビリテイの原型となる行為にまで立ち返って C イメージしなおすことが必要なのではないかとおもう。人間、なんのかんのといって、生まれてしばらくは完璧な二十四時間要介護の状態にあるし、またこの世を去るにあたってもしばし二十四時間要介護の状態を経ねばならないのだから。つまりは、その存在を「他者に負う」ものなのだから。

（鷲田清一「『自由』のすきま」）

(1) 二重傍線部①「ビショウ」、②「コク」を漢字で答えよ。

(2) 波線部ア「おもねり」の意味として正しいものを一つ選び、番号で答えよ。
1　他人に気に入られようと、機嫌をとること
2　互いに助け合おうと、相手の理解を得ること
3　自分の思い通りにしようと、わざと拗《す》ねること
4　相手を困らせようと、不安を煽《あお》ること

(3) 傍線部Ａ「『責任』という市民社会の約束をイメージとしてうんと狭めている」とあるが、狭められた結果の「責任」のイメージはどのようなものか説明せよ。

(4) 傍線部B「赤ちゃんは『お荷物』になってしまう」とあるが、それは母親にとってどのような状態か説明せよ。

(5) 傍線部C「イメージしなおす」とあるが、「責任」という語を「イメージしなおす」とどのようなものになるか、説明せよ。

(☆☆◎◎◎◎)

【二】次の文章は、彩瀬まるの「やがて海へと届く」の一部である。主人公の湖谷は、すみれの大学時代からの親友である。一人旅に出たすみれは東日本大震災で行方不明となっている。以下は、すみれとつき合っていた遠野が、すみれの遺したものを形見分けし、処分すると伝えた場面である。この文章を読んで、後の問いに答えよ。

隣を歩く遠野くんは、ふーん、と気のない相づちを打った。

「俺とは違う」

「そう？」

「俺はどっちかっていうとすみれの母さん寄りで、もうあいつを頭んなかで生かすのを、止めようと思う」

「ようするにどういうこと？」

「そうだな、忘れてもいいことにする」

「……人って、三年で変わるもんだね」

なじる声にはあからさまな棘が混ざった。震災の直後、すみれが帰ってこないと連絡されて慌てて会いに行ったときには、すっかり目元の落ちくぼんだ、自分まで死んでしまいそうなほどやつれた顔をしていたのに。たった三年でこの男は、表情をちらとも変えずに彼女を忘れると言う。

体中から黒い油のような憎しみがじくりとにじみ出すのがわかる。こちらを向いた遠野くんは、そんな私の反応を知っていたような涼しい声で続けた。

「湖谷ももういい加減、すみれのためとかすみれに悪いとか、あいつを理由に生き方を変えるのをやめた方がいい。その腕のあざを、ずっとぐりぐりこねくり回してるようなもんだ。わざと治さないの。湖谷の腕が壊死《えし》したって、あいつにはなんの助けにもならないのに」

「……なに言ってんの？」

唐突に指し示され、内出血の残る肘の内側が鈍く痛んだ。Aああ、この人はなにもわかっていない。あまりの怒りに全身から血の気が引いて、思考がばらばらに砕けていく。舌がもつれ、語尾が攻撃的に跳ね上がった。

「誰も知り合いのいない場所で、一人で、ものすごくこわい思いをして死んだのかもしれない。①悼んで、悲しんで、ずっと覚えていて、当たり前でしょう。そうじゃなきゃ、あの子だって浮かばれない」

遠野くんは眉を寄せた。目尻に細い嫌悪が流れる。死んだ娘の幻を仏壇に住まわせるすみれの母親を見ていたときの私と、似たような目をしていた。

「確かに、あいつは辛い死に方をしたかもしれない、気の毒だし、俺だっていやだ。でもそれはすみれが一人で背負う、どうしようもないもんだろ。他の奴《やつ》がなにかできるなんて思うべきじゃない」

「気の毒？　すみれ一人？　ねえなんでそんなに他人事なの、供養って言葉の意味、わかってる？」

「落ち着けよ。供養はずっとする。法事だって」

「そういうことじゃない！」

こんなときでさえ遠野くんは、声もたたずまいも憎らしいくらいに静かだ。音も光もない真夜中の海のように、私からほとばしるものを飲み込んでしまう。それが今は、たとえようもなく腹立たしい。

荒れた呼吸を整えようと、深く息を吸う。乾いた空気が喉へと刺さって咳《せ》き込んだ。遠野くんは静かに私を見ている。澄んだ黒い瞳を見返すうちに、腹の底で小さく熱いものが破裂し、まとまらない言葉が弾丸のように喉を駆け上がった。

「生まれてきて、育つ間、誰だって頭の中は一人でしょう？　でも、いつか一人じゃなくなるって信じて大人になるんじゃないの？　それなのに大人になっても一人のまま、死んだあとも②カクゼツされた苦しさの中に置き去りにされて、あ、あんなむごい死に方すら、たった一人で背負うものだなんて言われたら、あの子は一体なんのために生まれてきたの！」

惨死を越える力をください。どうかどうか、それで人の魂は砕けないのだと信じさせてくれるものをください。繰り返される黒い波の映像を見ながら血を吐くような心地で願った。あそこに、あんな恐ろしい場所にすみれはいたのか。だから帰って来られないのか。私だったら、一人では耐えられない。だから遠野くんがこの暗くさみしい道から去ると言うなら、なおさら私は彼女を置いていけない。方法もなにもわからないけれど、できる限り思いを寄せて、つながりを保ち、暗闇にうずくまるすみれが砕けてしまわないよう、こちらへ結びつける肉の緒にならなければいけない。

こういった言い合いの最中に私がどれだけ怒っても、睨んでも、ぴくりとも表情を変えなかった遠野くんが、初めて目を見開いて生々しい驚きをあらわにした。さあさあと吹き抜ける夜風が周囲の草花を揺らす。空の高みで八分ほどまで膨らんだ月の、冴《さ》え冴《ざ》えとした白さが眩い。

遠野くんはいつもよりも長く考え込み、やがて、この人はこんな声が出せたのか、と思うほど穏やかな声で言った。

「死も、無念も、一人でなんとかしなきゃならないのは、俺は当たり前のことだと思ってる。それをそうじゃないってことにするのは、人生の最もしんどくて味の濃い部分を、ごまかしてるようにすら思える。……でも、湖谷にとっては違うんだな」

「……甘えてるって言いたいの？」

「いや、今、そんなにB根っこの部分から違うもんなんだって驚いた」

遠野くんの声にいやな響きは全然なかった。ただ本当に驚いて、感心しているらしい。相変わらず変な人だ、と肩の力が抜ける。

「大人びてるね。悟ってるっていうか」

そう呟く私の声には、子どもっぽいいやみが混ざる。遠野くんは首を傾げた。

「どうだろう。認識しないものは、欲しがらなくて済むからな」

「よくわからない」

「そういう、目の前にないものを欲しがる湖谷は、いつか俺が俺の人生で手に入れるものとは、全然違うものを手に入れるのかもしれない」

予言めいたことを言って、遠野くんは口をつぐんだ。気がつけば、ずいぶん長く川べりを歩いていたようだ。町の中心部から遠ざかったせいか街灯の数が少なく、隣を歩く彼の表情さえよく見えない。

川に架かった橋を区切りに足を止め、遠野くんはこちらを向いた。

「そういえば、さっきから思ってたんだけど、置き去りってことは、湖谷にとって死んだ奴はずっと同じ場所に留まってるイメージなんだな」

「え？」

あまりに予想外のことを言われ、一瞬意味がつかめなくなる。遠野くんは眉を寄せ、言いにくそうに顔をしかめた。

「いや、すみれだからかもしれないけどさ。あー……変なこと言うと……俺は、歩いてる気がするんだ」

「歩いてる？」

「うん。苦しいとか辛いとか、そういうのを感じるなにかが残るなら、あいつは歩くのをやめないと思う」

遠野くんから、すみれの死後にまつわる空想なんて初めて聞いた。いつも私やすみれのお母さんが話を振っても、彼は慎重に回答を避けていた節がある。

歩く。歩いているのだろうか。白いふくらはぎが目前でひらめく。そうだ、しっかりと地面を踏む人だった。一定の速度で、なめらかに、迷うことすら楽しみながら、気持ち良さそうにどこまでも歩いた。

「出かけるときも、うちの新商品の、そのあとロングヒットになっためちゃくちゃ歩きやすい靴、履いて行ったし。……俺たちがずっと同じところにいたら、たぶん、置いていかれる」

C だからさあ、と続ける遠野くんの声が湿り、語尾が頼りなく潰れた。

泣いているのかと驚く間もなく、暗い川辺の景色が水っぽくふくらみ、そばに立つ遠野くんの姿がにじんで見えなくなった。まばたきをする。透明な殻がぼろぼろと目の前で砕ける。いいのだろうか。そんな甘い毒のような幻を信じて、本当にいいのだろうか。それはすみれを見捨てることにならないか。でも、歩いているなら、それはとても、とても、彼女らしい。

ああ、私は。

すみれを失って、この世の物事で痛みや諦めを伴わないものはすべて嘘《うそ》だと思うようになっていたのかもしれない。そうでなければ許されない気がした。最も深い苦しみだけが、本当のものであるように思っていた。Dまばたきのたびに世界が砕ける。夜が深くて助かった。私だけでなく遠野くんも、泣き顔なんて、見たくも見せたくもなかっただろう。ひくつく喉を押さえ、なるべく音を立てずに深く息を吸った。

（彩瀬まる「やがて海へと届く」）

(1) 二重傍線部①「悼」の読みをひらがなで、②「カクゼツ」を漢字で答えよ。

(2) 傍線部A「ああ、この人はなにもわかっていない」とあるが、このときの湖谷の心情を説明せよ。

(3) 傍線部B「根っこの部分から違う」とあるが、遠野と湖谷は死についてそれぞれどう考えているか、説明せよ。

(4) 傍線部C「だからさあ、と続ける遠野くんの声が湿り、語尾が頼りなく潰れた」とあるが、遠野がこのような状態になった理由を説明せよ。

(5) 傍線部D「まばたきのたびに世界が砕ける」とあるが、このときの湖谷の心情を説明せよ。

（☆☆☆◎◎◎◎◎）

【三】次の文章を読んで、後の問いに答えよ（一部表記を改めたところがある。）

八十あまり三年の春秋、いたづらにて過ぎぬることを思へば、いと悲しく、たまたま人と生まれたる思ひ出でに、後の世の形見にすばかりのことなくてやみなむ悲しさに、髪を剃り、衣を染めて、わづかに姿ばかりは道に入りぬれど、心はただAそのかみに変はることなし。

年月の積もりに添へて、いよいよ昔は忘れがたく、古りにし人は恋ひしきままに、人知れぬ忍び音のみ泣かれて、(注)苔の袂《たもと》乾く世なき慰めには、花籠《はなこ》をひぢに掛けて、朝ごとに露を払ひつつ、野辺の草むらに交じりて花を摘みつつ、仏に奉るわざをのみして、あまた年①経ぬれば、いよいよ頭の雪積もり、面の波も畳みて、いとど(注)見まうくなりゆく鏡の影も、我ながらBうとましければ、人に見えむこともいとどつつましけれど、道のままに花を摘みつつ、(注)東山わたりをとかくかかづらひありくほどに、やうやう日も暮れ方になり、たち帰るべきすみかも遥けければ、いづくにても行きとまらむところに寄り臥しなむと思ひて、(注)「三界無安《さんがいむあん》、猶如火宅《いうにょくわたく》」と口ずさみて歩み行くほどに、(注)最勝光院の大門開きたり。

Cうれしくて歩み入るままに、御堂の飾り、仏の御さまなど、いとめでたくて、浄土もかくこそと、いよいよそなたにすすむ心も催さるる心地して、昔より古き(注)御願《おんぐわん》ども多く拝みたてまつりつれど、かばかり御心に入りたりけるほど見えて、金《かね》の柱、玉の幡《はた》をはじめ、障子の絵まで見どころあるを見はべるにつけても、まづ、この世の御幸《おんさいはひ》も極め、また、D後の世もめでたくおはしましけるよと、うらやましく、伏し拝みて立ち出でて、西ざまにおもむきて京の方へ歩み行くに、都のうちなれど、こなたざまはむげに山里めきて、いとをかし。

五月十日余日《よひ》のほど、日ごろ降りつる五月雨の晴間待ち出で、夕日きはやかにさし出でたまふもめづらしきに、(注)時鳥《ほととぎす》さへ伴ひ顔に語らふも、死出の山路の友と思へば、耳とまりて、

E(注)遠《をち》帰り語らふならば時鳥死出の山路のしるべともなれ

と、うち思ひつづけられて。こなたざまには人里もなきにやと、はるばる見わたせば、稲葉そよがむ秋風思ひやらるる早苗、青やかに生ひわたりなど、むげに都遠き心地するに、いと古らかなる檜皮《ひはだ》屋の棟《むね》、遠きより見ゆ。

（「無名草子」）

（注）苔の袂……僧衣の袂。
見まうく……見ることがつらく。

東山　……当時は郊外で貴族の別荘や寺院が点在していた。

三界無安、猶如火宅……この現実世界は安らかなことなく、まるで火に包まれた住まいのようだ、の意。

最勝光院……後白河天皇の女御建春門院の発願により建立した寺。

御願　……天皇皇后などが自分の極楽往生を願って建てた寺。

時鳥　……冥途への道案内をする鳥と考えられていた。

遠帰り……遠くからもう一度帰ってくること。

(1) 二重傍線部①「経」を例にならって文法的に説明せよ。
（例　マ行四段活用動詞「詠む」の未然形）
(2) 傍線部Ａ「そのかみ」とはいつのことを指すか、七字以内で答えよ。
(3) 傍線部Ｂ「うとましければ」とあるが、何が嫌なのかを本文に即し具体的に答えよ。
(4) 傍線部Ｃ「うれしくて」とあるが、なぜそう思ったのか、その理由を説明せよ。
(5) 傍線部Ｄ「後の世もめでたくおはしましけるよ」を口語訳せよ。
(6) 傍線部Ｅ「遠帰り語らふならば時鳥死出の山路のしるべともなれ」の和歌について、どうして詠む気になったのか、具体的に説明せよ。

（☆☆☆◎◎◎）

【四】次の文章を読んで、後の問いに答えよ。（一部本文の表記を改め、訓点を省いたところがある。）

鄭ノ子産(注)有リレ疾。謂ヒテ二子大叔(注)ニ一曰ク、「我死ナバ、子必ズ為サンレ政ヲ。唯ダ有徳者ノミ、能ク以テレ寛ヲ服スレ民ヲ。其ノ次ハ^A莫如猛。夫レ火ハ烈ナリ。民望ミテ而畏ルレ之ヲ。故ニ①鮮レ死スルモノ焉。水ハ懦弱《じやく》ナリ。民狎《な》レテ而翫《もてあそ》ブレ之ヲ。則チ多シレ死スルモノ焉。故ニ寛ハ難シ。」疾ムコト数月ニシテ而②卒ス。大叔為スレ政ヲ。不シテレ忍ビレ猛ニ而寛ニス。鄭国多クレ盗、取ル二人ヲ於萑《かん》苻《ほ》(注)之沢ニ一。大叔悔イテレ之ヲ曰ク、「^B吾早ク従ハバ二夫子ニ一、不ランニトレ及バレ此ニ。」興シテ二徒兵ヲ一以テ攻メ二萑苻之盗ヲ一、尽ク殺スレ之ヲ。盗少シク止ム。仲尼(注)曰ク、「善キ哉。政寛ナレバ則チ民慢《あなど》ル。慢レバ則チ糾《ただ》スニレ之ヲ以テスレ猛ヲ。猛ナレバ則チ民残《そこな》ハル。残ハルレバ則チ施スニレ之ニ以テスレ寛ヲ。寛以テ済ヒレ猛ヲ、猛以テ済フレ寛ヲ。政是ヲ以テ和ス。」

（「春秋左氏伝」）

（注）子産……春秋時代の鄭の政治家。　子大叔……子産の後継者。
萑苻之沢……草木の生えている湿地。　仲尼……孔子の字《あざな》。

(1) 二重傍線部①「鮮」の読みを送りがなも含めてひらがなで答えよ。

(2) 二重傍線部②「卒」の意味を答えよ。

(3) 傍線部A「莫如猛。」を書き下し文にせよ。

(4)　傍線部B「吾早従夫子、不及此。」を、「夫子」とは誰のことか、「此」とは何を指すのかを具体的に補って口語訳せよ。

(5)　「仲尼」は、政治を執り行うにあたって、どのようなことが大切だと述べているか、簡潔に答えよ。

(☆☆☆◎◎◎)

解答・解説

【教科専門Ⅰ】

【一】(1)　①　3　②　5　(2)　5　(3)　2　(4)　2　(5)　4　(6)　4

〈解説〉(1)　①　「糾弾」と書く。同じく「弾」を使う熟語は3の「指弾」。「糾弾」・「指弾」とも、非難するという意味。　②　「焦燥感」と書く。「焦」を使う熟語は5の「焦眉」。「焦燥」は、いらだち焦るという意味がある。「焦眉の急」という故事成語で、さし迫った危機や急務という意味。　(2)　傍線部Aの前の第3段落で筆者は、必要なものしかない状態は、日常生活のバランスを崩すアクシデントに遭遇した場合、必死で現状を維持する必要に迫られ、豊かさからはほど遠くなると述べている。　(3)　傍線部B以降で、筆者は食事を例にとって説明している。食べられる量には限りがあるところから、「浪費は必ずどこかで満足をもたらす」と述べている。しかし、グルメブームでは、次々と店の情報が流れ、人々が店を延々と回り続けるという現象が起きた。店という記号を延々と受け取り続ける状態、これが消費であると筆者は述べている。　(4)　傍線部Cの前後に着目する。筆者が定義している「贅沢」とは「浪費」のことである。しかし、当時の「贅沢批判」の「贅沢」は、消費がもたらした「大量生産・大量消費・大量投棄」を指していた。筆者は、満足を生みださない消費社会は「我々から贅沢を奪うものである」と述べている。(5) 傍線部Dより後にある、「もしも」から始まる二文に着目する。モノを楽しめる人が増えれば「今のサイクルでは物事が回らなくなる」、つまり、「大量生産・大量消費・大量投棄」がなくなり、「この社会は変わる」と筆者は述べている。二文の文脈を読み取り、「大量より適切に説明されているものを選ぶ。(6) 第13段落でエネルギー問題を話題に挙げているが、それが消費社会改革の手がかりであると示すために書かれているわけではない。よって、4は説明として適当ではない。

【二】(1) ① 4 ② 1 (2) 3 (3) 5 (4) 3 (5) 2 (6) 3

〈解説〉(1) 文脈を読み取り、ふさわしい意味を選ぶ。② 「咀嚼」とは、本来よく噛む事であるが、それが転じてよく考えるという意味にも使われる。(2) 傍線部A直後に着目する。富樫は直感的に自分と似た点を塵から感じ取ったのである。(3) 直後のイメージと、それより後に描かれる塵の様子から考える。イメージでは、二人が沢山の枝を抱えて花を活けているが、塵が本当にすることはピアノを弾くことであることがわかる。また、これより後でも、塵は富樫から活け花について聞いているが、それを手がかりにして、自身の演奏についての課題を考えている。(4) 鏡は他のものも映し出すが、自分を映すものである。塵の瞳を「鏡のように」と描写することによって、別の問題を考えつつも、自分の課題に没頭している様子を表現している。(5) 傍線部Dより前に着目する。富樫の活け花について塵は、枝も花も活きていると言い「自分が殺されたことにぜんぜん気が付いていないみたいに」と感じている。塵はその一瞬を切り出す象徴として、花切り鋏をとらえている。切り出すことを、自らの課題である「音楽を連れ出す」ことになぞらえ、自分にとっての花切り鋏は何かを考えているのである。(6) 富樫の視点から塵という少年をとらえた文章である。ときおり、富樫の内面をそのまま地の文に取り入れ、富樫から見た塵という人物像を豊かに表現している。

【三】(1)　3　(2)　1　(3)　5　(4)　3　(5)　2　(6)　4　(7)　1　(8)　3　(9)　5
(10)　2

〈解説〉(1)　同訓異義語の問題は、文脈から意味を読み取り、適切な漢字を選ぶこと。1「利息が付く」、2「壁に絵を掛ける」、4「悪事を謀る」、5「船の舵を取る」となる。(2)　1は「ぼんよう」が正しい読み方で、「優れたところのないこと」という意味。(3)　5の「握手」は「手を握る」と、下の漢字が上の漢字の目的語になっている。他は全て、上の漢字が下の漢字の修飾語になっている熟語である。(4)「大言壮語」とは、「自分の力より上のことを言うこと」という意味。「壮語」は勢いの盛んなことを言う。(5)　助動詞「ようだ」は、例示、推定、比況(たとえ)の意味をもつ。「～らしい」と言いかえられる場合は推定。あるものを、まったく関係のない他のものに例えて表現している場合は比況。関係のないものではなく、具体例として示している場合は例示となる。(6)「ふける」は未然形にすると「ふけナイ」と「ナイ」直前の語がエ段であるため、下一段活用である。また、「ふけていけば」と、「ふけ」の直後に接続助詞「て」がある。接続助詞「て」は連用形に接続する。(7)　文脈とことわざの意味が合うものを選ぶ。「気が置けない」とは、気づかいをしなくてよいという意味であり、「楽しく遊んだ」とも意味が合う。「情けは人のためならず」は、情けをかけておけば、その良い行いがいずれ自分に回ってくるという意味、「流れに棹さす」は、うまく世渡りをするという意味である。(8)　鎌倉幕府三代将軍源実朝は和歌に通じており、『金槐和歌集』を残した。これは個人の歌集であるため、天皇が命令して作った勅撰和歌集ではない。(9)　1～5の句の季語は「秋の風鈴」「いなびかり」「林檎」「朝顔」「麦の秋」である。この中で夏を表す季語は「麦の秋」である。旧暦の関係で、季語には現代の季節とずれがある場合がある。 (10) 安部公房『砂の女』は、海辺の砂丘に昆虫採集にやってきた主人公が、ある集落の穴の底に閉じ込められ、そこにいた女と砂を運び出す生活を強いられる、という話である。この作品の背景に戦争を描いた部分は見あたらない。

【四】 (1) ア 4 イ 5 (2) 1 (3) 2 (4) 3 (5) 5

〈解説〉 (1) ア 「さるべき」は、「ふさわしい。適切な。」という意味。「限り」は「すべて」という意味である。「まかでね」は動詞「罷づ」の未然形「まかで」＋打消の助動詞「ず」の已然形「ね」が組み合わさったもので、「退出する(者は)ない」、つまり「残っている」という意味になる。 イ 「ひたぶるに」は、ここでは「むやみに」という意味。「な～そ」は「～するな」という意味である。 (2) 傍線部Aの「おはします」は尊敬語で、「～なさる」という意味をもつ。この場合「(このように)なられた」という文意である。今回、急に容態が変わった人が誰かを考える。傍線部Cの「調ぜられ」とは、験者に調伏させられたということである。傍線部Dを含む会話文は物の怪のものである。今、「命も耐えがたいほど思い悩みとまどっている」のは誰かを考える。 (3) 「さぶらふ」は「侍ふ」で、「お仕えする」という意味。直前に紫の上の女房の会話文もあり、「まどふさまども限りなし(ひどく悲嘆に暮れている)」ともあるため、傍線部Bが紫の上の女房達の様子であることが推測できる。 (4) 副助詞「だに」は、「せめて～だけでも」という強調の意味と、「～すら」という類推の意味をもつ。二重傍線部①では、「せめてその日数だけでも(命を)お留めください」という、強調の意味で使われている。3の「香をだに残せ梅の花」は「せめて香りだけでも残して欲しい梅の花よ」という意味になる。 (5) 本文の最後に着目する。物の怪の会話文の後に、「昔見たまひし物の怪のさまと見えたり(昔見た物の怪と分かった)」とある。また、「さまあしくもせさせたまはず(体裁の悪いことをおさせにならない)」

とある。

【五】(1) 4 (2) 2 (3) 3 (4) 5

〈解説〉(1) 「使」が使われており、「A使ム二BヲシテC一」という使役の句法が当てはまる。今回の場合、Aの部分は省略されているが、「孟孫」であることは文脈からわかる。Bの部分は「使」直後の「秦西巴」、「之を載せて」と返って読み、「持帰」を読んだ後、「使(しむ)」に戻る。(2) B 秦西巴が何を「忍びず」子鹿を与えてしまったかを考える。C 傍線部C直前に「答へて曰く」とある。その前で孟孫が子鹿を出すよう求めている。つまり、孟孫の求めに対して誰が答えているのかを考える。D 「之を逐ふ」とある。「逐」ったのは孟孫である。文脈から、孟孫が誰を怒って追い払ったのかを考える。(3) 再読文字の「将」がある。「将に～せんとす」と読み、「今にも～しようとする」と訳す。また、疑問を表す「何也(なんぞや)」がある。読点で区切って解釈し、注の内容も交えて考える。(4) 「且」が使われており、「A且つB。況んやC乎。」の抑揚の意味を表す句法がだいたい当てはまる。Aが読点までの部分、後半部分がCで、Bと「況んや」が省略されていると考えると分かりやすいと思われる。子鹿のことですら大事したのだから、我が子にも同じようにするだろうという意味になる。

【教科専門Ⅱ】

【一】(1) ① 微笑 ② 酷 (2) 1 (3) 世間から押しつけられるものであり、できれば負わずにすませたいもの (4) 自分だけに「負担」があって、さらに「育児の責任」が問われる状態。 (5) 呼びかけや訴えに応じあうという「協同」の感覚をもち、じぶんでできなければだれかが代わりにやってくれるという安心感が底にあるようなもの。

〈解説〉(1)　文脈を読み取り、適切な漢字を答えること。　(2)　「おもねり」の終止形は「おもねる」。「へつらう」と同義。　(3)　「市民社会の約束」が分かるような部分を探す。傍線部Aの前の段落で、「責任」は背負わされた社会の約束事であり、「いわば世間から押しつけられるものである」とあり、「できれば負わなくてすむ」ようにしたいものだと、筆者は述べている。この部分をまとめる。　(4)　「お荷物」とはこの場合、先に述べられた「責任」を言いかえた表現である。他の人も赤ちゃんに対してリスポンシブルであるはずなのに、誰の助けも借りられず、「お荷物」を背負わされた母親はどうなるのかを、傍線部Bの次の段落で述べている。　(5)　筆者は傍線部Cの前の段落で、「責任」とは、「呼びかけや訴えに応じあうという『協同』の感覚である」と述べている。「協同」の部分は、これより後によりくわしく説明されているので、その部分も踏まえて端的にまとめる。

【二】(1)　①　いた(んで)　②　隔絶　(2)　すみれを忘れようとする遠野に対し、怒りを覚えた。　(3)　遠野は死を一人で背負うものだと考えているが、湖谷は共に背負うものだと考えている。　(4)　遠野は、すみれの死後にまつわる空想を自分の中で収めようとしてきたが、ここで湖谷に話したことで今までの思いがあふれ出たから。　(5)　すみれも自分もずっと同じところに留まって苦しんでいくのだと考えてきたが、遠野の「すみれは歩いている」というイメージを受け入れ、自分も前に進んでいいのだと思えた。

〈解説〉(1)　文脈に沿って適切な読みを選び、当てはまる漢字を書くこと。　(2)　傍線部A直後に着目する。「全身から血の気が引」き、「舌がもつれ、語尾が攻撃的に跳ね上が」るほどの怒りを覚えている。　(3)　遠野は、「死は「一人でなんとかしなきゃならない」ものと言っている。一方湖谷は、遠野に怒りをぶつけながら、「できる限り思いを寄せて、つながりを保ち～こちらへ結びつける肉の緒にならなければいけない」という考えをみせている。この部分を具体的に言いかえてまとめる。　(4)「声が湿り、語尾が頼りなく潰れた」から、遠野が言いながら泣き出している様子がうかがえる。泣き出すきっかけになったのは、すみれの死後にまつわる遠野の空想を、湖谷に話したからである。この部分も交えて説明する。　(5)傍線部Cより後に着目する。遠野の空想を聞き、湖谷はすみれを見捨てることにならないだろうかと感じるが、「歩いているなら、それはとても、とても、彼女らしい」と、すみれの死に対して新しい解釈を始める。それまでのすみれの死に対しての湖谷の解釈も踏まえて、この部分をまとめること。

【三】(1)　ハ行下二段活用動詞「経」の連用形　(2)　出家する前(五字)　(3)　白髪も顔のしわも増え、見るのもつらくなっていく鏡に映る自分の姿　(4)　日暮れになり、どこでもいいから行きついた所に寄って泊まろうと思っていたら、ありがたい最勝光院の大門が開いていたから。　(5)　あの世でも素晴らしくいらっしゃることでしょうよ。　(6)　五月雨が降り続いていた時期に晴れ間があり、(極楽浄土があるという)西方に夕日がくっきりと見えたことが素晴らしいことに加え、ホトトギスの鳴き声までも、冥土への友として死期が近づいた自分を誘うように思え、耳にとまったから。

〈解説〉(1)「経」は未然形になると「ヘズ」となり、「へ／へ／ふ／ふる／ふれ／へよ」と活用するため、下二段活用である。また終止形は「経」一文字で「ふ」と読むことに注意する。　(2)「そのかみ」とあるが、この時点で筆者の髪がどうなっていたかを考える。直前に「髪を剃り、衣を染めて」とある。髪を剃ることは、出家し、仏門に入るときの儀式の一つである。　(3)傍線部Bの前の内容に着目する。「頭の雪積もり」「面の波も畳みて」とある。「頭の雪」は白髪を、「面の波」は顔のしわをそれぞれ例えている。つまり、年を経て、老け込んでいく自らの姿が鏡に映ることが嫌なのである。　(4)「うれしくて歩み入る」とある。入っていった先は直前にある「最勝光院の大門」の中である。なぜ最勝光院に入ったかというと、それよりも前にある、

「やうやう日も暮れ方になり、～いづくにても行きとまらむところに寄り臥しなむ」と思っていたからである。(5)「後の世」とは「死後の世界」を指す。「めでたく」とは「すばらしく」という意味。敬語表現に注意を払いながらまとめること。(6) 和歌直後に「と、うち思ひつづけられて」とある。和歌に詠んだようなことを思っていてという意味であるが、和歌に詠んだ内容を具体的に示したのが、傍線部Eの前の「五月十日余日のほど」で始まる段落である。この部分を端的にまとめる。

【四】(1) すくなし (2) 亡くなった(死亡した) (3) 猛に如くは莫し。(4) わたしが早く子産さまの言うことに従っていれば、盗賊が多くなり国が乱れる事態にはならなかったものを。(5) 寛大さと厳しさの調和を保つこと

〈解説〉(1) 返読文字の一つである。「すくナシ」と送りがなを送る。(2)「卒」は、元々は大夫の死や天寿を全うした場合の死を指したが、後にさまざまな死を指して言うようになった。(3)「莫如」は、「莫レ如レ」と返り点をつけ、「如くは莫し」と訓読し、「～に及ぶものはない」という意味をもつ句形である。この場合、「猛」を先に読む。「猛」は「たけだけしい。厳しい。」という意味である。(4)「夫子」とは「あなた。先生。」などの男性の敬称である。子大叔は子産の後継者であるため、この場合「夫子」は子産を指す。また、「此」は指示語であり、直前の内容を指す。傍線部Bの前の「鄭国多盗」で始まる一文で、鄭には盗賊が多くなっていたことを述べている。子大叔はこれを悔いているのである。(5) 最後の会話文に着目する。仲尼は、寛大になれば民の心に慢心が起こり、これを正すために厳しくすることになる。厳しくすれば民が傷つくので、それをいたわるために寛大さを見せなければならないとし、「寛以済猛、猛以済寛。政是以和。(寛大さを以て厳しさをたすけ、厳しさをもって寛大さをたすける。政治はこれで調和を取っているのである)」と述べている。この部分を端的にまとめる。

二〇一八年度　実施問題

【教科専門Ⅰ】

【一】次の文章を読んで、後の問いに答えよ。

1　本当に労働のなかに喜びが内在しており、その喜びのゆえに人生の意味も労働のなかに求めることができるのであれば、労働は実在性をもち、観念や感情に左右されたり、表象のなかに①ウンサンムショウすることなどはありえないことであろう。十九世紀の前半から労働が人間の人間たる根拠であるとする労働思想が生まれてから、二十世紀の現在まで労働の本質と人間の本質とを同一視する思想が普遍的にばらまかれ、空気のように自明となった。労働こそが人間を人間にするという命題は近代と現代の基本になっている。

2　労働が原初の状態から「文明の状態」に人類を引き上げるのに大きい役割をした(苛酷な労働が人間を鍛え上げたというヘーゲル(注)の命題をみよ)のは事実であろう。しかし、Aそのような歴史的事実と、労働が人間の本来的在り方であると言うのは別個の事柄である。労働が社会生活に「必要」であると言うことと、人生の意味が労働にあり、労働の意味(喜び)が人生の生きがいになると言うことは、およそ別個の事態である。前者は社会科学的な事実である。後者はイデオロギー的思い込みである。いやそれどころか、労働意味論(労働喜び論)は、管理のためのイデオロギーである。もともと労働のなかに喜びなどはない、だからこそ無理にでも喜びの労働内在性を虚構しなくてはならない。そうでないと労働者は労働してくれないからである。

3 労働ではなく消費を取り上げてみよう。現代消費社会において消費者はどう行動するのかを観察してみると、消費者は、次々と消費財を購入し利用しているのであるが、そのとき彼らは商品の機能や有用性を消費しているだけではない。彼らは消費財の機能性とは別個に、いや機能以上に、B消費財の象徴的あるいは記号的含蓄を消費している。消費者が商品をあれこれ購入するのは、その財を所有することが同時に社会的ステータスを表現しているからである。時代によって消費財の象徴的価値が変動する。例えば、ある時代では、冷蔵庫、マイカー、カラーテレビが社会的身分を誇示する消費財であったが、別の時代では、自動車なら外国産の高級車、ヴィデオセット、パソコンなどがそうなる。現在では別の消費財が登場していることであろう。ともかく、消費財のなかには、それの所有が社会的地位を上昇させると当事者たちが想像する象徴的価値をもっている。消費者は、こうした「特権的」消費財を消費するとき、自分の想像上の地位と身分、すなわち前よりも上昇したと感じる象徴的価値を消費しているのである。

4 なぜそのような行動をするのかは、いままでの記述から明らかである。つまり、消費者は、同等者の間で、社会的地位の上昇合戦をしているのである。ある物をひそかに所有するのでは「意味」がないのである。特権的な物を所有していることを他人に見せびらかせるのでなくてはならない。他人がその物の所有状態をみて、「羨望」と「嫉妬」を感じてくれないと困るのである。実際に他人が羨望も嫉妬も感じなくてもいいのだ。最悪の場合には、本人が「きっとこれを見て他人がうらやむに違いない」と想像して、他人の視線を内面化すればよい。

5 しかし消費行動のさらに奥には、これが特権的消費財だと「指さす」誰かが必ずいる。それは自然発生的な「先駆的消費者」かもしれないし、メディアのながす言説であるかもしれないし、企業の消費デザイナーであるかもしれない。いずれにせよ、それらが一丸となって、「上級な消費者」のモデルを提供する。このモデルに合わせて一般的消費者は、他人が指さす特権的な消費財を手に入れて、上級な地位にまで到達したと、錯覚にせよ、感じることが肝心である。消費財が記号であるのは、この財が地位の記号になるからである。特別の記号になる財は「何でもいい」。消費財の物質的なリアリティーなどはどうでもいいのである。

6　したがって消費欲望は、他人に消費財の所有を誇示することで、自分の地位と価値（「センスのよさ」など）を他人から承認されたいという欲望である。消費社会を動かしているのは、所詮、成り上がり欲望であり、成り上がる欲望を最大限にもっているのは、「中間階級」である。上級階層と下級階層の中間にいるからこそ、一方では、上級階層の価値を内面化し、そうすることで一瞬なりと上級階層に参入したと実感したいと願うし、他方では下級階層に対しては、格下げ評価を下し、自分は「彼らとは違う」という格上げの実感をもつ。しかしこの消費行動の循環の終わりでは事態は少しも変わっていない。上級への上昇は一瞬の夢物語にすぎない。これがC中間階層の行動様式である。

7　ここで重要な論点は、消費財の実在性はゼロ化していることである。地位の記号を示すのであれば何でもいいというのは、財や物の実在性が空無化することである。物の記号化とはそうした事態をさす。高度産業社会と高度消費社会のなかで、消費財に起きたことが労働にも起きているのではないだろうか。

8　労働の現場で承認欲望が全面的に活躍しているのであれば、労働する個々人は上下左右の承認欲望によって完全に拘束されているし、自分の現実的なあるいは象徴的地位の向上のために緊張した対人関係を維持し続けることを余儀なくされる。言うまでもなく、この労働ポトラッチ（注）を生き抜くためには個人の肉体的存在だけではどうにもならない。労働する者は労働と企ての「成功」ないし「成就」を承認欲望の充足のために使用しなくてはならない。しかし成功も成就も自分でそのように評価するのでは十分ではない。他人から評価されてはじめて、労働の結果は、成功か否かが確定する。このように、労働の結果は、他人による評価の素材になるが、素材以上のものではない。商品は素材的要素をもっていても、商品の社会的評価つまり交換価値がすべてである。

9 それと同様に、労働と企てが成功であったかどうかの意味での「価値」は、労働の素材的要素にあるのではなくて、労働の「社会的」評価にある。他人の評価によってだけ労働は運動する。フリードマン（注）が指摘していたように、労働の現場において原料の知識に精通しているとか、生産手段の科学的技術的性質の知識とかを職人的労働者はかつては重視していたが、いまではそうしたことは消滅した。その理由のひとつは、結果を含めての労働全体が実在性を喪失したからであろう。実在性の喪失は、労働がついに全面的に承認欲望だけで動く時代が到来したからである。昔も承認欲望はあった。しかしその欲望の作用の強度がいまとは違うのである。

10 労働は実在性を喪失し、承認のための余儀ない「手掛かり」以上のものではなくなった。人はブランドと名声の高い企業に就職する。労働の質とか自分にもっとも適した仕事とかで企業を選ぶのではない。労働の種類は何でもいい。企業の内部での労働であろうと、他の職種であろうと、何でもこなすが、社会的に格が高いと想像されるのであれば何でもいいのである。問題は、そのこなす労働の結果によって、上司と同僚から「格が高い」と評価されることだけが、いまや労働の動機になった。こうしてD労働は、消費財的になったのである。

11 労働は、地位の上昇を求めるひとつのチャンスでしかない。労働は、現実的な、あるいは象徴的な、社会的地位の②ケンジのための記号にすぎない。いわゆる労働の喜び、伝統的な喜びは、労働にはもうない。

喜びがあるのは、他人の評価によって、自己評価が充足されるときに限られる。上司であれ、同僚であれ、そうした他人の評価を求める欲望が満足されないで挫折するときには、人はさっさと職場を放棄し、別の職場を求めてあてもなくさまようであろう。新規採用者の企業定着率が低い、あるいは一年以内に放棄する率が高いのは、いまや労働が消費財的記号としてしか受けとめられなくなったのが大きな要因のひとつであろう。

12 古典的労働は現在では消滅した。勝利したもの、それは虚栄心である。

（今村仁司「近代の労働観」）

(注) ヘーゲル………ドイツの哲学者。
ポトラッチ……北アメリカ北西海岸先住民の社会で、自己の社会的威信を高めたり称号を獲得したりするため、客を招き、競って贈与・消費する饗宴のこと。

フリードマン…アメリカの経済学者。

(1) 二重傍線部①・②のカタカナ部分と同じ漢字を用いる熟語を一つずつ選び、番号で答えよ。

① ウンサンムショウ
1 平安時代のサンイツ物語を研究する。
2 全国から多くのサンジが寄せられている。
3 いずれはサンシスイメイの地に移住したい。
4 部活動は生徒会のサンカに置かれている。

5　シンサンを共にした仲間を失った。

②　ケンジ

1　今回の事業の成否は彼のソウケンにかかっている。

2　彼のケンシン的な看病によって元気になった。

3　彼は高い身体能力で陸上界をセッケンしている。

4　彼とその周囲との対立がケンザイ化した。

5　彼のケンメイな判断が事故を未然に防いだ。

(2)　傍線部A「そのような歴史的事実と、労働が人間の本来的在り方であると言うのは別個の事柄である」のはなぜか。その理由として最も適当なものを一つ選び、番号で答えよ。

1　劣悪な条件下での労働が人間の身体を強靱にしたというのは事実であるが、労働する姿こそが人間らしいというのは労働者も生きがいをもつべきだと考える政治家の理想であるから。

2　労働が人間を物質的に充足させることに貢献したというのは事実といえるが、人間を人間たらしめるのは労働であるというのは支配階級に都合のよい考え方であるから。

3　労働が人間の文明を発達させたというのは具体的な事物が証明してくれるが、人間としての証は労働にあるというのは世界に浸透している抽象的な思想にすぎないから。

4　労働が社会生活の要であるというのは社会の本来の姿であるが、労働に人生の喜びがあるというのは近代以降の社会における哲学的な命題であるから。

5　労働が人間を支配しているという思想が二十世紀の時点で一般的になったというのは歴史的な事実といえるが、その思想の内容自体は思い込みにすぎないから。

(3) 傍線部B「消費財の象徴的あるいは記号的含蓄」に当てはまるものを一つ選び、番号で答えよ。
1 冷蔵庫を購入することで、無駄な消費を抑えた食生活ができていると感じられること。
2 電気自動車を購入することで、環境に配慮した生活ができていると感じられること。
3 ブルーレイデッキを購入することで、鮮明な映像の保存ができるようになったと感じられること。
4 多機能パソコンを購入することで、情報処理能力が向上したと感じられること。
5 外国産の高級車を購入することで、自分の属する階級が上がったと感じられること。

(4) 傍線部C「中間階層の行動様式」の説明として最も適当なものを一つ選び、番号で答えよ。
1 出世欲の多少によって人間の価値が決まると考え、常に同じ中間階級の人間よりも上昇志向をもち、特権的消費財を所有しようとすること。
2 他者に対する羨望と嫉妬に支配され、メディアが提供する理想を実現させるために、消費財の実在性を度外視してしまおうとすること。
3 旺盛な上昇志向に突き動かされ、結局は幻想でしかない昇格を求めて、他人の羨望の対象となる消費財を所有し誇示しようとすること。
4 潜在的な消費欲望をあおり立てられ、性能の優れた物を購入し他人よりも巧みに使いこなすことによって、自分の欲求を満たそうとすること。
5 他者に対する優越感を最大限にもち、自分が最高の存在であると仮想することによって、上昇合戦において束の間の勝利を得ようとすること。

(5) 傍線部D「労働は、消費財的になった」とは、どういうことか。その説明として最も適当なものを一つ選び、番号で答えよ。

1　現在では、労働は、上司や同僚から評価を得るための行為であるのと同時に、自分の能力や生産性を高め、喜びをもたらす行為でもあるということ。
2　現在では、労働は、技術的に熟練していることに価値が置かれ、名の知れた企業でその技術を発揮することが評価されるようになったということ。
3　現在では、労働は、他人による評価の素材としての面に目が向けられており、確かな技術や知識の有用性が見直されてきているということ。
4　現在では、労働は、地位を向上させるよりも昇給するなど生活の向上に資する手段として大きな役割を果たすようになったということ。
5　現在では、労働は、他者から承認されることに価値が置かれるようになり、労働の実質的な価値は見向きもされなくなってしまったということ。

(6)　この文章の表現に関する説明として適当でないものを一つ選び、番号で答えよ。
1　第1段落の7行目「空気のように」は、説明の必要がないほど当たり前の存在になったことを例えている。
2　第2段落の6行目「およそ」は、二つの事態が完全に別個であることを印象づけている。
3　第5段落の4行目「いずれにせよ」は、直前の話題を留保して別の話題に転換する働きをしている。
4　第7段落の5行目「ないだろうか」は、疑問形であるが、筆者の主張が述べられている。
5　第8段落の6行目「ないし」は、二つ以上のものを提示し選択させる働きをしている。

(☆☆☆☆◎◎◎)

【二】次の文章は、柳美里の「ねこのおうち」の一部である。留香は公園に捨てられていた子ねこをこっそり自分の家に連れて帰ってきた。この文章を読んで、後の問いに答えよ。

嘘をつこう。
どんな嘘をつく?
留香は下唇を嚙んで、玄関のドアを開けました。
外は息が詰まりそうなほど暑いのに、家の中の空気はひんやりしていました。
靴を脱いで、廊下に足を踏み出しました。
とりあえず、わたしの部屋でねこをランドセルから出そう。
足音を立てないように階段を上ったのに、二階に上がったところでねこが鳴きました。
ニャア！　ニャア！
留香の耳にねこの声が痛みのように響きます。
玄関に子ねこが捨てられてて、ドア開けたら入ってきちゃったって嘘つくしかない。
でも、だったら、ランドセルの中にねこがいるなんてヘンじゃん。
留香は、二階の廊下でランドセルの蓋《ふた》を開けました。
すると、子ねこはドアの隙間《すきま》から部屋の中に入ってしまいました。
かすみお姉ちゃんの部屋だ……
どうしよう……
どうして、ドアが開いてたんだろう……

どうする？

留香は意を決してノックをしました。

返事がありません。

ドアノブをつかんだその瞬間、ドアが開きました。

留香は A火傷《やけど》でもしたかのようにドアノブから手を離しました。

目の前に、お姉ちゃんの顔がある。

お姉ちゃんが、わたしの顔を見てる。

B目の位置が、そんなに高くなくなってる。

かすみお姉ちゃんは、お母さんに似て背が低くて、運動会ではいつも最前列だったけど、わたしはお父さんに似て背が高いから、あと一年ぐらいしたら追い越すかもしれない……

と、ぜんぜん違うことを考えているのに、留香の口から「ねこ」という言葉が飛び出しました。

「ねこ」かすみも言いました。

カナカナ、カナカナカナカナ、というヒグラシの鳴き声に急《せ》かされているような気がして、留香が早口で説明しました。

「ひかり公園に捨てられてたの。六ぴきいたんだけど、子ねこだけで、お母さんねこはいなかったの」

「ほかの子ねこは？」

「三びきは木の上に逃げた。三びきは捕まえて段ボールに入れた。段ボールは公園の秘密基地にある」

「あの公園は、ノラねこの糞尿の臭いで迷惑していますとか、ノラねこに餌をやるのは禁止ですって看板があちこちにあるでしょう？　光町は、ねこ嫌いのひとが多いから危険だよ」

かすみの声は平らで生気がありませんでした。

「ひなちゃんが飼うんだって。今は、動物禁止のマンションに住んでるからダメだけど、四年後におうちを建てたら引き取るって言ってた。だから、一時保護なんだけど……」

ふうっと息を吐くと、姉と普通に話をしていることと、嘘の話をしなかったことへの驚きが、留香の胸に押し寄せてきました。

留香は姉の目を見ました。

かすみの目はとても大きく、とても静かでした。

「そんなの嘘だよ。子ねこは半年でおとなと同じ大きさになるんだよ。四年後に、ほんとうにひなちゃんが一軒家に引っ越したとして、ひなちゃんが四歳になった大きなねこを引き取ると思う？　ひなちゃんは、ペットショップで小さい子ねこか子いぬを見つけて、お父さんにおねだりして買ってもらうと思うよ」

と、かすみは腕組みをしました。

夏なのに長袖の白いパーカーを着ています。

「ねこ、どうするの？」

かすみは眼鏡の奥から妹を見詰め、長い①睫毛《まつげ》をそっとしばたたかせました。

「………」

留香は困って、かすみの部屋に目を逃しましたが、知らない家の知らない人の部屋を覗き見しているような気がして、視線を彷徨《さまよ》わせました。

壁のハンガーには、見慣れた制服が掛かっていました。

かすみが通っていた女子校のセーラー服です。

お姉ちゃんは、小学三年の時から進学塾に通って、第一志望の女子校に合格したのに……

お母さんは、「るかも、お姉ちゃんと同じ学校に通えるといいね」って、わたしも小三から同じ塾に通う予定だったんだけど、お姉ちゃんが学校に行かなくなって、塾の話は立ち消えになっちゃったみたい……

留香がセーラー服から姉の顔に目を転じた時、かすみの大きな目が妹の目を捕らえました。

「飼うの？」

「うん」

留香は、C自分でも思いがけない返事をしました。

「じゃあ、まず、洗おう。公園に捨てられてたなら、ノミとかダニが付いてるから」

「ねこ、どこ？」

「ベッドの下」

「るかりん、捕まえられる？」

「られる。わたし、ねこ捕り名人だから！」

留香は久しぶりに「るかりん」と呼ばれたことがうれしくて弾んだ声を上げました。

るかりん復活！

わたしは「るかりん」、お姉ちゃんは「かすみん」って、ふたりだけのあだ名で呼び合ってたんだけど、まだ「かすみん」は復活させられそうにない。

だって、ちょっと恥ずかしい……

留香がベッドに潜って②にじり寄ると、子ねこがベッドの下から飛び出しました。

「かすみん、捕まえて！」

留香がベッドの下で叫びました。

「捕まえた！」

十四歳のかすみが、九歳の妹と同じような子どもらしい高い声を上げました。

留香は、かすみの助手を務めました。

暴れる子ねこの頭から洗濯ネットをかぶせて、手早くジッパーを引き上げました。洗面器にお湯を入れて、シャンプーを溶かして指で泡立てました。

かすみがジーンズを膝《ひざ》のところまで折り上げ、白いパーカーを肘《ひじ》のところまで捲《まく》り上げて言いました。

「るかりん、子ねこ！」

留香は、洗濯ネットごと子ねこを抱いて、かすみに渡しました。

「いい子ぉ、怖くないよぉ、きれいにしてあげるからねぇ」

かすみは、優しい歌うような声で子ねこを励《はげ》まし、子ねこのおしりからそうっと洗面器に入れました。

ニャア！　ニャア！

子ねこは大きな声で鳴きましたが、かすみは手を休めませんでした。

「ほら、ノミだよ、ノミが浮いてきた。マダニがいたら困るから、明日、動物病院に連れて行こう。予防接種も打ってもらった方がいいから」

留香が覗き込むと、白い洗面器に黒ゴマのようなノミが点々と浮いていました。

「この子、お風呂、嫌いじゃないかも。鳴いてるけど、体の力は抜いてるから。いい子だねぇ、次から洗濯ネットやめてあげるからねぇ」

毛が濡れた子ねこの体は肋骨《あばら》が浮き出るほど痩せていて、両手に収まるぐらいの大きさしかありませんでした。

「ガリガリだよ……かわいそうに……るかりん、バスタオル一枚持ってきて」

留香は、ピンクのバスタオルを姉に渡しました。

かすみは洗濯ネットから子ねこを出して、バスタオルでくるみました。

「さあ、ドライヤーだ。おとなしくしててくれるかなぁ」

ドライヤーの電源を入れると、子ねこは体を硬くし、子ねこを押さえるかすみの左腕も硬くなりました。

ブォォォォォ……

ニャア！　ニャア！

かすみの顔は汗だくです。

汗の玉が次から次へと顔を伝って、ポタッ、ポタッと落ちていきます。

かすみが左手の袖《そで》で額を拭った瞬間、留香は見てしまいました。

手首の赤い線……何本もある……

「ふわふわぁ……真っ白ぉ……綿菓子みたい……ほら、見て！」

振り返ったかすみは、妹が手首の傷を見ていることに気づき、慌ててパーカーの袖を引き下ろしました。

その拍子《ひょうし》に、子ねこがジーンズに爪を立てて、かすみの体をよじ登りました。

「爪も切らなきゃね」

肩に乗った真っ白な子ねこは、かすみの耳のすぐ傍でゴロゴロと喉を震わせました。

玄関のドアが開く音がしました。

「ただいまぁ、遅くなっちゃった……」

お母さんは両肘に掛けていた買物袋を玄関に下ろし、サンダルを脱ぎました。

「あら、るか？　るかちゃん！」

お母さんは、洗面所のドアを開けました。

るか……

かすみ？

ねこ？

「ねこ！」

お母さんは叫び声を上げました。

「ちょっと！　そのねこ、どうしたの！」

かすみは肩の子ねこを胸に抱きました。

「拾ったの」

「拾ったって……どうするの？」

「飼う」

「ねこは、ダメですよ」

「飼います」

「そんなの聞いてないわよ、なんの相談もなく……」

「でも、お母さんは、いつもなんの相談もなく決めるよね？」と、かすみは留香が見たことのない鋭い目付きをしました。

「…………」

「この子は、わたしとるかが飼います」

と、母親の顔を睨んだ D かすみの目はますます光って見えました。


（柳美里「ねこのおうち」）

(1) 二重傍線部①・②の動作の意味として最も適当なものを一つずつ選び、番号で答えよ。

① 睫毛をそっとしばたたかせました

1 ぎゅっと目をつぶりました
2 何度もまばたきをしました
3 大きく目を見開きました
4 小刻みに睫毛をふるわせました
5 ゆっくり目を閉じました

② にじり寄る

1 踏みつけようとする
2 ぐいぐい距離をつめる
3 体をひねって近付く
4 おそるおそる近寄る
5 じわじわ近寄る

(2) 傍線部A「火傷でもしたかのようにドアノブから手を離しました」とあるが、このときの留香の様子の説明として最も適当なものを一つ選び、番号で答えよ。

1　姉が部屋にいることは分かっていたのに、だまってドアを開けようとしてしまったので、そのことを隠すため、火傷をしているふりをしてとっさに手を引っ込めた。

2　姉の部屋のドアをノックしても返事がないので、ドアを開けて部屋に入ってみようとした瞬間にドアが開き、姉の怒った顔が目の前に見え、怖くなってとっさに手を引っ込めた。

3　姉が嫌がると思って姉の部屋のドアには触らないようにしていたのに、急にドアが開いたので、ドアノブと手がぶつかってしまい痛みを感じてとっさに手を引っ込めた。

4　姉の部屋のドアを思い切ってノックしてみたけれども返事がなかったので、ドアを開けて中を確認してみようとした矢先にドアが開き、びっくりしてとっさに手を引っ込めた。

5　姉の部屋のドアが少し開いていることに安堵してドアを開けようとしたが、夏の暑さでドアノブが異様に熱くなっており、その熱さに驚いてとっさに手を引っ込めた。

(3)　傍線部B「目の位置が、そんなに高くなくなってる」とは、どういうことか。その説明として最も適当なものを一つ選び、番号で答えよ。

1　わたしの背が以前より伸びて姉の背の高さに近づいていたということ。

2　部屋の外でうろうろしているわたしのことを姉が心配して目線を合わせたということ。

3　姉がドアの隙間から外の様子を伺うようにしてわたしの顔を覗き込んでいるということ。

4　姉とわたしとでは、以前からわたしの方が少し背が高かったということ。

5　姉もわたしも背が伸びているので、身長差はそんなに縮まっていないということ。

(4)　傍線部C「自分でも思いがけない返事をしました」とあるが、その理由の説明として最も適当なものを一つ選び、番号で答えよ。
1 子ねこを飼うという決断ができないでいたのに、怒ったような目で姉に「飼うの?」と言われ、怖くなって「うん」と言ってしまった。
2 子ねこを飼うのをあきらめようと思っていたのに、威圧するような目で姉に「飼うの?」と言われ、やむを得ず「うん」と言ってしまった。
3 子ねこを飼うつもりは全くなかったのに、まるで懇願するような目で姉に「飼うの?」と言われ、思いを汲んで「うん」と言ってしまった。
4 子ねこを飼うことまでは特に考えていなかったのに、決断を迫るような目で姉に「飼うの?」と言われ、思わず「うん」と言ってしまった。
5 子ねこを飼うのはわたしではなくてひなちゃんなのに、疑うような目で姉に「飼うの?」と言われ、ごまかすために「うん」と言ってしまった。

(5) この文章におけるかすみの変化の説明として最も適当なものを一つ選び、番号で答えよ。
1 今までは何事も人任せだったが、子ねこを洗うことに大変さを感じながらも妹のために積極的に手伝うようになった。
2 今までは子ねこに全く興味がなかったが、妹に命令できることがうれしくて、子ねこを洗うことについ真剣になってしまった。
3 今までは部屋にこもりがちだったが、子ねこに興味をもつにつれて活発に行動するようになり、自分の意見を主張するようになった。
4 今までは飼うことに対して否定的であったが、痩せた子ねこを見てかわいそうになり、子ねこに対して愛情が湧いてきた。

5　今までは妹のことが嫌いだったが、子ねこを洗っているうちにだんだんと妹に優しく接することができるようになってきた。

(6)　傍線部D「かすみの目はますます光って見えました」とあるが、このときのかすみの心情の説明として最も適当なものを一つ選び、番号で答えよ。

1　これからは母が自分のために何かやるべきと考え、子ねこの世話は母にもやってもらうという挑戦的な気持ち。

2　今までは母が自分のことを決めてきたが、これからは母の言いなりにならず、自分の意思で行動しようとする強い気持ち。

3　子ねこを飼うのは自分の意思だということを強調し、子ねこを拾ってきた妹が母に怒られないように妹をかばう気持ち。

4　やりがいのあることが見つかったため、今までのことは忘れて家族全員で仲良くやっていこうという前向きな気持ち。

5　相談もなく子ねこを飼うことを決めてしまったが、母にも飼うことを認めてもらいたいと強く願う気持ち。

(☆☆☆◎◎◎)

【三】次のそれぞれの問いに答えよ。

(1)　次の中から、傍線部の漢字の使い方がすべて正しいものを一つ選び、番号で答えよ。

1 議長を委嘱する。　腎臓移殖の成功。　医食同源の思想。
2 利益を追及する。　賞与を追給する。　学問を追究する。
3 反乱軍が峰起する。　超法規的な措置。　相続権を放棄する。
4 権力を行使する。　厚志に感謝する。　公私を混同する。
5 病気が快方に向かう。　扉を解放する。　病人を介抱する。

(2) 次に示した熟語のうち、湯桶読みをするものを一つ選び、番号で答えよ。
1 先手　2 総身　3 肉類　4 目薬　5 荷物

(3) 次の中から、読み方が誤っているものを一つ選び、番号で答えよ。
1 払拭(ふっしょく)　2 造詣(ぞうし)　3 約款(やっかん)　4 曳航(えいこう)
5 誰何(すいか)

(4) 次に示した故事成語のうち、「敗者が再び勢力を盛り返すこと」という意味であるものを一つ選び、番号で答えよ。
1 呉越同舟　2 曲学阿世　3 捲土重来　4 切磋琢磨　5 臥薪嘗胆

(5) 次に示した文のうち、傍線部が日本語の慣用表現として正しいものを一つ選び、番号で答えよ。
1 鈴木君は寸暇を惜しんで勉学に励んだ。
2 木村君の意見はいつも的を得ている。
3 あの子は頭がよく、目鼻が利く子だ。
4 熱にうなされる弟を必死で看病した。
5 彼のあつかましさに眉を細めた。

(6) 次に示した文の傍線部と同じ用法の「の」を一つ選び、番号で答えよ。
ここにいるのは、私の母です。
1 ケーキ作りは私の趣味です。
2 桜の咲く季節がやってきた。
3 今日はとても暑いので、泳ごう。
4 生きるの死ぬのと騒ぎ立てる。
5 彼が笑うのを見たことがない。

(7) 次に示した文の傍線部の品詞とその活用形の組合せとして正しいものを一つ選び、番号で答えよ。
そこに行くには交通手段がないから、行くのに時間がかかる。
1 形容詞―連体形　2 形容詞―終止形　3 助動詞―終止形　4 助動詞―連体形
5 形容詞―連用形

(8) 次に示した作品を発表された年が早いものから順に並べたとき、五番目になるものを選び、番号で答えよ。
1 「三四郎」　2 「黒い雨」　3 「羅生門」　4 「走れメロス」　5 「伊豆の踊子」

(9) 次に示した詩の題名と作者の組合せのうち、誤っているものを一つ選び、番号で答えよ。
1 「竹」――――萩原朔太郎
2 「初恋」―――島崎藤村
3 「サーカス」――中原中也
4 「小景異情」――三好達治
5 「道程」―――高村光太郎

(10) 次に示した小倉百人一首の和歌と作者の組合せのうち、誤っているものを一つ選び、番号で答えよ。

1　田子の浦にうち出でてみれば白妙の富士のたかねに雪は降りつつ　山部赤人
2　人はいさ心も知らずふるさとは花ぞ昔の香ににほひける　紀貫之
3　これやこの行くも帰るも別れては知るも知らぬもあふ坂の関　西行法師
4　天の原ふりさけ見れば春日なる三笠の山に出でし月かも　阿倍仲麻呂
5　ちはやぶる神代もきかず竜田川からくれなゐに水くくるとは　在原業平

（☆☆☆◎◎◎）

【四】次の古文は「住吉物語」の一部である。姫君に思いを寄せている少将は、姫君が入内すると聞いて、再び侍従に取り次ぎを頼みに来る。この文章を読んで、後の問いに答えよ。

少将は、内裏(注)参りのこと聞きたまひて、侍従に会ひて、「あさましや。よしなきことを思ひ初めて、雲居《くもゐ》はるかに聞きなしたてまつらんことの口惜しさよ。今は世にあるべき身ともおぼえず。深き山に入りはべりて、アさまは変はるとも、憂き言の葉の、忘れざらんことの罪深さよ」とのたまへば、「まことにおろかならずA思ひきこえたまへども、いとかたき御心にて」とB申せば、少将、「いでや、御返りことC賜はりて、この世にての思ひ出に」とのたまへば、侍従、「この少将、ありがたく申させたまふに、物越しにても」など申せば、「何ごとを、みづから聞こえべき。そこにて、取り伝へたまへかし」と、「世のつつましさにのみおぼゆれば、かやうにおはすること、心苦しく」などDのたまへば、侍従立ち帰り、このよし申せば、少将Eことわりとおぼして、うち嘆きてかくなん、

Ⅰ　雲の上にたちのぼりなん鶴の子のいとど跡だに見えでやみなん

御声をなりともうけたまはりて、この世の思ひ出にと嘆きたまふ。このよし、侍従聞こゆれば、姫君かくなん、

Ⅱ　かひもなきわが身と思へ鶴の子の雲の上にも思ひたたれず

「かくのたまへる」と聞こゆれば、少将、「一言葉《ひとことば》の御返事はうれしけれども、人づてならでうけたまはらば、いかに」などとのたまへば、「それはFいとかたき御ことにこそ」と申せば、「いかにあるべきにか、物思ひに沈みさぶらふべき身にもはべらず」とて、直衣《なほし》の袖を顔に押しあててゐたまへり。侍従も心苦しくて、イこれも袖をしをりけり。

また少将殿、かくなん、

いかにせん逢坂山を知らぬ身はただその道にまよふばかりぞ

と聞こえたまひしかども、御返事もなし。暁方《あかつきがた》になりければ、嘆きつつ出でたまひぬ。

（『住吉物語』）

（注）内裏参り……………入内。

(1)　波線部ア・イの意味として最も適当なものを一つずつ選び、番号で答えよ。

ア　さまは変はるとも

1　山中で迷いましても

2　気持ちは移ろいましても
3　転居してしまいましても
4　事情は変わりましても
5　出家いたしましても

イ　これも袖をしをりけり

1　侍従も一緒に袖をぬらした
2　侍従も直衣の袖を顔にあてた
3　侍従も姫君の袖を引いた
4　姫君も一緒に袖をぬらした
5　姫君も侍従の袖を引いた

(2)　傍線部A～Dの主語の組合せとして正しいものを一つ選び、番号で答えよ。

1　A　姫君　B　侍従　C　少将　D　姫君
2　A　姫君　B　侍従　C　姫君　D　少将
3　A　侍従　B　侍従　C　少将　D　姫君
4　A　侍従　B　姫君　C　姫君　D　姫君
5　A　侍従　B　姫君　C　少将　D　少将

(3)　傍線部E「ことわり」の内容として最も適当なものを一つ選び、番号で答えよ。

1　姫君は少将に直接会いたいけれども、入内してしまったので断るのはもっともであること。
2　姫君が世間の目を気にして、少将が訪れるのをつらく思っているのはもっともであること。

3　侍従が入内予定の姫君に悪いうわさがたつのを恐れるのはもっともであること。
4　侍従が主人の姫君のために、しつこく言い寄る少将と会わせないのはもっともであること。
5　少将が入内予定の姫君に会いに来ていることが世間に知れたら罰を受けるのはもっともであること。

(4)　傍線部F「いとかたき御こと」の内容として最も適当なものを一つ選び、番号で答えよ。
1　少将が姫君から和歌で返事をもらうこと。
2　少将が姫君から好意的な返事をもらうこと。
3　姫君が少将にじかに返事をするということ。
4　姫君が少将にかたくなに返事をしないでいること。
5　姫君が少将に入内をあきらめる返事をすること。

(5)　本文中の和歌Ⅰ、Ⅱの説明として最も適当なものを一つ選び、番号で答えよ。
1　少将がⅠで姫君の対応を恨む歌をよこしたが、姫君はⅡで自分を「鶴の子」にたとえた少将を非難し、身の程をわきまえてほしいという思いを詠んでいる。
2　少将と姫君がⅠ、Ⅱの和歌に「雲の上」という共通の比喩表現を用いることによって、来世では二人一緒になりたいという思いを詠んでいる。
3　少将がⅠで姫君と結ばれないなら出家するつもりだという強い思いを詠み、姫君もⅡで少将への思いが断ち切れないという思いを詠んでいる。
4　少将がⅠで姫君が入内する前にせめて思い出に残るものが欲しいと頼み、姫君がⅡでなかなか入内する決心がつかないという思いを詠んでいる。
5　少将がⅠで姫君が手の届かない存在になることを悲しむ歌を詠み、姫君がⅡで身分が違うのだから、私を慕ってもしかたがないという思いを詠んでいる。

（☆☆☆◎◎◎）

【五】次の文章を読んで、後の問いに答えよ。（一部本文の表記を改め、訓点を省いたところがある。）

建武九年、(注)隗《くわい》囂《がう》死。囂自更始初年起兵、至建武初、據《より》天水、自称西州上将軍。後嘗A遣馬援往成都観公孫述。(注)援与述旧。B謂当握手歓如平生。時述已称帝四年矣。援既至。盛陳陛(注)衛以延《ひク》援。援謂其属曰、「天下雌雄未定。公孫不吐(注)哺迎国士、反修(注)飾辺幅如偶人形。C此何足久稽《とどム》天下士乎。」因辞帰。謂囂曰、「(注)子陽井底蛙耳。而妄《みだリニ》自尊大。D不如専意東方。」

（「十八史略」）

（注）隗囂……後漢の人。光武帝に対抗していた。
公孫述……後漢の人。光武帝に対抗していた。
陛衛……御殿の階段の左右にいる衛兵。

吐哺迎国士…昔、周公は一食の間に三度も口の中の食物を吐きだして、天下の賢士たちにすぐ面会したことをいう。

修飾辺幅……服を着飾って美しく見せること。

偶人…………人形。

子陽…………公孫述の字。

東方…………光武帝がいる後漢の都洛陽をさす。

(1) 傍線部Ａ「遣馬援往成都観公孫述」の書き下し文として最も適当なものを一つ選び、番号で答えよ。
1 馬援を成都に往かせしを公孫述が観る。
2 馬援を往かしめて成都と公孫述を観る。
3 馬援を遣はし成都に往き公孫述を観しむ。
4 遣ひの馬援は成都に往き公孫述を観る。
5 成都に往く馬援をして公孫述に観しむ。

(2) 傍線部Ｂ「謂当握手歓如平生」の解釈として最も適当なものを一つ選び、番号で答えよ。
1 馬援は公孫述と手を携えて、普段どおりに生活できる時代を共に作ろうとお互いに誓い合った。
2 公孫述は当然馬援と握手をして、いつものように歓迎してくれるだろうと隗囂は言っていた。
3 馬援は以前と同様に公孫述の手を握り、平和な生活ができるのを喜んでほしいと言った。
4 公孫述はきっと私と手をとりあって、昔のように再会を喜んでくれるだろうと馬援は思っていた。
5 馬援は公孫述に会うとまず手を握りしめ、旧友としてぜひとも助けてくれるように頼んだ。

(3) 傍線部C「此何足久稽天下士乎」のように述べた理由として最も適当なものを一つ選び、番号で答えよ。

1 公孫述は長い時間をかけて食事をし、国中の優れた男を待たせるような男なのでこの先は長くはないと判断したから。

2 公孫述は身の回りの人形を美しく飾り立てることに腐心し、配下の兵を全く鍛え上げていない様子だったから。

3 公孫述は中国全土の情勢を把握できておらず、自分を人形のように着飾る外見ばかりを気にする男に思えたから。

4 公孫述は勢いが盛んで部下の兵士も士気が高いが、いかんせん本人は度量が小さいという評判だから。

5 公孫述は見栄を張っているだけで、積極的に有能な士を配下に迎え入れようという姿勢がないように見うけられたから。

(4) 傍線部D「不如専意東方」の解釈として最も適当なものを一つ選び、番号で答えよ。

1 公孫述より光武帝に心を寄せる方がよろしいでしょう。

2 公孫述は光武帝のような大きな心をもっていないでしょう。

3 光武帝に降伏して働くことに専念するのがよいでしょう。

4 光武帝の独占欲の強さに対して注意するのが賢明でしょう。

5 公孫述と協力せず自分だけで光武帝を倒すべきでしょう。

(☆☆☆◎◎◎)

【教科専門Ⅱ】

【一】次の文章を読んで、後の問いに答えよ。

ある日、友人と食事をしているときだった。話が絵画に及ぶと彼は、急に思い立ったようにこういった。

「セザンヌの画を美術館で見なくてはならないのが現代だからね」

こちらの怪訝そうな顔を見ると、次のように言葉を継いだ。

風景を題材にしたセザンヌ(一八三九〜一九〇六)は、しばしば野外で絵を描いた。一枚の絵を仕上げるときも野外だったことは少なくないはずだ。しかし、彼は自然の光のなかで描かれたものを、自分たちは人工的な照明の下でしかみることができなくなっている。セザンヌが画いた作品にふれることはできるが、セザンヌが世界に感じた感動を果たして自分たちは、わずかでも感じられているのだろうか、というのだった。

美術館で画を見ても無駄だ、と彼は言いたかったのではない。むしろ、この人物は、その役割を深く認識し、美術館に深く関係する仕事に従事している。だが、最近の美術館は、画を演出することばかりに関心がいって、「見る」とは何か、美の経験とは何かを問うことを忘れているのではないか、というのだった。

もちろんその場でも、セザンヌの絵を日の光の差し込むところで見るような経験はなかなかできないという話になった。「でもね」と彼は言い、こう続けた。

「たしかにぼくらはセザンヌの作品を見ることはできない。でも、ほかの美しいものなら自然の光のもとで見ることができる。たとえば……」と言って彼は鞄から愛用している小さな器を差し出した。掌に収まるほどの小さな器を彼はいつも傍らに持ち歩くのだという。それで酒を飲むこともあれば、手にもち、じっと眺めていることもあるという。

このとき、さらに進んで、私たちは「物」をどう認識するのか、というところに話が及んだ。「物」は確かに存在する。しかし、それを認識するとき人は、どうしても光の働きを必要とする。さらにいえば、美を現出させているのは光ではないのか。美の経験とは、「物」と人が交わるところに生まれるのではないか。A絵であれ、陶器であれ、書画であれ、どんな光のもとで見るかによって印象はまったく異なる。同じ瞬間が二度とないように、同じ光は二度と差すことはない。芸術にふれるとは、どこまでいっても、その場一回限りの出来事であるはずだ。芸術家たちは、できる限り光の助力を得られるようにと願いながら、作品をつくるのではないか、というところで話は落ち着いた。

これらの話がじつに印象深かったのは、美の経験をめぐる根源的な発言だったからだけではない。それは文学や哲学の経験においても同じではないかと思ったのだった。彼が大切な経験を静かに語る姿を見ながら、骨董は知らないのだが、そういえば自分は本をそのように思うことがある、と思い返した。

骨董のような歴史的な価値がある本をいうのではない。何十回と読んで、付箋だらけになり、ほつれも出始めた文庫本のことを思ったのだった。骨董と本が同じだというのではない。本には本の世界があるように、骨董には骨董にふれたものにしかわからない世界があるに違いない。だが、そこにBコトバを「読む」ことにおいては、同質の経験があるのではないかと思った。

本があり、時間があればそれを読むことができる、というのは表層的な事実に過ぎない。文字を追うことと「読む」ことはまったく異なる経験である。「読む」ということが本当の経験になるためには書物を読むときにも「光」を必要とする。それは書物を照らす物理的な光線とはまったく違う、私たちの内から湧き上がる内なる光である。

美の経験においても同じである。岡倉天心はそれを英語で書いた『茶の本』で、inner light(内なる光)あるいはspiritual light（霊光）とすら呼んだ。

人間は、内なる光によって照らされた、二度と繰り返すことのない叡智との邂逅、それをさまざまなコトバによって世界に定着させようとしてきた。それが「書く」ことなのである。

このとき、「書く」とは、コトバを語ることではなく、むしろ、コトバが自ら顕われ出る、その通路と化すことになる。また、「読む」とは、言葉を超えて、その奥にあるコトバに出会うことになる。

ここで考えているのは、専門的、研究的に「読み」、「書く」人々のことではない。むしろ、市井の人間における「読む」ことと「書く」ことの可能性である。

真実の美は、芸術家が作る豪奢な「芸術品」にあるのではない。民衆によって作られた「民藝」に宿っていると、柳（注）は考えた。同じことは言葉をめぐっても考えられる。真に人間の魂を揺り動かすようなコトバは、芸術家やその世界の①ケンイを目指す者によってではなく、日常に深く根を下ろして生きている市井の人々によって実現されるのではないだろうか。

今、かつてに比べると「読む」者が減っている。「書く」者は言うまでもない。

ここで「読む」とは、記された文字を情報として取り込むことではない。コトバを②媒介として、書いた者と対話することである。さらにいえば新しいテクストを「創造」することである。

書かれた言葉は、読まれることによってコトバとなる。たとえばここにドストエフスキー（一八二一～一八八一）の『罪と罰』がある。この本が真に小説としてよみがえるのは、真摯な読者によって読まれたときである。そのコトバはすでに作者であるドストエフスキーの経験を超えている。小説は、読まれることで変貌してゆく。小さな種子から樹木が育つように姿を変じてゆく。

「書く」とは、Cコトバを通じて未知なる自己と出会うことである。「書く」ことに困難を感じる人は、この本のなかで引用されている先人のコトバを書き写すだけでもよい。もし、数行の言葉を本当に引き写したなら、その人は、意識しないうちに文章を書き始めているだろう。そして、こんなコトバが自分に宿っていたのかと、自分で書いた文章に驚くに違いない。自分の魂を、真に揺るがすコトバはいつも自分から発せられる。人は誰も、コトバという人生の護符と共にある。コトバは見出されるのを待っているのである。

よく書けるようになりたいなら、よく読むことだ。よく読めるようになりたければ、必死に書くしかない。よく読むとは多く読むことではない。むしろ、一節のコトバに存在の深みへの通路を見出すことである。必死に書くとは、これが最後の一文だと思って書くことにほかならない。

たとえば、もうこの世では会えない人に、今日書いた言葉だけは届くに違いない、そう思って「書く」。本気でそう思えたら、文章は必ず変わる。心からそう感じることができれば「読む」態度も一変する。

「書く」とは、単なる自己表現の手段ではなく、永遠にふれようとする試みとなり、「読む」とは、それを書いた者と出会うことになるだろう。そこに見出すコトバは、時空を超えてやってきた、自分に送られた手紙であることを知るだろう。

（若松英輔「生きる哲学」）

（注）柳…柳宗悦《むねよし》。民藝運動を起こした思想家。

(1) 二重傍線部①「ケンイ」を漢字で、②「媒介」の読みをひらがなで答えよ。

(2) 傍線部A「絵であれ、陶器であれ、書画であれ、どんな光のもとで見るかによって印象はまったく異なる」のはなぜか。本文の語句を使って説明せよ。

(3) 傍線部B「コトバを『読む』ことにおいては、同質の経験がある」とあるが、コトバを「読む」ことにおける同質の経験とは、どんな経験を指しているか。本文の語句を使い、「～経験。」という形で答えよ。
(4) 傍線部C「コトバを通じて未知なる自己と出会う」とは、どういうことか。本文の語句を使って説明せよ。
(5) 筆者は本文の中で、「言葉」と「コトバ」を使い分けているが、どのように使い分けられているのか、説明せよ。

(☆☆☆☆◎◎◎)

【二】次の文章は、壺井栄の「小さな花の物語」の一部である。この文章を読んで、後の問いに答えよ。


朝から晩まで、がみがみと文句ばかりいっているような伯母さんでしたけれど、この伯母さんが、ほんとは無類のいい人間であることを、私はいつとなく信じていました。なぜなら、私の落度を、伯父さんの手前どれほどかばってくれたかしれないからです。私がつつじの鉢を、植木棚から落して割ったときでもそうです。伯母さんは鉢のかけらを手早く拾いながら、泣いている私をいたわる小声で、ささやきました。

「一子ちゃん、心配せいでええさかい、もう泣きなんな。伯父さんにはうまいこというとくさかいな、心配しなんな。さ、伯父さんがもどらんまに早うごはんたべて、さっさと学校へいきなはれ」

そういわれて私は現金に泣きやめ、いつもより早く学校へ出かけました。その日はちょうど、会社の宿直で伯父さんが留守だったものですから、こんな具合にも運んだのです。しかし私はやっぱり心配で、学校から帰るとすぐ、伯母さんに聞きました。

「伯父さん、おこってはった?」

心配が顔じゅうにみなぎっていたらしく、伯母さんは、

「かわいそうに、そんな心配げな顔しなんな、一子ちゃん。大丈夫いうたら、大丈夫や。叱られてもこの伯母さんが引きうけるさかいな。どんなことがあってもあんた、知らん顔しとらんと、あかんで」

「はい」

「伯父さん、宿直で今朝帰らなんださかい、まだいうてえへんねんけど」

「…………」

「帰ってこいでちょうどよかったわ。朝っぱらから腹立てさすのん、気の毒や。今夜一本つけて上げて、うまいこというさかい、ほんまに一子ちゃん、知らん顔しとんなさいよ」

「…………」

私は思わずぽろっと涙をこぼしました。伯母さんの思いやりが胸にしみたのです。私はいそいで利坊をつれて、外へ出ました。そしてその夕方です。遊びつかれてねむった利坊を紐なしでおんぶして、腰をかがめて家路をいそいでいますと、

「おーい、一子ちゃん」

とうしろから伯父さんの声です。はっとして立ちどまったまま、胸がどきどきしてきて、私はふりむくことさえできませんでした。ねむっている利坊の重たさと両方で、立往生の私の背中が急にかるくなり、

「道のどまん中でごくらくいきか。だれにえんりょもせずにな、一子ちゃん」

伯父さんは利坊を抱きとって、その顔をのぞきこみながら、

「重たくなりゃがったなア、一子ちゃん、子守り大変だろう」

たった一とばんいなかっただけなのに、まるで久しぶりの父子対面でもしているような顔でいうのです。私はだまって伯父さんの鞄《かばん》をかかえ、うしろからついてゆきながら、そんな父子の姿を、不思議な気持で眺めま

した。世の中に、こんな平和な姿があることをはじめて知ったような気がしました。それは美しい絵をみるような気持でもありました。

こんなことはめったにあることではなかったものですから、伯父さんの方もよほどうれしかったらしく、ひどく上きげんで、私が玄関の硝子戸《ガラス》にまだ手をかけない中から、子どものような大声で、

「ただいまア」

と叫び、おどろいてとんで出てきた伯母さんに、

「はい、お土産《みやげ》！」

と利坊をさし出しました。伯母さんはちらっと私の方に目をくれ、すぐ利坊をうけとりながら、

「そんな大声出したら、目エさましますがな」

といい、すぐ伯父さんと一しょに利坊の顔を見ながら、

「まるで、ごくらく往生いうとこやな。わてらにもこんなときあったんやろか」

「次第おくりや」

「B こんな、仏さんみたいな顔しとっても、けっこう悪さもするさかいな」

「そらそや。阿呆やないかぎり、性悪すんのが当り前や。それでも、この顔みたら消えるワ」

伯母さんはまた私をちらっと見、すぐ伯父さんの方へにこっと笑いながら、

「ほんまですか？」

「そら、そういうもんじゃないか」

「えらい、寛大ですねんな、今日は」

「どういう意味や？」

「いまに分りますわ。その寛大がほんものか、にせものか」

「何や。えらいややこしそうやないか。なんやね」

「ま、よろしが。ごはんでもたべてから、ゆっくりためしますわ」

そして一本つけて伯父さんのきげんのますますよくなったところで、伯母さんはしんこくな顔でいいました。

「今日な、おとうちゃん、実は申しわけないことをしましたんでっせ」

「きたな！」

と伯父さんは笑い出し、

「矢でも、鉄砲でも、さあこい！」

と、きげんのよい時のくせで、ぽんと胸をたたきました。

「たかね(注)の雪、ですねん」

とずばりといって、伯母さんはせまい庭の植木棚をさし、

「私が、二階へ洗たくもん干しにいったちょっとのまに、がちゃん！　ですがな。あわててとび下りてきても、もうまにあいませんでしたわ」

伯父さんはだまって立って庭下駄をつっかけ、植えかえられたつつじの鉢に見入っていましたが、ひっかえしてくると、大して表情もかえずに、

「すんだこと、しょうがないよ。利坊のしたこととなればなおのことな」

C私はいたたまれず、立ってご不浄にかくれました。

「馬鹿やね、利坊。たたいたろか！」

と清美ちゃんのかんだかい声が、私の耳にいたくひびいてきました。いつまでも手水鉢の水をじゃぶじゃぶ

ともてあそんでいたその時の私の気持は、あながち伯母さんのはからいに感激していたということばかりではなく、そういう家庭そのものを羨《うらや》む気持がなかったともいいきれません。

「一子ちゃん、もう出ておいで」

やさしく伯母さんに呼ばれて部屋へもどると、伯父さんは清美ちゃんをつれて夜店へ出かけたあとでした。私をつれていかなかったのも、伯母さんのはからいだったかも知れません。伯母さんはかさねて、

「ほんとに、知らん顔しとってや。でないと、今度は伯母さんが困るやないか。な」

「………」

私はだまってうなずきました。やがて帰ってきた伯父さんの、

D「はい、お土産!」

と、さし出したのは、こまかい花のまみれついた植木鉢でした。山査子《さんざし》という花の名を、この時私ははじめて知ったのでした。

（壺井栄「小さな花の物語」）

（注）たかねの雪…つつじの品種の一つ。白い花をつける。

(1) 傍線部A「はっとして立ちどまったまま、胸がどきどきしてきて、私はふりむくことさえできませんでした」とあるが、このときの一子の心情を説明せよ。

(2) 傍線部B「こんな、仏さんみたいな顔しとっても、けっこう悪さもするさかいな」とあるが、伯母のこの発言の意図を説明せよ。

(3) 傍線部C「私はいたたまれず、立ってご不浄にかくれました」とあるが、このときの一子の心情を説明せよ。

(4) 傍線部D「はい、お土産!」とあるが、このときの伯父の心情を説明せよ。

(☆☆☆◎◎◎)

【三】次の文章は「笈日記」の一部である。芭蕉は門人たちと共にこの年の八月十一日に美濃をたち、木曾路を旅する途中、更科の里で月を鑑賞した。その後八月下旬に江戸へ着いた。この文章を読んで、後の問いに答えよ。

木曾の痩《やせ》もまだなをらぬに後の月　　ばせを

仲秋の月はさらしなの里姨捨山になぐさめかねて、猶《なほ》あはれさのめにも A はなれずながら、長月十三夜になりぬ。今宵は宇多《うだ》のみかどのはじめてみことのりをもて、世に名月とみはやし(注)、後の月、あるは二夜《ふたよ》の月などいふめる。是《これ》、才士・文人の風雅を B くはふるなるや。閑人のもてあそぶべきものといひ、且は山野の旅寐《たびね》もわすれがたうて、人〲をまねき、瓢《ひさご》(注)を扣《たたき》、峰のさゝぐり(注)を白鴉《はくあ》(注)と誇る。隣の家の素翁(注)、丈山《ちやうざん》(注)老人の「一輪いまだみたず二分《にぶ》(注)虧《かけたり》」といふ唐歌は此夜《このよ》 C 折にふれたりと、たづさへ来《きた》れるを、壁の上にかけて草の庵のもてなしとす。狂客(注)なにがし、しら(注)ゝ・吹上とかたり出《いで》ければ、 D 月も一きは映えあるやうにて、中〲ゆかしきあそびなりけらし。

(「笈日記」)

(注) みはやす……見て、もてはやす。
瓢……酒の容器。
さゝぐり……柴栗、小粒な栗。

白鴉……………中国にある谷で栗の名所。
素翁……………山口素堂。漢学の素養が深い江戸中期の俳人。
丈山……………石川丈山。近世初期の漢詩人。
狂客……………風狂(風流)人の客。
しら丶・吹上…「平家物語」の一節。白良・吹上ともに月の名所。

(1) 二重傍線部の助動詞「る」を例にならって文法的に説明せよ。
(例　過去の助動詞「き」の終止形)
(2) 傍線部A「はなれずながら」について、誰の目から、何が離れないのか説明せよ。
(3) 傍線部B「くはふるなるや」について、何に、何を加えたのか簡潔に説明せよ。
(4) 傍線部C「折にふれたり」について、何が、何にふさわしいと素翁は言っているのか説明せよ。
(5) 傍線部D「月も一きは映えあるやうにて」とあるが、なぜそのように感じたのか。その理由を説明せよ。

(☆☆☆◎◎◎)

【四】次の文章を読んで、後の問いに答えよ。(設問の都合で訓点を省いたところがある。)

貞観《ノ》初、太宗謂《ヒテ》二侍臣《ニ》一曰《ク》、「為《たル》レ君之道《ハ》、A必須三先存二百姓一。(注) 若《シ》損《ジテ》二百姓《ヲ》一以《テ》奉《ゼバ》二其《ノ》身《ニ》一、B猶割脛以啖腹。腹飽《キテ》而身斃《たふル》。若安二天下一、必須三先正二其身一。未《ダ》レ有《ラ》二身正《シクシテ》

而影曲リ、上理《をさま》リテ而下乱ルル者[一]ハ。朕毎ニ思[レ]フ之ヲ。傷[二]ル其ノ身[一]ヲ者ハ、不[レ]在[二]ラ外物[一]ニ。皆由[二]リテ嗜欲[一]ニ、以テ成[二]ス其ノ禍[一]ヲ。若シ耽[二]リ嗜ミ滋味[一]ニ、玩[二]ビ悦ベバ聲色[一]ヲ、所[レ]欲スル已ニ多ク、所[レ]モ用フル亦大ナリ。既ニ妨[二]ゲ政事[一]ヲ、又擾《みだ》ス[二](注)生人[一]ヲ。且ツ復タ C出[二]セバ一ノ非理之言[一]ヲ、万姓為[レ]ニ之ガ解体ス。(注)怨《えん》讟《とく》既ニ作《おこ》リ、離叛モ亦興ル。朕毎ニ思[レ]ヒ此ヲ、不[二]ト敢テ縦《しょう》(注)逸《いつ》セ[一]。」

（「貞観政要」）

（注）存……あわれんで恵みを施すこと。　生人……人民。
怨讟……恨んでそしる。　縦逸……勝手気ままな行為をする。

(1) 傍線部A「必須先存百姓。」を書き下し文にせよ。

(2) 傍線部Bを書き下すと「猶ほ脛を割きて以て腹に啖はすがごとし。」となる。これを参考にして、次の白文に訓点をつけよ。

猶　割　脛　以　啖　腹

(3) 太宗は天下を安泰にするためには何が大切だと述べているか、簡潔に答えよ。

(4) 傍線部C「出一非理之言、万姓為之解体。」を、主語を補って口語訳せよ。

（☆☆☆◎◎◎）

解答・解説

【教科専門Ⅰ】

【一】(1) ① 1 ② 4 (2) 2 (3) 5 (4) 3 (5) 5 (6) 3

〈解説〉(1) ①は「雲散霧消」であり、1は散逸、2は賛辞、3は山紫水明、4は傘下、5は辛酸である。②は「顕示」であり、1は双肩、2は献身、3は席巻、4は顕在、5は賢明である。(2) 「別個の事柄」とあるので事柄は二つあるわけだが、本問では前者だけで正誤を判断するのは難しいため、後者を中心に正誤を考えたい。第2段落の最後から三文目では労働意味論は管理のためのイデオロギーといい、後文で「もともと労働のなかに…してくれないからである」と詳説している。言い換えると、労働意味論は支配階級の人が自分たちのために創りあげたものといえる。ここまででは5も正答と考えられるが、労働が人間を支配するという思想は、歴史的事実では言及がないので不適と判断する。(3) 傍線部を言い換えると「見栄のための消費財」であるから、消費財の本来の機能やその効果については言及しないことを踏まえて、考えるとよい。(4) 第6段落の内容をまとめているものを選択すればよい。ここでの上昇志向とは、中級階層から上級階層に格上げすることを指す。(5) 第9段落以降の内容をまとめればよい。労働は消費財と同様、労働そのものから得られる知識や技術など職人的労働者が重視していた事柄が消滅し、他者から認められるための手段に過ぎないといったことが述べられている。(6) 「いずれにせよ」は、前文の内容を受けて「上級な消費者」のモデルを提供することを述べるため、直前の話題を発展的につないでいる。

【二】(1) ① 2 ② 5 (2) 4 (3) 1 (4) 4 (5) 3 (6) 2

〈解説〉(1) ①の「しばたたく」はさかんにまばたきすること、②はすわったまますり寄る、じりじりと近寄ることを指す。 (2) 「火傷でもしたかのように…」は直喩であって、実際に手に何か感覚があったわけではないこと、「手を離した」のは反射的であったことに注意したい。 (3) 自分が姉のかすみと同じぐらいの背丈になっていることがうかがえる。とはいえ、「そんなに高くなくなっている」から、これまで留香よりもかすみのほうがずっと背が高かったことを示唆している。 (4) まず、留香は「一時保護」のつもりで、家に猫を連れてきたことをおさえよう。そして、かすみに一時保護ではないことを指摘された際、留香はかすみのことを考えていたため、猫の処遇については何も意見がなかったことを踏まえて考えたい。 (5) 傍線部Cの前にある「学校に行かなくなって…」から、かすみは不登校児で、家に引きこもりであったことがうかがえる。そんなかすみが猫を捕まえ、猫を洗い、お母さんに猫を飼うことを宣言するまでの流れに合った肢を選択すればよい。 (6) かすみの「でも、お母さんは、いつもなんの相談もなく決めるよね?」を手がかりに考えたい。鋭い目付きから強い意志も感じられる。

【三】(1) 4 (2) 5 (3) 2 (4) 3 (5) 1 (6) 5 (7) 2 (8) 2 (9) 4 (10) 3

〈解説〉(1) 1の「移殖」は「移植」、2の「追及」は「追求」、3の「峰起」は「蜂起」、5の「解放」は「開放」が正しい。 (2) 湯桶読みは訓＋音の読み方である。1と2は音＋訓、3は音＋音、4は、訓＋訓である。 (3) 2は「ぞうけい」と読む。 (4) 「呉越同舟」は、仲の悪い者同士や敵味方が同じ場所にいたり、共通の利害のために一緒に行動したりすること。「曲学阿世」は真理に反した説を唱え、人気や時勢におもねること。

「切磋琢磨」は、玉・石・骨などを切ったり磨いたりする意から、努力して学問や行いを高めること。「臥薪嘗胆」は、かたき討ち、または目的達成のために、苦しい試練を自分に課すことをいう。(5)　2の「的を得て」は「的を射て」、3の「目鼻が利く」は「目端が利く」、4の「熱にうなされる」は「熱に浮かされる」、5の「眉を細めた」は、「眉をひそめた」が正しい。(6)　例文の「の」は、連体形で終わる文を受けて、文全体を名詞化する「準体助詞」である。1は所有を表わす格助詞、2は主格を表わす格助詞、3は接続助詞の「ので」の一部、4は並列の助詞である。(7)　「ない」には自立語の形容詞と付属語の助動詞があり、助動詞の場合は動詞のみにつく。例文の「ない」は、「交通手段」(主語)の述語(用言)であり、名詞が付いていないため終止形となる。(8)　1の「三四郎」は一九〇八年、2の「黒い雨」は一九六六年、3の「羅生門」は一九一五年、4の「走れメロス」は一九四〇年、5の「伊豆の踊子」は一九二七年の作品である。(9)　「小景異情」は室生犀星であり、「抒情小曲集」に収められている。(10)　3の歌の作者は蝉丸である。

【四】(1)　ア　5　イ　1　(2)　1　(3)　2　(4)　3　(5)　4

〈解説〉(1)　ア　「さま」は、姿を変えることであり、ここでは出家することを意味する。前に「深き山に入りはべりて」とあることにも注意。　イ　「これも」は侍従を指し、「しをり」は「しをる(萎る)」(他ラ四)の連用形で「ぬらす」という意味である。(2)　AとCに注意したい。Aは「思いやり申し」と訳す。侍従の姫君への敬意で、主語は姫君である。Cの「賜はりて」は「いただいて」と訳し、少将の姫君への敬意を表している。(3)　Eはもっともなこと(ご心配)、という意味である。姫君の「世のつつましさにのみおぼゆれば、かやうにおはすること、心苦しく」(世の中のつつましさばかり案じられるので、少将がこちらにお見えになることも、気がかりで)、という憂慮に対しての心情である。(4)　「いと」は、非常に、大変に、という意味の副詞である。「かたき」は「難し」(形・ク)の連体形で、「御事」を修飾し、「非常にご無理なこと」という意味になる。少将の「一言葉の御返事(一首のお返事)はうれしけれども、人づてならで(人づてでなく)うけたまはらば、いかに(うれしからまし)」と侍従に伝えたことへの侍従の返事である。 (5) Ⅰの歌意は「あなたが入内なさったら、跡かたなくお姿も筆の跡も私に見せぬまま終わりにしようというのでしょうか」。一方、Ⅱの歌意は「入内するかい(効)もないわが身と思っていますので、進んで入内しようという気になりません」である。

【五】 (1) 3 (2) 4 (3) 5 (4) 1

〈解説〉 (1) Aに訓点や読み仮名をつけると「遣ハシ二馬援ヲ一往キ二成都ニ一観シム二公孫述ヲ一」となる。 (2) 「謂」(おもへらく)は、思うことには、という意味で使われている「当」は再読文字で「まさニ…ベシ」と訓読して「おそらく…だろう」、「歓知平生」は「昔と同じように喜ぶ」という意味である。 (3) 訳すと「こんなことでどうして久しく天下の人物を手もとに止めて置かれようか。置かれはすまい」である。馬援は公孫述に会った後、「天下はまだ誰の手に落ちるかわからない。それなのに公孫述は、天下の賢士に会おうともせず、外面ばかり飾り立て人形と同じで誠意がない」と述べていることを踏まえて考えるとよい。 (4) Dは比較形であり、「専ら心を東方洛陽の光武帝に寄せられる方がはるかにましでございます」と訳す。

【教科専門Ⅱ】

【一】 (1) ① 権威 ② ばいかい (2) 「物」を認識するときには光の働きを必要とし、同じ光は二度と差すことはない一回限りのものだから。 (3) 書かれた言葉を内なる光によって照らし、新しいテクストを「創造」するという経験。 (4) 自己の魂を揺るがす、自分の中に宿っていたコトバによって、新たな自己の一面を認識すること。 「言葉」は、文字で記したり、それを情報として取り込んだりするだけの表層的なものとして使われているのに対し、「コトバ」は、「言葉」の奥にあり、内なる光を通して読むことによって見出されるものとして使われている。

〈解説〉(2)　傍線部前後の内容をまとめればよいが、そこでは美と光の関連性にも言及しているので、しっかりと整理する必要がある。存在する物を見るとき、光の働きは必要不可欠であるが、同じ光が差すことはないことを踏まえてまとめるとよい。(3)　キーワードが「読む」であるから、後文で「読む」ことについて述べられている部分を見ていくことが必要になる。筆者は、コトバは人間の内なる光によって照らされた叡智との邂逅を表わすものであることを示しながら、読むことはその内なる光による作者の内なるコトバを媒介としての対話であり、新しいテクストを創造すること(経験)、と述べている。(4)　傍線部Cと同段落にある、「そして…」の内容をまとめればよい。(5)　文中に「文字を追うことと『読む』ことはまったく異なる経験である」とあり、また、「『読む』とは、言葉を超えて、その奥にあるコトバに出会う」としていることから、「言葉」は単なる文字情報としての役割しか持たないことがわかる。また、「読む」ことが本当の経験となるには「内なる光を必要」としている、とあることを踏まえてまとめるとよい。

【二】(1)　伯父の大切にしていた植木鉢を割ってしまい、伯母に、うまくはからうから知らん顔するように言われていたが、伯父に急に声をかけられて、うまく対処できるか不安で困惑している。(2)　一子が割ったつつじの鉢を、利坊が割ったことにして夫の許しを得ようと画策し、夫の機嫌を試しながら、少しずつ話を自分の意図する方向にもっていこうとしている。(3)　つつじの鉢を割ったのは本当は自分なのに、伯母の機転で、幼い利坊が割ったことにしてくれたことを申し訳なく思い、その場にいるのがつらいと感じている。(4)　大切にしていたつつじの鉢が割れてしまったことは内心残念ではあるが、しかたがないこととあきらめ、新たに山査子の鉢を買ってきて気持ちを前向きに切り替えようとしている。

〈解説〉(1) 一子の立ちどまって伯父の声にも答えられなかったのは、伯父の大切にしていた「つつじの鉢」を植木棚から落として割ったことによる。伯母のはからいで事をすませる、という安心な気持もあるが、この場では気が落ちつかず不安な一子の心情が見られる。(2) 伯母は伯父に、伯父にとって悪いことがあることを伝えるための布石を打とうとしている。伯母は機転を利かし、「つつじの鉢」を割ったのを利坊にしようとしている。(3) いくら伯母の機転とはいえ、小さな利坊に「つつじの鉢」を割った罪をかぶせたことを後ろめたく感じたのであろう。いても立ってもおられず、逃げ場所を求めてご不浄にかくれたのである。(4) つつじがダメになった直後に新たな鉢植えを買ったこと、その鉢植えがつつじではなく山査子であったことから、伯父はつつじのことを忘れようとしていることがうかがえる。見方を変えると、前向きに考えようとする姿を見ることができる。

【三】(1) 完了の助動詞「り」の連体形 (2) 芭蕉の目から、更科の里姨捨山で見た仲秋の月が離れない。(3) 仲秋の名月の風雅に、後の月(二夜の月)の風雅を加えた。(4) 丈山老人の漢詩が、ちょうど今夜の長月十三夜の会にふさわしい。(5) 素翁が携えてきた漢詩を壁に掛けたり、ある客のひとりが平家物語の一節を語り出したりすることによって、何も無い草庵から見る月に更なる情趣が加えられたから。

〈解説〉(1) 後に続く接続助詞「を」は体言または連体形につき、「…ので、…から」の確定条件の順接を表わす。(2) 姨捨山の月に心を痛め、しみじみとした哀れさを感じている芭蕉の心情である。なお、古今集には「わが心慰めかねつ更科や姨捨山に照る月を見て(詠み人しらず)」がある。(3) 傍線部Bの前文からの内容をまとめればよい。現代語に訳すと、「風雅な仲秋の名月を『後の月』とか『二夜の月』というようだが、これは武士や文人たちが風雅を加えたのであろうか」となる。(4) 傍線部Cは「ちょうどその時(夜)にふさわしい」という意味である。主語は丈山老人の「『一輪いまだみず二分虧』の唐歌」である。「一輪」は月のこと。長月十三夜の会に、丈山老人の漢詩「九月十三夜入吉田氏家玩月池亭」を隣家の素翁が携えてきたのである。
(5) 問題文の「素翁…」をまとめればよい。素翁の携えてきた石川丈山の漢詩を壁に掛けたり、風狂の客が平曲「月見」の一節を語り出したりすることで、芭蕉は更科の里の仲秋の名月を一層美しく趣深く感じたとある。

【四】(1) 必ず須らく先づ百姓を存すべし。(2) 猶ホ割キテ脛ヲ以テ啖ハスガ腹ニ。(3) まず君主が自分の行いを正すこと。(4) 君主がたった一つでも道理に外れたことを言い出せば、万民はそのためにばらばらになる。

〈解説〉(1) 「必ズ須ラク先ヅ存スベシ二百姓ヲ一」の書き下し文である。(2) 再読文字である「猶」、「割」(動詞)、「啖」(動詞)、「脛」(目的語)、「腹」(補語)に注意しながら、レ点と一・二点、および送りがなをつけるとよい。(3) 文中に「若安天下、必須先正其身。(もし天下を安んぜんとせば、必ずすべからく先づ其の身を正すべし)とある。さらに「未有身正而影曲、上理而下乱者」と述べている。現代語訳すると「今までに、体がまっすぐであっても影が曲がる、上に立つ者が治まって下民が乱れたためしはない」となる。(4) 「非理之言」は一つでも道理にはずれた言を出せば、「万姓」は万人、「解体」は、統一が乱れることであり、文章の主語が君主であることを踏まえればよいだろう。

二〇一七年度　実施問題

【教科専門Ⅰ】

【一】次の文章を読んで、後の問いに答えよ。

身体はその筋肉と骨格の構造から、つねに動こうと身構え、格別の目的がなくてもたえず小さく動いている存在である。そして逆に身体は動くことによって形成され、動きの様式によって容姿と形態を決定されている。(注)ホモ・サピエンスはもともと二足歩行の可能な身体構造を備えているが、その構造は幼児期に教育を受けたうえ、現に歩くことによって初めて完成され、一生を通じて歩き続けることによって強化されているのである。

その意味で身体のあり方と運動の様式はほぼ同義語なのであるが、この様式が十九、二十世紀を通じて世界的に標準化されてきたのは明らかだろう。もっとも A身体運動の標準化は、十九世紀段階ではおもに生産労働の規格化を通じておこなわれた。機械生産が普及したうえ、a農業や土木工事のような作業も近代化され、それに応じて労働の仕方も世界共通の様式を持ち始めた。もちろん職人仕事、家事労働といった分野ではまだ伝統の違いが残っているが、大企業の事務や製造や販売の現場など、文明の中心を占める労働の分野では国際化が進んだ。早い話が、算盤《そろばん》や鋸《のこぎり》の使い方には地域による差違があるが、電卓や電動鋸の操作法にはもはやそんなものはないのである。

そういえば、かつて農耕民族は二拍子の運動を好み、狩猟民族は三拍子を喜ぶといった文明論が語られることもあった。それ自体の真偽はともかく、いずれにせよそうした文明を分かつような大きな運動様式の対立は消えていった。日本人の歩き方を例に見ても、女性の内股歩きは消滅し、右手と右足を同時に前に出す「なんば」と呼ばれる伝統的な様式も、いまでは相撲と歌舞伎という特殊な分野にしか残っていない。

しかしここで忘れてはならないのは、人間の身体運動はそもそも、そうした生産や実用の世界に限られていないということだろう。先に述べたように、身体運動は身体の構造のなかにつねに秘められているものであり、いいかえれば外界に働きかけるだけではなく、B身体が身体であるために、身体が存続するためにたえず機能しているものなのである。

身体はしばしば、倦怠感や所在なさを解消するためだけにも動く。みずからを癒し、みずからを粧い、みずからを強めるためだけにも動く。何よりもみずからの存在を感じ、それを鋭く意識するために動く。身体はみずからがあることを確かめ、その存在感を味わうためにも運動するのである。要するに生産的、実用的な身体運動がb「する」身体の営みだとすれば、ここにはもう一つ別の運動があって、それはc「ある」身体の自己確認の営みだといえるだろう。

そしてとりわけ二十世紀に顕著なことは、世界的な統一の趨勢が、この身体の自己確認のための運動の様式にまでおよんだことであった。d非生産的、非実用的な行動の様式が、にわかに文明の境を超え始めたのである。

まずいわゆる文化交流の進展に伴って、日常生活の礼儀作法の共通理解が深まった。西洋風のテーブル・マナーと食器が(注)東漸したのにたいして、やや遅れて箸の使い方を西洋人が学ぶようになった。椅子とベッドの生活が日本の家庭に①シントウしたころ、アメリカの居間ではラグを床に敷いて座ってくつろぐ姿がめだち始めた。握手、抱擁、お辞儀、接吻といった挨拶の様式も、若い世代では異文明のあいだで共通の意味を持つことになった。異質性は宗教儀式とそれにまつわるタブーの領域に限られ、世俗的な祭典というべき交歓の様式は世界のどこでもあい似ている。とくに若者の舞踊や音楽、パーティーやイベントに集まって楽しむ騒ぎ方には、東西南北の違いはほどんどなくなったといえるだろう。

だがそれ以上に重要なのは、二十世紀における e スポーツの地球規模の普及であった。一つには野球やテニスやサッカーなど商業スポーツの影響、もう一つには一八九六年に始まったオリンピックの②キヨが大きかった。

ここで注意しておくべきことは、スポーツが一見、「する」身体の行動であるように見えながら、じつは典型的な「ある」身体の行動だという事実である。たしかに速く走ることも、高く跳ぶことも、ボールを投げたり蹴ったりすることも、一応は身体が外界に関わる行動の一種だろう。だがそのさいスポーツが関わる外界はいわば虚構の外界であって、f 産業労働や家事労働が関わるような真の現実ではない。スポーツの外界は、真の現実がつねに持つ偶然性を極限まで免除され、現実行動にとっては避けがたい、いわゆる c 目的の連鎖からも解放されているからである。

たとえば一〇〇メートル競走の場合、走る路面は完全に平坦に整備され、ランナーは風を除くいっさいの偶然性に配慮する必要はない。これが現実の疾走なら、走者は路面の状況から交通渋滞、風雨から自分の服装にいたるまで、おびただしい偶然性の心配にわずらわされて走らなければなるまい。ついでにいえば、スポーツでは競技者は目的も方法も厳密に与えられていて、目的にとって最適の方法をみずから選択するというわずらいも持たない。現実の走者はあまたある移動手段の比較考量を迫られるのにたいして、一〇〇メートル走者はただ足で走ればよいのである。

さらにスポーツが選手に与える行動の目的は、スポーツそのものが決めたルールがあるだけで、それ以上の広い現実の要求によるものではない。マラソンが四二・一九五キロメートル走るのは恣意的なルールにすぎず、真の現実のなかで合理的な意味は持たない。裏返していえば、マラソンの完走はそれだけで完結した意味を持つのであって、より上位の意味を持つ目的の手段となって奉仕することはないのである。現実の人生においては、すべての行動の目的がその次の目的の手段となる関係にあって、目的が無限の連鎖をつくっているのに比べて何という違いであろう。

こう考えると、スポーツの本質はやはり舞踊や化粧や礼儀作法に似ていて、自己の「ある」身体を一定の様式によって確認する方法だと理解できる。それは何かを「する」ことによって外界に関わる行動ではなく、存在するだけで価値のある身体、いいかえれば「私である」身体に関わって、その存在感を確認して楽しむ営みだといえる。各種のスポーツのジャンルとそれぞれのルールは、その自己確認のための様式であって、また反対に、それに従うことによって身体そのものも存在様式を獲得することができるのである。

（山崎正和「世界文明史の試み」）

（注）ホモ・サピエンス…ヒトの学名。

東漸……………だんだん東へ進み移ること。

(1)　二重傍線部①・②のカタカナ部分と同じ漢字を用いる熟語を一つずつ選び、番号で答えよ。

①　シントウ

1　仲間同士のコンシンを図る。

2　その行為は人権シンガイに該当する。

3　この生地はシンシュク性がある。

4　豪雨のため駅がシンスイした。
5　この企業の試みはカクシン的だ。

②　キヨ

1　図書をキゾウする。
2　スウキな運命をたどる。
3　コウキを逸する。
4　薬品をキシャクする。
5　人生のキロに立つ。

(2)　傍線部A「身体運動の標準化」はどのようにおこなわれていったのか。その説明として最も適当なものを一つ選び、番号で答えよ。

1　機械生産の普及に加えて農業や土木工事の作業が近代化されるのと同時に、自己の存在確認の営みである身体運動が世界中に広まっていった。
2　まず生産労働の規格化を通じて労働が世界共通の様式を持ち始め、次に礼儀作法やスポーツなどの非生産的な行動の様式までが統一されていった。
3　最初に農業や土木工事などの生産労働において標準化が始まり、その後地球規模でスポーツが普及することにより生活様式が均一化されていった。
4　生産労働の規格化を通じて労働の標準化が始まったのと合わせて、日常生活においては西洋の文化が東洋の文化を席巻し、世界を均質化していった。
5　初めに農業や土木工事の作業が近代化され、次に機械生産が発展して文明の中心を占める労働の分野で国際化が進み、伝統的な様式が消滅していった。

(3) 傍線部B「身体が身体であるために、身体が存続するためにたえず機能している」とはどういうことか。その説明として最も適当なものを一つ選び、番号で答えよ。

1 身体は、世界的な標準化の流れの中で、自己を確立することを目的に運動をするものであるということ。

2 身体は、伝統的な様式を受け継ぎながら、自己の存在意義を確認することを目的に運動をするものであるということ。

3 身体は、生産や実用の世界において、自分の身体機能を存続させることを目的に運動をするものであるということ。

4 身体は、その構造の中に秘められた自分の能力を発揮させることを目的に運動をするものであるということ。

5 身体は、自らの内面に働きかけることや、自らの存在感を味わうことを目的に運動をするものであるということ。

(4) 波線部a～fを筆者の主張に合わせて二つのグループに分けるとどうなるか。最も適当なものを一つ選び、番号で答えよ。

1 ［a・b・d］と［c・e・f］

2 ［a・b・e］と［c・d・f］

3 ［a・b・f］と［c・d・e］

4 ［a・c・e］と［b・d・f］

5 ［a・c・f］と［b・d・e］

(5) 傍線部C「目的の連鎖からも解放されている」とは、どういうことか。その説明として、最も適当なものを一つ選び、番号で答えよ。

1 スポーツにおける行動の目的は自らが立てた目標の達成に向けて努力する過程にあり、成果を上げることではないということ。

2 スポーツにおける行動の目的は競技者自身が見つけていくものであり、指導者から与えられるものではないということ。

3 スポーツにおける行動の目的はその目的を達成すること自体にあり、次の目的の手段にはつながっていかないということ。

4 スポーツにおける行動の目的はスポーツのルールによるものであり、現実世界の多くの条件とも無関係ではないということ。

5 スポーツにおける行動の目的はその場限りの偶然性の強いものであり、合理的な意味を求められることはないということ。

(6) この文章の構成や内容に関する説明として最も適当なものを一つ選び、番号で答えよ。

1 前半で生産的、実用的な身体運動の標準化の過程を示し、後半で非生産的、非実用的な身体運動の標準化の過程と比較して、その過程が対照的だと述べている。

2 前半で身体運動には外界に働きかける運動と自己の内面に働きかける運動の二面性があることを指摘し、後半ではこの矛盾を解消するためのスポーツの役割に言及している。

3 前半で身体の構造と運動の様式が表裏の関係にあることに触れ、後半で二足歩行の可能な身体構造を備えている人間だからこそ楽しめるスポーツの本質を強調している。

4　前半で「する」身体の行動と「ある」身体の行動の差異について説明したうえで、後半ではスポーツが「ある」身体の存在を確認するためのものだと述べている。

5　前半でスポーツが典型的な「ある」身体の行動であることを十九世紀以降の文化交流の変遷をたどることによって説明し、後半でマラソンを例に挙げて前半で示した論を補足している。

（☆☆◎◎◎）

【二】次の文章は、陳舜臣の「幻の百花双瞳」の一部である。「私」は、中国の広州市から神戸にある貿易商社「永建公司」のお抱え料理人の見習いとしてやってきて一年あまり、師匠「楊《よう》」のもと、厳しい修業生活を送っている。この文章を読んで、後の問いに答えよ。

店主范欽誠《はんきんせい》の一人息子范宗安《はんそうあん》は、私が永建公司にはいった年は、休みにも東京から戻ってこなかった。翌年、学年末の休みにやっと帰神したが、それは両親が連れ立って天津に旅行する時期と重なっていた。

店主夫婦が天津へ行っている一と月のあいだ、師匠は張合いがなかったようである。たいていのことは私にまかせて、自分はそばからときどき助言するだけだった。十五歳の私には荷が重かったが、このときの実習は大きなプラスとなったようだ。

若旦那《わかだんな》の范宗安は、よく私を連れて南京町の『博愛』や『大東楼』鯉川筋《こいかわすじ》の『神仙閣』へ行った。『博愛』で一品料理を食べたあと、私たち二人は夜の元町をぶらついた。そのとき、范宗安は言った。——

「自分の好みをすみずみまで知ってくれている、腕ききの料理人をもつというのは、きみ、人生最大の幸福だよ」

　彼が父親にひけをとらぬ食道楽であることは、そのことばにこもった実感でわかった。

「それもそうですね……」

　私は①おずおずと答えた。年は五つほどしかちがわないが、店主の息子といえば、まるで人種が異なるように思えたのである。

「そうだよ、きみ、その点、おやじはしあわせだな。楊さんみたいな料理人を抱えているんだから。なにしろ彼は、おやじの舌の裏の裏まで知っている、そうじゃないか？」

「ええ……」

　A
「味覚は人によって差がある」范宗安は胸を張って夜空を見上げた。――「ぼくとおやじとでは、舌の経歴がちがう。おやじの食べたことのないものを、ぼくはずいぶん食べている。だから、楊さんの料理じゃ、ぼくの舌にぴったり合わんな。時代もちがっている。永建公司だって、いずれぼくの代になるんだ。ぼくの時代の永建の料理長は、丁君、きみだよ。しっかり頼むぜ。それでこうして、いろんな料理を味わってもらうんだ。ぼくの舌を理解し、それに合わせて工夫してほしいよ」

　(そうだったのか……)と、私は思った。

　范宗安が私を連れ歩いたのは、人間的な結びつきからではなかった。身分のちがう相手だが、そこはかとなく友情めいたものをかんじはじめていた私は、横《よこ》っ面《つら》をいきなり撲《う》たれたような気がした。厨房で師匠から受ける平手打ちよりも、それは深く心にこたえた。

　調教師が犬を連れ出して、いろんな経験をさせようとしているのに似ている。――私は道具だった。自分のものとなる道具に、范宗安は磨きをかけているのだ。

私も顔をあげた。あまりのみじめさに、せめて范宗安が見上げている夜空を、私もおなじように見たいと思ったのである。だが、B私の眼は夜空の星まで届かなかった。元町通りの両脇にならぶ鈴蘭灯に、忘れられたようにからんでいる造花の桜が、わびしく眼にはいっただけである。

范宗安は私を日本料理の店に連れて行ったこともある。そのとき彼は和服を着ていた。

「きみ、視野を広げてほしいね。偏見はいかんよ。たとえば、日本のキモノを着ると、日本かぶれだとかげ口を言うやつがいる。いま中国服なんていってるのは、ありゃ満州族の衣裳じゃないか。キモノこそ、わが漢民族の明代の服装だぜ。それから、ほら、このサシミ、これも中国のもので、本国で失われて久しい料理だよ。幸い日本に残っている。これなんかも、中国の料理として回復すべきものの一つだろう」

サシミを前にして、范宗安はそう言った。

彼は手帳をとり出して、数行の漢字を書いて私に示した。小学校しか出ていない私には、とても理解できない難しい字ばかりである。それを彼は解説した。

なんでも宋の詩人梅堯臣《ばいぎょうしん》のつくったサシミの詩であるという。鱗をはぎ、ヒレをおとし、葉のように薄く切ったサシミが、蕭々《しょうしょう》(さらさら)と盤《さら》のうえにおちる。粟々《ぞくぞく》(ざくざく)と、霜のような白い大根を切って、こまかい糸——サシミのツマにする。

そのような意味の詩であった。

「どうだ、九百年まえには、わが中国にもちゃんとサシミがあったんだよ。どういうわけか、われわれの先祖はそれをすててしまった」

サシミに限らず、范宗安はどんな料理についても、②講釈をするのが好きだった。そこが父親とちがっている。うまい、まずいしか言わない范欽誠よりは、御しやすいかもしれない。もし范宗安が(注)百花双瞳を食べておれば、それについて、微に入り細を穿《うが》った講釈をしたであろう。とすれば、つかみどころのない名点心に取組んでいる、師匠のような苦労を、私はしなくてもすむだろう。

将来、私はこの范宗安だけのために、庖丁をふるうことになりそうだ。が、師匠のように一途《いちず》になれるだろうか？　私にとって料理は、生活の手段にすぎない。香園菜館の能なし老人のようにはなりたくない。それが最低の目標で、志はそれほど高くなかったのだ。

いつのまにか私は、いかにして将来のあるじとなる范宗安と、うまく調子を合わせるかという、Cさもしいことを考えていた。

新学期がはじまると、范宗安は東京の大学へ去った。いれかわりに、店主夫婦が天津から帰ってきて、再びもとの生活に戻った。

私は師匠の熱気を半ば吸い取り、半ばそれを避けようとつとめた。

つぎの夏休みに帰省した范宗安は、私を例の日本料理の店へ連れて行き、そこの板前に、

「この子に、サシミのツマのつくり方を教えてやってくれないか。授業料は出すから」

と、頼みこんだ。

「よろしおま」鉢巻をしめなおして、若い板前は答えた。――「授業料なんか要りまへんがな。大根五十本もってきなはれ。五十本も刻んだらコツがわかりまっしゃろ」

そんなわけで、翌日の午後、私は大根を風呂敷《ふろしき》につつんで、その店へ行った。野菜切りには自信があった。五十本どころか、三十本も切らないうちに、要領がのみこめた。

大根を刻んでいる最中、私は妙に自分がいとおしくなった。この練習をしているのは、范宗安のためである。たった一人の人間の快楽のために、別の人間の生涯がすりつぶされてよいものだろうか？　それはむなし

い。また、一対一のきびしさを思うと、やりきれない。師匠のように、范欽誠一人の舌と対決する姿勢は、私には息づまる思いがする。

私の目的は、よりよい生活をするためであって、道をきわめることではなかった。求道の意気ごみがなければ、すぐれたコックになれないかもしれない。子ども心にも、私はそこが難しいと思った。

師匠もそのころから、そうした私の迷いに気づいていたようである。私をとらえて、師匠はまっしぐらに進む。私もけんめいについて行こうとする。だが、あるところまで行くと、私はふとためらうのだ。

(ここからさきは、危ない)

と、本能的に身をかわそうとする。

そんなとき、私を見る師匠の大きな眼は、かなしげな湿《しめ》りを帯びた。Dそれが私にはつらかった。そのような目つきで見られるよりは、殴りとばされるほうがましだと思う。

（陳　舜臣「幻の百花双瞳」）

(注)　百花双瞳…永建公司の店主が中国の泉州で一度食して以来、もう一度食べたいと願う点心の名品。
　　それを師匠楊が再現しようとしている。

(1)　二重傍線部①・②の意味として、最も適当なものを一つずつ選び、番号で答えよ。

①　おずおずと
　1　不思議そうに　2　遠慮がちに　3　横柄に　4　小声で　5　調子を合わせて

②　御しやすい
　1　試しやすい　2　つきあいやすい　3　わかりやすい　4　扱いやすい　5　話しやすい

(2) 傍線部Ａ「范宗安は胸を張って夜空を見上げた」とあるが、このときの范宗安の心情の説明として最も適当なものを一つ選び、番号で答えよ。

1 腕の立つお抱え料理人を最初から手元に置いていた父とは違い、自分は未熟な料理人を育てて自分の店を持たせようとしているところが父に勝っていると自負している。

2 自分好みの料理人を見つけることに苦労していたが、偶然会社に入ってきた私の料理を気に入り、二人三脚でやっていける相手に出会えて感極まっている。

3 父と比べて自分の味覚が劣っていることを自覚しつつ、いろいろな所を食べ歩くことでその差を縮め、いずれは父以上の味覚の持ち主になれるはずだと自信を深めている。

4 楊さんの料理の腕は素晴らしいと認めてはいるものの、その腕は時代遅れであると考え、現代にも合う料理をつくれるように修業し直してもらおうという希望を抱いている。

5 父よりも豊かな食経験を積むことによって養われた自分の味覚に自信を持ち、その自分の味覚を満足させてくれる料理人を育てようと意気込んでいる。

(3) 傍線部Ｂ「私の眼は夜空の星まで届かなかった」とあるが、このときの「私」の心情の説明として最も適当なものを一つ選び、番号で答えよ。

1 有名な料理人になるという自分の夢を范宗安に叶えてもらおうと思っていたが、私を思いのままになる奉公人として見ているだけだと知って、自分の人を見る目のなさに失望している。

2 私はお抱え料理人で十分と思っていたが、范宗安が私を天下一の料理人に育てようという野望を抱いていることを知って、逃げ出したいような焦燥感を感じている。

3 范宗安に人間的なつながりを感じ始めていたが、彼が自分の夢を具現化するための手段としてしか私を見ていないことを知って落胆し、気持ちの隔たりの大きさを感じている。
4　范宗安は話もできないほどの遠い存在だと思っていたが、共に夢を追いかける仲間として私を見ていることを知って、期待に応えることの難しさに煩悶している。
5　私は現実を直視するだけでいいと思っていたが、范宗安が夢を語る姿を見て、かつて夢を追いかけていたころの自分を思い出し、夢を諦めざるを得なかった悔しさを感じている。

(4)　傍線部C「さもしい」とあるが、私がそのように感じた理由として最も適当なものを一つ選び、番号で答えよ。
1　范欽誠の舌を満足させるためだけに手がかりの少ない点心づくりにひたすら突き進む師匠と比べて、自分は安易に范宗安に迎合しようとしているから。
2　范欽誠を屈服させるために世界で唯一の点心づくりに情熱を燃やす師匠と比べて、自分は范宗安に気づかれないように手を抜くことだけを考えているから。
3　范欽誠の願いを叶えるために必死の思いで点心づくりに打ち込んでいる師匠と比べて、自分は料理の味を楽しむためだけに范宗安と食べ歩いているだけだから。
4　范欽誠に接近するためにこれまでにない点心づくりに苦心している師匠と比べて、自分は過大な期待を寄せてくれる范宋安と距離を置こうとしているから。
5　范欽誠の会社を発展させるために誰もがうまいと認める点心づくりに精魂込めて取り組む師匠と比べて、自分は范宗安を満足させるためだけに努めているから。

(5)　傍線部D「それが私にはつらかった」とあるが、その理由として最も適当なものを一つ選び、番号で答えよ。

1　料理に対していつまでも中途半端な姿勢に終始している私に、こいつの性根は殴っても絶対に直すことはできないと師匠は諦めていると感じたから。
2　料理を生きるための術としか考えていない私に、料理とは万人を満足させるものだという自分の信念とのずれを認識した師匠は落胆していると感じたから。
3　料理の腕を極限まで高めることに対してつい二の足を踏む私に、料理の道を追求する師匠はえも言われぬ寂しさを抱いていると感じたから。
4　料理を出世の道具としか考えていない私に、弟子に料理人のあるべき姿を伝授しきれていないふがいなさを師匠が抱いていると感じたから。
5　主人の范宗安を信頼しきれていない私に、自分と同じように主人の意を汲むことのできる料理人になってほしいと師匠が願っていると感じたから。

(6)　この文章の説明として最も適当なものを一つ選び、番号で答えよ。
1　様々な店を食べ歩くことで主人公の私に料理を勉強させようと思っている范宗安と、私を手許で育てていきたいと思っている師匠との対立が抽象的に描かれている。
2　范宗安が両親の留守中にしか帰省してこないことに不満を抱く師匠と、この時とばかりに修業できることを嬉しく思っている主人公の私が対比的に描かれている。
3　主人公の私を一人前の料理人にしようとする点で共通している師匠と范宗安の二人が、息を合わせて私を育てようとしていることが具体的に描かれている。
4　師匠の料理に対する熱い思いを受け止めきれない主人公の私と、師匠の思いを汲んで料理に関する知識を私に詰め込もうとする范宗安が並列的に描かれている。

5　店主の要望に対して必死に応えようとする師匠と、范宗安の要望に対して人生を賭してまで応える覚悟は持てない主人公の私が対照的に描かれている。

（☆☆◎◎◎）

【三】次のそれぞれの問いに答えよ。

(1) 次の中から、傍線部の漢字の使い方がすべて正しいものを一つ選び、番号で答えよ。

1　帆船が帰港する。　ビルの起工式をする。　ハワイ旅行の気候文。
2　金策に腐心する。　食欲不振に陥る。　ビルを普請する。
3　福利更生を充実する。　後世に名を残す。　文章を校正する。
4　新しい法律の施行。　試行錯誤を重ねる。　権力思考が強い。
5　芸術を鑑賞する。　内政に緩衝する。　感傷にひたる。

(2) 次の中から、読み方が誤っているものを一つ選び、番号で答えよ。

1　生憎（あいにく）　2　言質（げんち）　3　軋礫（あつれき）　4　邂逅（かいこう）
5　誤謬（ごしん）

(3) 次の熟語のうち、構成が他の四つと異なるものを一つ選び、番号で答えよ。

1　炊飯　2　看病　3　握手　4　戸外　5　作文

(4) 次の四字熟語のうち、二つの□に同じ文字が入らないものを一つ選び、番号で答えよ。

1　□期□会　2　□業□得　3　以□伝□　4　□挙□得　5　□撓□屈

(5) 次に示した文の傍線部の動詞の活用の種類と活用形の組合せとして正しいものを一つ選び、番号で答えよ。

もっと練習したければ、体育館を使ってもよい。

1　サ行変格活用―仮定形　2　上一段活用―連用形　3　サ行変格活用―連用形

4　上一段活用――仮定形　5　五段活用――仮定形

(6)　次に示した文の傍線部と同じ用法の「な」を一つ選び、番号で答えよ。

彼は笑顔の素敵な青年でした。

1　川の向こうに小さな橋がある。

2　彼に限って、そんなことはない。

3　あの年は、おかしな出来事ばかりあった。

4　あの店は、いろんな魚を売っている。

5　この木には、きれいな花が咲く。

(7)　次の文から複文でないものを一つ選び、番号で答えよ。

1　象は、鼻が長い。

2　彼の飼っている犬は、柴犬です。

3　それは、雨の降る日曜日だった。

4　彼は、優しく温かい人だ。

5　母の作る料理は、味が薄い。

(8)　次に示した作品を成立した年代が早いものから順に並べたとき、三番目になるものを選び、番号で答えよ。

1　枕草子　2　雨月物語　3　徒然草　4　方丈記　5　竹取物語

(9) 次に示した作家と作品の組合せのうち、誤っているものを一つ選び、番号で答えよ。

1 森鷗外 「山椒大夫」――「高瀬舟」――「舞姫」
2 島崎藤村 「夜明け前」――「破戒」――「春」
3 志賀直哉 「清兵衛と瓢箪」―「城の崎にて」―「小僧の神様」
4 菊池寛 「恩讐の彼方に」―「小さき者へ」―「父帰る」
5 樋口一葉 「大つごもり」――「たけくらべ」―「にごりえ」

(10) 次に示した短歌と作者の組合せのうち、誤っているものを一つ選び、番号で答えよ。

1 瓶にさす藤の花ぶさみじかければたたみの上にとどかざりけり　正岡子規
2 春の鳥な鳴きそ鳴きそあかあかと外の面の草に日の入る夕べ　北原白秋
3 みちのくの母のいのちを一目見ん一目見んとぞただにいそげる　石川啄木
4 白鳥は哀しからずや空の青海のあをにも染まずただよふ　若山牧水
5 くろ髪の千すぢの髪のみだれ髪かつおもひみだれおもひみだるる　与謝野晶子

(☆☆◎◎◎)

【四】 次の古文は「松浦宮物語」の一部である。中国に渡った少将は、琴《きん》をくれた老翁の勧めで、華陽公主《みこ》に琴の音を伝授してもらうために彼女のもとを訪れる。この文章を読んで、後の問いに答えよ。

暮れもはてぬに急ぎ出でて、聞きしかたに尋ね行く。いみじき馬をいとどうち早めつつ、夜中にもなりぬらむと見ゆるほどに、同じごと高き楼の上に、琴の声聞こゆ。はるかに尋ね登れば、道いと遠し。これは鏡のごと光を並べ、いらかを連ねて造れAるものから、屋数少なく、かりそめ①なる屋に人住むべしと見ゆれど、わざと木陰に隠れつつ、楼を尋ね登れば、言ひしに変らず、えも言はずめでたき玉の女、ただひとり琴を弾きゐたり。

乱るる心あるなとはさばかり言ひしかど、アうち見るより物おぼえず、そこら見つる舞姫の花の顔も、ただ土のごとくになりぬ。(注)古里にていみじと思ひし(注)神奈備《かむなび》の皇女《みこ》も、見あはするに、鄙《ひな》び乱れたまへりけり。あまりことごとしくも見ゆべきかんざし、髪上げたまへる顔つき、イさらけ遠からず。あてになつかしう、きよくらうたげなること、ただ秋の月のくまなき空に澄みのぼりたる心地ぞするに、いみじき心まどひをおさへて、B念じ返しつつ、かの琴を聞けば、よろづの物の音ひとつに合ひて、空に響き通へること、げに(注)ありしに多くまさ②りたり。

とかくのたまふこともな③けれど、ただ夢路にまどふ心地ながら、(注)この得し琴を取りて掻《か》き立つるを見て、もとの調べを弾きかへて、はじめより人の習ふべき手をとどこほるところなく、ひとわたり弾きたまふを聞くままに、やがてたどらずこの音につけて掻き合はすれば、我が心も澄みまさるからに、すずろに深きところ添ひて、やがて同じ声に音の出づれば、手に任せてもろともに弾くに、たどるところなく弾き取りつ。

(注)これも月の明け行けば、琴をおしやりて、帰らんと④したまふ時に、悲しきことものに似ず、おぼえぬ涙

こぼれ落ちて、言ひ知らぬ心地するに、公主もいたう物をおぼし乱れたるさま⑤にて、月の顔をつくづくとながめたまへるかたはらめ、似るものなく見ゆ。例の文《ふみ》作り交して別れなむとする時、

「この残りの手は、九月十三夜より五夜《いつよ》になん尽くすべき」

とのたまふ。

Ⅰ　雲に吹く風も及ばぬ波路より問ひ来ん人はそらに知りにき

とのたまへば、

Ⅱ　雲の外《ほか》遠つさかひの国人もまたかばかりの別れやはせし

と聞こゆるほどもなく、人々迎へに参る音すれば、はしのかたの山の陰より、のたまふままに隠ろへ出でぬ。

（「松浦宮物語」）

（注）古里…………日本を指す。
神奈備の皇女…少将の初恋の女性。
ありし…………以前に少将は老翁の弾く琴の音を聞いている。
この得し琴……老翁からもらった琴。
これ…………華陽公主を指す。

(1)　波線部ア・イの意味として、最も適当なものを一つずつ選び、番号で答えよ。

ア　うち見るより物おぼえず

1　公主を見つけてから琴のことを忘れてしまい

2　公主を見ようとしてもまぶしくて見られず

3　公主を見たことによって記憶がなくなって
4　公主を見るやいなや正気でなくなってしまい
5　公主を見ると琴の弾き方が思い出せなくなり

イ　さらにけ遠からず
1　当然手が届きそうもない
2　全く近づくことができない
3　まさに惹きつけられてしまう
4　もっと近くで見てみたい
5　決してよそよそしくはない

(2)　傍線部A「る」と品詞が同じものを二重傍線部①〜⑤の中から一つ選び、番号で答えよ。
1　かりそめ①なる屋に
2　ありしに多くまさ②りたり
3　のたまふこともな③けれど
4　帰らんと④したまふ時に
5　おぼし乱れたるさま⑤にて

(3)　傍線部B「念じ返しつつ、かの琴を聞けば」の解釈として、最も適当なものを一つ選び、番号で答えよ。
1　少将が比類なく美しい公主に対する動揺を抑えながら、公主の琴を聞いていると
2　公主が秋の空に昇る月を見て何度も歌を口ずさみつつ、少将の琴を聞いていると
3　少将が神奈備の皇女を懐かしく思い出し再会を期待しながら、公主の琴を聞いていると

4　少将が琴の音色に心を奪われるのを避けながら、繰り返し老翁の琴を聞いていると
5　公主が演奏のうまさに嫉妬する気持ちを抑えつつ、少将の琴を聞いていると

(4) 本文中の和歌Ⅰ、Ⅱの説明として最も適当なものを一つ選び、番号で答えよ。
1　Ⅰの和歌では、少将と再会できた公主の感激が詠嘆の助動詞「き」を用いて表現されている。
2　Ⅰの和歌では、中国までの旅路の遠さが「雲に吹く風も及ばぬ」という序詞によって強調されている。
3　Ⅱの和歌では、公主と別れる少将の悲しみが「やは」という反語表現を用いることで強調されている。
4　Ⅱの和歌では、懐かしい故国へ帰る少将の喜びが「さかひ」という歌枕を詠み込むことで表現されている。
5　Ⅰ、Ⅱの和歌では、「雲」という暗喩を用いて今後の少将と公主の恋が成就しないことをほのめかしている。

(5) 本文の内容と合致するものとして最も適当なものを一つ選び、番号で答えよ。
1　公主は木の陰にある粗末な家にひっそりと暮らしており、夜になると人を遠ざけて一人で琴を弾いていた。
2　少将は公主の琴の音を聞いて合奏すると雑念がなくなり、まごつく箇所もなく弾き覚えてしまった。
3　少将は公主の美しさに驚いたものの、日本にいる神奈備の皇女の美しさには及ばないと感じた。
4　公主は少将がすばらしい琴の弾き手であることに気づかず、初歩的な曲から弾き直して少将に手本を見せた。
5　少将は帰ろうとする公主を涙を流して引き留めたが、公主は別れの手紙を残して去っていった。

（☆☆◎◎◎）

【五】次の文章を読んで、後の問いに答えよ。（一部表記を改め、訓点を省いたところがある。）

負局先生《ナル》者《ハ》、不知《ラ》何許《ノ》人《ナルカヲ》也。語《ハ》似《タリ》燕（注）・代《ノ》間《かんノ》人《ニ》。常《ニ》負《ヒ》磨鏡《ノ》局（注）《ヲ》、徇《となヘテ》呉《ノ》市中《ニ》、衒《ウル》磨《クコト》鏡《ヲ》一銭《ト》。因《リテ》磨《ケバ》之《ヲ》、輒《チ》問《フ》主人《ニ》得《ンカト》無《キヲ》有《ル》疾苦者。輒《チ》出《ダシ》紫《ノ》丸薬《ヲ》、以《テ》与《フ》之《ニ》。得者莫不愈。如《クスルコト》此《クノ》数十年、後大《イニ》疫病《アリ》。家《ゴトニ》至《リ》戸《ゴトニ》到《リテ》与《フ》薬《ヲ》。活《クル》者万《モテ》計《かぞフルモ》、不取《ラ》一銭《ヲモ》。呉人乃《チ》知《ル》其《ノ》真（注）《しん》人《じんナルヲ》也。後止《ドマリ》呉山《ノ》絶崖《ノ》頭《ほとりニ》、懸《ケテ》薬《ヲ》下《くだシテ》与《フ》人《ニ》。将《ニ》欲《セシ》去《ラント》時、語《つゲテ》下《ノ》人《ニ》曰《ク》、「吾還《ラン》蓬莱山《ニ》。為《ニ》汝《ガ》曹《ともがらノ》下《サント》神水《ヲ》崖頭《ヨリ》」一旦有《リ》水、白色《ニシテ》流《レテ》従《リ》石間《ニ》来《タル》。下《シ》服《シ》之《ヲ》、多《ク》愈《ヤス》疾《ヲ》。立《ツルコト》祠《ヲ》十余処《ナリ》。

（「列仙伝」）

（注）燕・代…春秋・戦国時代の国。　局…道具箱。　真人…奥義を悟り、道の極致に達した人。

(1) 傍線部Ａ「不知何許人也」の解釈として最も適当なものを一つ選び、番号で答えよ。
1 どこの人であるのか分からない。
2 何を許された人なのか分からない。
3 どれくらい心の広い人か分からない。
4 知らないうちに何もかも許された人である。
5 何も知らなくてもよい人である。

(2) 傍線部Ｂ「輒問主人得無有疾苦者」の解釈として最も適当なものを一つ選び、番号で答えよ。
1 何度も鏡の持ち主に病気で苦しんでいるかどうか聞かれた。
2 すぐに鏡を磨くことを頼んだ者の主人の病名を言い当てた。
3 そのまま磨くついでに頼んできた人の病気を調べてやった。
4 その都度鏡の持ち主に病気で苦しむ者はいないかと尋ねた。
5 そこで鏡のせいで病気になっているか持ち主に聞いてみた。

(3) 傍線部Ｃ「得者莫不愈」をひらがなで書き下した文として最も適当なものを一つ選び、番号で答えよ。
1 いえざるなきものをえん。
2 とくはまさらざるなし。
3 うるものいえざるなし。
4 えたるものすぐれざるなかれ。
5 えるはひろくいやさず。

(4) 傍線部Ｄ「立祠十余処」の理由として最も適当なものを一つ選び、番号で答えよ。

1　負局先生が市中で鏡を磨く技術も、一時的に神水を出してくれた法力も、ともに人知を超えた術だと人々が思ったから。
2　負局先生が蓬莱山のふもとの人だけでなく、彼らの知り合いも神水の恩恵にあずかっていいと人々に言ってくれたから。
3　負局先生が鏡を磨くときも丸薬を人々に与えるときも、決して人人に自分が真人であると明かすことがなかったから。
4　負局先生が蓬莱山に帰ってからも丸薬をずっと家々に配り、人々が助かったのに一銭も謝礼を受け取らなかったから。
5　負局先生が流してくれた白色の神水のおかげで、大勢の病気が治ったことに人々が感謝の意を表したかったから。

（☆☆◎◎◎）

【教科専門Ⅱ】

【一】次の文章を読んで、後の問いに答えよ。

なぜ生物多様性を保護する必要があるのか。私の答えは単純である。「人殺しはいけない」というのと、その根本は同じことなのである。

なぜか。殺人というと、ほとんどの人が「人が人を殺す」と考える。しかし、もっと具体的に考えると、たとえば出刃包丁とか、ピストルの弾が人を殺す。問題はそこである。どういうことか。出刃包丁は、人に比べたら、むやみやたらに単純な道具である。ピストルの弾も同じ。きわめて単純な金属の塊《かたまり》にすぎないではないか。そんなものに、人を殺す権利はない。私はそう思う。

子どもが時計を分解する。分解するのは簡単だが、もう一度組み立てろといわれたら、まず不可能であろう。システムというのは、そういうものである。時計どころか、人体となれば、いったん壊したものをもとに戻すのは、当たり前だが、不可能である。私は解剖学の出身で、人体をもっぱら「分解」していたから、それはよくわかっている。

それなら素手で殺したらどうか。まだマシである。相手もそれ相応に抵抗するに違いない。人を一人殺すのは、そういう状況では、容易ではないことがすぐにわかるであろう。だから昔は、喧嘩で刃物を持ち出したら「①卑怯」だといわれたし、まして飛び道具はまさしく卑怯だったのである。

要するになにがいいたいか。システムは複雑なものだが、それを破壊するのはきわめて簡単なのである。他方、システムをつくり上げるのは、現在までの人間の能力では、ほとんど不可能である。それがいいたい。だからこそ、安易に自然のシステムを破壊してはいけないのである。

とくに生物について、仏教はそれをきちんと教えてきた。私はそう思う。「生きとし生けるもの」「一寸の虫にも五分の魂」「一切衆生(あるいは山川草木)、悉有仏性《しつうぶっしょう》」、こうした表現はAそれをよく示している。

ブータンの人は、ビールにハエが飛び込んだら、拾い出して放してやる。それから私の顔を見て、「お前のおじいさんかもしれないからな」といって、ニヤリと笑う。私も笑うが、これは同意の笑いである。絶対に人を殺すな。そんなことはいわない。戦争だって、自動車事故だって、死刑だって、人はしばしば人の手にかかって死ぬ。医者なら、それをイヤというほど知っている。私自身は、患者さんを殺すのがイヤだから、②リンショウ医になれなかったくらいである。人が人を殺すことはあるが、そのときに、自分でつくることのできない、複雑微妙なシステムを、自分が破壊しているという気持ちがなければならない。いわゆる「文明人」にいちばん欠けているのがそれだ、ということは、多くの人が気づいていることであろう。だから戦争ばかりしているのである。

生物多様性を維持するというのは、じつはその延長である。人間のつくり出した技術は強力だという。たしかに人間自体を簡単に殺すという意味では、素手に比べて、ピストルは強力である。しかしピストルの単純さと、人間の複雑さを比較してみればいい。人間に比較したら、ピストルなんて、それこそBバカみたいなものにしかすぎない。月までロケットが飛んだ。そんなことをいって、人間は威張ってみるが、飛ぶだけならハエだってカだって飛ぶ。それならハエやカがつくれるか。そもそも人間はロケットの仲間か、ハエやカの仲間か。

現代社会は、ハエやカよりもロケットに価値を置く。なぜならロケットは人間が意識的に考えたもので、考えたとおり月に行くから、意識は得意になるのである。それならハエがつくれるかというなら、とんでもない。むしろそれが不可能だとわかっているから、ロケットをつくろうとするのであろう。C人間自体に価値を置く文化であるなら、ロケットよりも、人間の仲間であるハエやカのことを考えるはずである。生物というシステムについて、より真剣に考えるはずなのである。それがそうでないのは、意識中心の社会をつくり、意識的な存在のみを評価したからである。

生態系とは、ハエやカを含めた生物が、全体としてつくり上げているシステムである。その複雑さはとうてい把握しきれないほどのものであり、だからこそ意識はそれを嫌うのであろう。自分には、わからないことがある。それを意識は嫌う。だからバカという言葉が嫌われる。しかしいかに嫌ったところで、意識には把握しきれないものがあるという事実は変わらない。

生物多様性とは、つまりは「生きとし生けるもの」全体を指している。それはただ生きているというだけではない。その構成要素がたがいに循環する、巨大なシステムをなしている。それを「壊す」のは、人殺しと同じで、ある意味で「簡単」だが、「つくることはできない」のである。その意味で、現代人は時計を分解している子どもと同じである。なにをしているのか、一つ一つの過程は「理解している」つもりであろうが、全体としてなにをしようとしているのか、それがわかっていないに違いない。だから「生物多様性の維持」という妙な言葉になるしかないのである。

（養老孟司「いちばん大事なこと」）

(1) 二重傍線①「卑怯」の読みをひらがなで、②「リンショウ」を漢字で答えよ。
(2) 傍線部Ａ「それ」は、どういうことを指しているか、本文の語句を使って答えよ。
(3) 傍線部Ｂ「バカみたいなもの」とは、何がどのようであることを表現したものか、説明せよ。
(4) 傍線部Ｃ「人間自体に価値を置く文化」と対比的に用いられている表現を、本文から七字で抜き出せ。
(5) 波線部「なぜ生物多様性を保護する必要があるのか」とあるが、この問いに対する筆者の答えを、「生態系」・「破壊」・「不可能」という三つの言葉をすべて使って説明せよ。

（☆☆◎◎◎）

【二】次の文章は、朝井リョウの「星やどりの声」の一部である。亡くなった父が残した喫茶店「星やどり」をやめようと決めた母が、子どもたちにそれを伝える場面である。この文章を読んで、後の問いに答えよ。

家族は生まれ変わっていく。ひとり生まれ、ひとり出ていき、ひとり生まれ、ふたり出ていき、また新しいかたちになる。

「みんな、覚えてる？　お父さんが入院する直前、急にこの天窓を作り始めたこと。それに、真歩の名前を決めるときだけ、お父さんがやたらと自分の意見を押し通したこと」

ねえ琴美、覚えてる？　母がそう言って、視線を上に向けた。

「お父さん、この天窓を作った理由、誰にも話さなかったでしょう」

「そりゃ、星やどりって店名に変えるために、窓を作ったんじゃねえの？」

光彦はテーブル備え付の紙ナプキンを細かくちぎっている。

「いくら聞いても、ちゃんと答えてくれなかったよね。店名を変えたのもいきなりだったし、あのときはちょっと、お父さんどうしちゃったんだろうって思った」

るりの言葉に母が頷《うなず》く。

「天窓を作ってるときね、お父さん、絶対内緒だぞって言ってたのよ。俺がいまこれを作る理由は、誰にも言うなって。だけどもういいよね、この窓の役目も終わった」

母は、すう、と息を吸ってきょうだい全員を見渡した。

「お父さんの名前は、星則でしょう。そして、お母さんは」

母は、自分のことを指さす。

「りつこ」続いて、ひとさし指が琴美に向けられる。

「ことみ」指先がゆっくりと時計回りに円を描いていく。

「みつひこ」

「こはる」

「るり」

「りょうま」

「まほ」

最後に母は、指先を上に向けた。

「ほしのり」

あ、と、真歩が声を漏らした。

「しりとり？」

全員が同時に息をのんだのが分かった。

「そう。ほしのりからまた、りつこに戻る。家族がひとつの輪になる」

母はゆっくりと、テーブルに沿って視線を動かした。

「いまあなたたちが座っている位置は、お父さんが描いた、私たち家族の輪」

母、律子から時計回りに、琴美、光彦、小春、るり、凌馬、真歩。父、星則が繋ぎたかった家族の輪。自分がいなくなってしまう前に結びたかった、世界でたったひとつの輪。

「お店の名前、ほしやどり、でしょう。私もそんなロマンチックな名前やめようって止めたんだけどね、でも」

母は天窓を指す。

「お父さんは、ほしのり、が欠けて途切れてしまう輪を、ほしやどり、で繋ごうとしたの」

A カン、カン、と、琴美の頭の中で、トンカチと釘がぶつかる音が響いた。

店を休業させてまで、天窓の工事をしていた父の後ろ姿。どうしてそんなもの作ってるの？　きょうだいの誰が聞いても父はこう答えるだけだった。

いつかわかるよ。

いつか、わかる。

あのとき、父はもうわかっていた。だから、一番下の子が男の子だと分かったときも、まほという名前を貫き通した。もうすぐ、自分がいまのように動けなくなること。この先、新しいきょうだいが生まれることはきっとないということ。

「この天窓、小空って呼ばれているでしょう。私たちが店の中から、空を眺めることができる小さな空。でもお父さんは、こう言ってたのよ」

母は、天窓の向こうを見ている。

「空から、子どもたちの成長を覗き見られるように、ここにも窓を作っておこう」

そこにいる父と目を合わせているように、目を細めて、母は天窓の向こうを見ている。

「これはね、私たちが空を見るための天窓じゃないの。お父さんが空からこの店の中を見るための、のぞき穴。みんなにばれないように、お父さんは天窓だって言い張ってたけどね」

B母は頬をゆるませる。

「さっき琴美は、夢は、みんなを上から覗いているような映像だったって言ってたよね。それに、夢を見る前に、瞼《まぶた》の裏に星が広がる、とも」

琴美はうなずく。

「お父さんが、この星型の天窓から覗いた光景を、いち早く琴美に教えてあげようとしてたのかもね」

笑うとできるしわが、深く、多くなっている。母は続ける。

「お父さんが上から店の中を覗いて、もう安心だって言ってくれるくらいみんなが大きくなるまでは、この店を守り続けようって、私は誓ったの」

でもね、と天窓を見上げたまま、母は眉を下げた。今日も連ヶ浜の夜空にはいくつもの星が①瞬いている。

「もう、じゅうぶんだよね」

お父さん、と、母が天を呼ぶ。

「子どもたちだけでお店ができるくらい、みんな立派に育ったんだもの。お父さんも見てたよね、今日の店の中。今日は晴れてたから、よく見えたはず」

店を立て直そうという話し合いがあってから、母は、必要最小限のことしか店のことを手伝わなかった。きょうだいだけで店を②イトナむ姿を、たった一日だけでも、天窓越しの父に見せたかったから。

「お父さん、もうじゅうぶん見届けたよね」

だから、と言う母の頬に、涙が一筋、ゆっくりと伝った。

「もう、【星やどり】の役目も、終わりにしていいよね」

で、でも、と、真歩が小さく手を挙げた。

「途切れるよ。この店がなくなったら、今度こそ輪が途切れる」

「そうやって考えると、確かにさみしいかもねえ」

小春の明るい声に、でもこの輪もいつまでも続けられるわけじゃねえからな、と、光彦が低い声を重ねる。

輪。この言葉を聞いたとき、琴美の頭の中で孝史が笑った。

「名前」

あのときは意味がよくわからなかった孝史の言葉が、頭の中で呼吸をしはじめる。名前？　と聞き返してくる母に、琴美は訴えかけるように話した。

「孝史が言ってた。産婦人科の帰り道」

早坂家の輪の中にどうにかして入れないかな、って思ったこと、俺にもあったんだよ。

「孝史は気づいてたんだ、この輪のこと」

確かにさっきの案はお父さんに似すぎているかもしれないけど。

「この子はきっと男の子だから、もうそのときのために名前は考えてあるって」

輪をつなげるのは、もう、この子しかいないんだから。

「星成。ほしなり」

C お腹があったかい。

「新しい家族が、また、輪を繋いでくれるよ」

無意識のうちに、琴美はまた、まだ見えない新しい家族の頭を撫でていた。


（朝井リョウ「星やどりの声」）

(1) 二重傍線部①「瞬」の読みをひらがなで、②「イトナ」を漢字で答えよ。
(2) 傍線部A「カン、カン、と、琴美の頭の中で、トンカチと釘がぶつかる音が響いた」とあるが、このとき琴美はどのようなことを考えていたか説明せよ。
(3) 傍線部B「母は頬をゆるませる」とあるが、このときの母の心情を説明せよ。
(4) 傍線部C「お腹があったかい」とあるが、このときの琴美の心情を説明せよ。

（☆☆◎◎◎）

【三】次の文章は「沙石集」の一部である。これを読んで、後の問いに答えよ。（一部表記を改めたところがある。）

近比《ちかきころ》、奥州にある山寺の別当なりける僧、本尊を造立せんと年比思ひ企て、金五十両、守《まぼ》り袋に入れ、頸《くび》に懸けて、上洛しける程に、駿川《するが》の国、(注)原中《はらなか》の宿にて、昼、水浴《あ》みける所に、この袋を忘れて、次の日の夕方、思ひ出したりけり。口惜しく、あさましかりけれども力及ばず。「今は人の物にぞ成りぬらむ。帰りて尋ぬともあらじ」と思ひ、上洛して空しく下向せむも本意無く覚えて、(注)形の如く本尊を造り奉りて下りける。

さて、原中の宿にて、下人に、「この家とこそ覚ゆ」など云ひて、見入れて通りけるを、家の中より、若き女人ありて、「何事を仰せらるるぞ」と言ふ。「上りの時、物を忘れたりしが、この御宿と覚え候ふ事を申すなり」と云ふ。「何を御忘れ候ひけるぞ」と問ふ。その時、あやしくて、馬より下り、「Aしかじかの願を起こして、金五十両入れて候ふ守り袋を忘れたり」と、ありのままに委《くは》しく語れば、この女人、「童《わらは》こそ見付けて候へ」とて、認《したた》めしままで取り出で、Bとらせければ、あまりの事にてあさましくこそ覚えけれ。さて、「これは失せたる物にてこそ候へ。十両は女房に参らせん」と云へば、「欲しくは、五十両ながらこそ引き籠《こ》め候はめ。仏の御物なり。いかが少しも給はるべきか」と云ひければ、なかなか兎角《とかく》の子細に及ばず。

「下りの時、能々《よくよく》申すべき旨有り」とて、やがて上洛して、本尊思ふごとく造立して、下りさまに、この女人を尋ねて、「そもそも、Cいかなる人にておはするぞ。何様なる事をして過ぎさせ給ふぞ」なんど、こまやかに語らひ聞きければ、「京の者にて侍るが、親しき者も皆失せて、縁につれて下りて侍るが、あからさまに思ひし程に、この宿に一両年住み侍り」と云ふ。「さては、いづくも同じ御旅にこそ。いざさせ給へ。D小所領《こしよりやう》など知行《ちぎやう》する身なれば、世間後見《せけんうしろみ》て給べ」と云へば、「承りぬ」とて、やがて具せられて下りて、(注)世間後見て、楽しく心安く、当時まで有りと聞こゆ。

（「沙石集」）

(注) 原中の宿……現在の沼津市大字原にあった宿駅。
形の如く……とりあえず一通り。
世間後見て……財産管理を補佐して。

(1) 二重傍線部「覚ゆ」を適切な形に直せ。
(2) 傍線部A「しかじかの願」の内容が分かる箇所を本文から十字以内で抜き出せ。
(3) 傍線部B「とらせければ」について、誰が誰に何をとらせたのか説明せよ。
(4) 傍線部C「いかなる人にておはするぞ」を口語訳せよ。
(5) 傍線部D「小所領など知行する身なれば、世間後見て給べ」とあるが、僧はなぜ女人にこのように言ったのか。その理由を二点あげて説明せよ。

（☆☆◎◎◎）

【四】次の文章を読んで、後の問いに答えよ。（設問の都合で訓点を省いたところがある。）

孟子曰ク、易《をさ》メシメ二其ノ(注)田疇ヲ一、薄クセバ二其ノ(注)税斂ヲ一、民ヲ可キレ使ムレ富マ也。食フニレ之ヲ以テシレ時ヲ、用フルニレ之ヲ以テセシメバレ禮ヲ、

A財不可勝用也。民ハ非二ザレバ水火一ニ不二生活一セ。昏《こん》暮《ぼ》ニ(注)叩二キテ人之門戸一ヲ、求二ムルニ水火一ヲ、無二キハ弗レル与ヘ者一、至ツテ足レバナリ矣。聖人ノ治二ムルヤ天下一ヲ、B使ム有ルコト菽粟如クナラ水火ノ。菽《しゅく》粟《ぞく》(注)如二クニシテ水火一ノ、而C民焉クンゾ有二ラン不仁ナル者一乎ト。

(注)　田疇……穀田と麻田のこと。　　税斂…税を取り立てること。
　　　昏暮……日暮れのこと。　　　　菽粟…菽は豆類の総称、粟は穀物のこと。

(1)　傍線部A「財不可勝用也」について、

①　書き下し文にしたとき、空欄部に当てはまる語句を答えよ。

財用ふるに［　　　　］。

②　口語訳せよ。

(2)　傍線部Bに返り点をつけよ。

(3)　傍線部C「民焉有不仁者乎」とあるが、なぜそのように言えるのか、説明せよ。

(☆☆☆◎◎◎◎)

解答・解説

【教科専門Ⅰ】

【一】(1) ① 4 ② 1 (2) 2 (3) 5 (4) 3 (5) 3 (6) 4

〈解説〉(1) ①は浸透で、1は懇親、2は侵害、3は伸縮、4は浸水、5は革新である。②は寄与で、1は寄贈、2は数奇、3は好機、4は希釈、5は岐路である。 (2) 文全体の内容を時系列に注意しながら、整理するとよい。本問では十九世紀と二十世紀の二つの段階がある。 (3)(4) まず、『「する」身体の営み』と『「ある」身体の自己確認の営み』が存在することをおさえ、具体的事例について分別するとよい。それぞれの概要については第一～二段落を参照するとよい。 (5) 『「ある」身体の自己確認の営み』はいわば、動くことそのものが目標であることを指す。そして、その動きが現実世界と連動するといったものではないということを指す。 (6) 本文では十九世紀と二十世紀の事例についてそれぞれ述べているので、前後半の区切りも二十世紀の「身体の営み」を説明する第六段目にあると考えてよいだろう。筆者の後半での主張は、後ろにあるスポーツについてであることを確認すること。

【二】(1) ① 2 ② 4 (2) 5 (3) 3 (4) 1 (5) 3 (6) 5

〈解説〉(1) ①は「怖ず怖ず」と表記する。②の「御」は本来、馬を思い通りに動かすといった意味だが、転じて他人を自分の思う通りに動かすことを言うようになった。熟語で「制御」や「御者」をイメージするとよいだろう。 (2) この時の心情は直後の発言に表れている。 (3) 前にある「(そうだったのか……)」から傍線部までにある「私」の心情をまとめるとよい。 (4) 「さもしい」の対象は「范宗安とうまく調子を合わせる」

である。「私」の料理に対する熱意は「生活の手段」程度であり、「志はそれほど高く」ないことを踏まえて考える。(5)(6)「お抱え料理人」として主人の舌を満足させることに一途である師匠と、料理は「生活の手段」と考える「私」を比較しながら文章が進められている。(5)については、傍線部の前段落ある「私」の内容も踏まえること。

【三】(1) 2　(2) 5　(3) 4　(4) 4　(5) 3　(6) 5　(7) 4　(8) 4　(9) 4
(10) 3

〈解説〉(1) 誤りの漢字を正すと以下の通りである。1「ハワイ旅行の紀行文」、3「福利厚生を充実する」、4「権力志向が強い」、5「内政に干渉する」。(2) 5は「ごびゅう」と読む。(3) 4は「戸の外」という構成である。他は二文字目が一文字目の目的語となっている。(4) 4は一挙両得である。1は「一期一会」、2は「自業自得」、3は「以心伝心」、5は「不撓不屈」である。(5) 名詞「練習」に「する」が付くことで、動詞が成り立っている。下にある助動詞「たい」は上に連用形を要求する。(6) 形容動詞の活用語尾である。3の「おかしな」は活用しないので連体詞である。(7) 複文とは主語と述語からなる文で、その構成成分の中にさらに主語・述語の関係が成り立つものを言う。(8) 成立順に並べると、5→1→4→3→2となる。5は日本最古の物語であり十世紀前半に成立したといわれる、1は平安時代中期(九九五年ごろ)、4は鎌倉時代初期、3は鎌倉時代後期、2は江戸時代である。(9)「小さき者へ」は有島武郎の作である。
(10) 3の短歌は斎藤茂吉である。

【四】(1) ア 4　イ 5　(2) 5　(3) 1　(4) 3　(5) 2

〈解説〉(1) ア「より」は…するとすぐに、「物おぼゆ」は、意識がはっきりする、といった意味である。

イ　ここでの「け遠し(気遠し)」は、よそよそしい、という意味である。(2)　Aと5は助動詞である。1は形容動詞の活用語尾、2は動詞の活用語尾、3は形容詞の活用語尾、4は動詞である。(3)「念ず」は、我慢する、という意味で使われている。(5)　1　家が木の陰にあるという描写はない。3　神奈備の皇女も公主の美しさに及ばない、といった意味の表現がある。4　初歩的な曲ではなく、曲のはじめから弾き直した。5「手紙を残し」たという記述はない。

【五】(1)　1　(2)　4　(3)　3　(4)　5

〈解説〉(1)「何許」は、「いずこ」と読み、場所を問う言葉である。(2)　読み下すと「輒ち主人に疾苦有る者無きを得んかと問う」となる。(3)「莫」や「不」は否定を表し、下から返って読む。(4)　Dの直前の内容が理由となっていることを踏まえ、適切な選択肢を選ぶこと。

【教科専門Ⅱ】

【一】(1)　①　ひきょう　②　臨床　(2)　仏教は、安易に自然のシステムを破壊してはいけないことをきちんと教えてきたということ。(3)　ピストルが、人間の複雑さに比べて単純であること。(4)　意識中心の社会　(5)　多様な生物がつくり上げている生態系というシステムは複雑なものであり、人間にとって破壊することは簡単であるが、つくり上げるのは不可能なものであるから、保護する必要がある。

〈解説〉(2)「それ」の指示対象は、同段落冒頭の「とくに生物について、仏教はそれをきちんと教えてきた」であり、ここでの「それ」は前段落の最後「安易に自然のシステムを破壊してはいけない」を指す。(3)　傍線部Bの前に「しかしピストルの単純さと、人間の複雑さを比較してみればいい」とあり、システムの複雑さについて述べていることがわかる。(4) 傍線部Cの後に、「それがそうでないのは」とあるので、手がかりになるだろう。(5) 本文第五段落冒頭に「要するになにがいいたいか。システムは複雑なものだが、それを破壊するのはきわめて簡単なのである。他方、システムをつくり上げるのは、現在までの人間の能力では、ほとんど不可能である」とあるので、それをまとめればよい。

【二】(1) ① またた ② 営 (2) 天窓を作っていた父の姿を思い起こし、そのときに父が自分の死を覚悟していたのだということを考えていた。(3) 作っている窓が、自分の死後に子どもたちの成長の様子を見るのぞき穴だと言うわけにもいかず、天窓だと言い張っていた夫の姿を微笑ましく思い出して、改めて夫の家族への愛情の深さを感じている。(4) 父星則が考えた、名前で繋がる家族の輪を引き継ごうとする、夫孝史の思いに気付き、お腹の子がこれから家族の輪を繋いでいる大切な存在だと愛おしく感じている。

〈解説〉(2) Aの直後から、問題文は琴美の回想に入る。回想と母の言葉とあわせて回想が持つ意味を捉えるとよい。(3) 直前にある回想の内容と家族や喫茶店の名前が持つ意味を踏まえるとよい。(4) 直後に「新しい家族が、また、輪を繋いでくれるよ」とある。父の死や喫茶店の閉店によって家族の輪が切れかかるが、琴美の子によって家族の輪が再び繋がる。父の遺志を子が受け継いでくれることから、琴美が子に一層の愛情を感じていることが最後の文からもうかがえる。

【三】(1) 覚ゆれ (2) 本尊を造立せん (3) 女人が僧に金五十両をとらせた。(4) どういう方でいらっしゃるのですか。(5) ・女人は、拾ったお金をそのまま返すような正直者だから。 ・女人は、もとは都の人間だが、親しい者がみな亡くなり身寄りがないから。

〈解説〉(1) 上に係助詞「こそ」があるので、係り結びにより已然形にする必要がある。(2) 本文冒頭に「本尊を造立せんと年比思ひ企て」とある。それが上洛した理由でもある。(3) 僧がここで金五十両を忘れたことを話すと、女人が「それは私が見つけました」と答えて、女人が僧に金を返す箇所である。(4) 尊敬語「おはす」を明確に訳出することがポイントとなる。(5) 僧が「世間後見る」必要があると思った理由、また「世間後見」てよいと思えた理由をそれぞれ答えればよい。

【四】(1) ① 勝ふべからざるなり ② 財貨がたまって使い切れないほどである。

(2) 使ム下 有ルコト二 菽 粟一 如クナラ中 水 火ノ上。

(3) 水や火と同じように食物が豊富にあって、人民が生活するのに困らないから。

〈解説〉(1) 「民可使富也」という文脈であり、財産が貯まるという内容ととらえる。「用い切れないほどの財産」という不可能の意を表すために「勝」は「たふ」と読む。(2) 動詞「有」、使役を表す助字「使」、比況を表す助字「如」は下から返って読む。(3) 直前に「水火」を用いた比喩が述べられている。これ以前に「民非水火不生活」とある。

●書籍内容の訂正等について

弊社では教員採用試験対策シリーズ（参考書，過去問，全国まるごと過去問題集），公務員試験対策シリーズ，公立幼稚園・保育士試験対策シリーズ，会社別就職試験対策シリーズについて，正誤表をホームページ（https://www.kyodo-s.jp）に掲載いたします。内容に訂正等，疑問点がございましたら，まずホームページをご確認ください。もし，正誤表に掲載されていない訂正等，疑問点がございましたら，下記項目をご記入の上，以下の送付先までお送りいただくようお願いいたします。

① **書籍名，都道府県（学校）名，年度**
　（例：教員採用試験過去問シリーズ　小学校教諭 過去問　2025 年度版）
② **ページ数**（書籍に記載されているページ数をご記入ください。）
③ **訂正等，疑問点**（内容は具体的にご記入ください。）
　（例：問題文では“ア～オの中から選べ”とあるが，選択肢はエまでしかない）

〔ご注意〕
○ 電話での質問や相談等につきましては，受付けておりません。ご注意ください。
○ 正誤表の更新は適宜行います。
○ いただいた疑問点につきましては，当社編集制作部で検討の上，正誤表への反映を決定させていただきます（個別回答は，原則行いませんのであしからずご了承ください）。

●情報提供のお願い

協同教育研究会では，これから教員採用試験を受験される方々に，より正確な問題を，より多くご提供できるよう情報の収集を行っております。つきましては，教員採用試験に関する次の項目の情報を，以下の送付先までお送りいただけますと幸いでございます。お送りいただきました方には謝礼を差し上げます。
（情報量があまりに少ない場合は，謝礼をご用意できかねる場合があります）。

◆あなたの受験された面接試験，論作文試験の実施方法や質問内容
◆教員採用試験の受験体験記

送付先
○電子メール：edit@kyodo-s.jp
○FAX：03-3233-1233（協同出版株式会社　編集制作部 行）
○郵送：〒101-0054　東京都千代田区神田錦町2-5
　協同出版株式会社　編集制作部 行
○HP：https://kyodo-s.jp/provision（右記のQRコードからもアクセスできます）

※謝礼をお送りする関係から，いずれの方法でお送りいただく際にも，「お名前」「ご住所」は，必ず明記いただきますよう，よろしくお願い申し上げます。

教員採用試験「過去問」シリーズ

愛知県の
国語科 過去問

編　集　©協同教育研究会
発　行　令和5年11月25日
発行者　小貫　輝雄
発行所　協同出版株式会社
〒101-0054　東京都千代田区神田錦町2－5
電話　03－3295－1341
振替　東京00190－4－94061
印刷所　協同出版・POD工場

落丁・乱丁はお取り替えいたします。